体育强国战略研究

《体育大国向体育强国迈进的理论与实践研究》
课题组 编

人民体育出版社

图书在版编目(CIP)数据

体育强国战略研究/《体育大国向体育强国迈进的理论与实践研究》课题组编. –北京：人民体育出版社，2010.10
ISBN 978-7-5009-3910-8

Ⅰ.①体… Ⅱ.①体… Ⅲ.①体育事业–发展战略–研究报告–中国 Ⅳ. G812

中国版本图书馆 CIP 数据核字（2010）第 101181 号

*

人民体育出版社出版发行
三河兴达印务有限公司印刷
新 华 书 店 经 销

*

787 × 960 16 开本 18.75 印张 292 千字
2010 年 10 月第 1 版 2010 年 10 月第 1 次印刷
印数：1—2,500 册

*

ISBN 978-7-5009-3910-8
定价：40.00 元

社址：北京市崇文区体育馆路 8 号（天坛公园东门）
电话：67151482（发行部） 邮编：100061
传真：67151483 邮购：67118491
（购买本社图书，如遇有缺损页可与发行部联系）

前 言

2008 年 9 月 29 日，胡锦涛总书记在北京奥运会、残奥会表彰大会上提出将进一步推动我国由体育大国向体育强国迈进。这是党中央、国务院站在引领中华民族伟大复兴的战略高度，对北京奥运会结束后中国体育未来发展作出的新部署、提出的新目标。国家体育总局党组积极贯彻落实总书记的讲话精神，总局政策法规司组织了专项研究，国家体育总局体育科学研究所承担了总局体育社会科学重点研究项目"体育大国向体育强国迈进的理论与实践研究"的专题研究任务。

"自古不谋万世者，不足某一时；不谋全局者，不足谋一域"。战略是愿景、目标、任务和达成策略的系统组合，战略研究是谋定而动，是谋远虑解近忧的全局审视和系统把握。在急剧变化的时代，唯有重视战略研究才能先预后立，后发先至。

当我们承担了这一具有发展战略性意义的研究任务后，深感责任重大、使命光荣。鉴于战略研究是大视野、大格局下的系统思维，我们在研究方法上采用了制度—历史—社会结构和多元主义的研究方法。先后在北京和苏州两地召开了三次专题研讨会，邀请了来自中国社会科学院、清华大学、北京社会科学院、新华社、人民日报、国家体育总局相关研究单位、运动项目管理中心以及北京体育大学、成都体育学院、苏州大学、华南师范大学等单位的众多专家参与课题的规划、设计、论证，在广聚益智、广纳谏言的基础上，扎实推进研究工作，不断完善分课题和总课题的研究报告。应该说，在总局政策法规司悉心指导下，在社会各界热心支持下，在全国体育界专家、学者的积极参与下，经过一年多时间的潜心研究，我们诚惶诚恐地拿出初步的研究成果，以期社会各界斧正。

本书是该课题研究成果的汇集。全书由一个总课题报告和六个分课题报告构成。总课题报告主要就体育大国向体育强国迈进的时代背景和时代要求、体育强国基本问题的理解和认识、全面建设体育强国的目标与任务和全面推进体育强国发展战略必须把握好的关键点四个方面做了系统论述，分课题分别从群众体育、竞技体育、体育强国的国际影响力、体育强国评价指标、体育强国战略实施的社会经济背景以及当前西方主要体育大国体育运动发展现状六个方面进行专题研究。正如我们在总课题报告中指出的，推进体育大国向体育强国迈进，是党中央、国务院立足社会主义初级阶段基本国情，总结我国体育发展实践，借鉴国外体育发展经验，适应新的时代要求提出来的。它是与 2020 年全面建成小康社会和本世纪中叶实现中华民族伟大复兴的历史进程和奋斗目标相一致的中国体育发展战略。围绕这一战略展开持续的、系列的研究，是当前乃至今后一段时间全国体育理论界共同面临的重大研究任务，从这个意义上讲，本课题所做的初步研究还只是在梳理和破题。今后，我们将与全国体育学术界的同仁们一起进一步深化这一重大选题的研究。

课题组成员包括鲍明晓、任海、胡利军、田慧、刘新华、杨越、邱雪，课题组还要特别感谢吴寿章、王鼎华、谢琼桓、陈培德、孔庆鹏、熊斗寅、吴焕群、于仙贵等一批老领导、老同志，他们对课题研究提出了宝贵意见和建议，让我们受益良多。

课题组

2010 年 4 月于北京

Preface

Chinese President Hu Jintao called for further effort to build China into a strong sporting nation from a major one at the awards ceremony for Beijing Olympics and Beijing Paralympics on September 29, 2008. This is the new outline and objective for the future development of Chinese sports made by Central Committee of the Party and State Council from the strategic height of leading China's great rejuvenation after the closing of Beijing Olympics. The Party organization of General Administration of Sport of China steps up effort to implement the spirit of President Hu's speech; the Department of Policies, Laws and Regulations of the General Administration organizes special study on the program; and China Institute of Sport Science is in charge of the research program of sports social science entitled Studies on Theory and Practice of stepping from a Major Sports Nation to a Strong Sporting Nation.

Just like a Chinese proverb, "a person that can not view situation in the long run can not view the present situation clearly; a person that can not grasp a situation from all sides will surely miss details", the strategy of building a strong sporting nation is a systemic combination of vision, objectives, tasks and measures while the study on the strategy is to make all-round consideration for future actions, i.e. to have an overall view and systemic grasp over the situation. Only with advance strategy studies, can a plan be carried out smoothly and successfully in a world with constant changes.

When we are assigned the glorious research mission with strategic significance, we can feel the heavy responsibilities behind it. Since the strategic study is systemic thinking under broad vision and general pattern, we have adopted the research approach of system –history –social structure and pluralism. In addition, we organized 3 symposiums in Beijing and Suzhou, inviting many experts to join the planning, design, as well as expounding and proving of the program, such as experts from Chinese Academy of Social Sciences, Tsinghua University, Beijing Academy of Social Sciences, Xinhua News Agency, People's Daily, concerned research units and sports management center of General Administration of Sport of China, Beijing Sport University, Chengdu Sport University, Suzhou University, South China Normal University, etc. Drawing on collective wisdom and absorbing all constructive suggestions, we carry out this program in a solid way and witness its continuous improvement. It is under the guidance of the Department of Policies, Laws and Regulations, with supports from all walks of life, and with the participation of experts and scholars in sports field that we now present the preliminary research fruits after one year's studies and look forward to comments from all walks of life.

This book, consisting of a report for the general program, and six sub –programs. The general program report presents a systemic statement in four aspects: first, the background and requirements of the times for China stepping toward a strong sporting nation; second, the comprehension and understanding about the basic issues of being a strong sporting nation; third, the objective and task of building a strong sporting nation in an all-round way; fourth, key points requiring attention in implementing the strategy of building a strong sporting nation. The sub-program report mainly covers 6 aspects: mass sports, competitive sports, the international influence of a strong sporting nation, the evaluation index of judging a strong sporting nation, the socio-economic background of implementing the strategy of being a strong sporting nation, and the current development of western sporting giants. Just as what we have pointed out in general program report, the objective of pushing China toward a strong sporting nation is put forward by the Central Committee of the Party and the State Council, based on the basic situation of China's being in the primary stage of socialism. It is also brought up by researching China's current sports practices, learning foreign experience of sports development, and adapting to new times. It is China's sporting development strategy and is in line with the historical course and objective of building a comparatively well-off society in the round and bringing about a great rejuvenation. Sustainable and series studies conducted around this strategy is a common research mission faced by national sports theory field for the current time and even in future. From this sense, the preliminary study of this program is just the very beginning of the program. We will, together with colleagues in national sports academia, further deepen the study of this program.

Finally, team member of our research including 7 experts, including Bao ming xiao, Ren hai, Hu lijun, Tian hui, Liu xinhua, Yang yue, Qiu xue, we are grateful to some old leaders and comrades for their valuable comments and suggestions, which benefit us a lot. These old leaders and comrades include Wu Shouzhang, Wang Dinghua, Xie Qionghuan, Chen Peide, Kong Qingpeng, Xiong Douyin, Wu Huanqun, Yu Xiangui, etc.

Team of Research
April 2010, in Beijing

目 录

总报告　体育大国向体育强国迈进的战略研究

　　　　………………………………………… 鲍明晓（ 1 ）

分报告一　论体育强国的国际影响力

　　　　………………………………………… 任海（15）

分报告二　迈进体育强国中国竞技体育发展战略研究

　　　　………………………………………… 胡利军（35）

分报告三　我国群众体育由大到强的战略性研究

　　　　………………………………………… 刘新华（70）

分报告四　未来 10 年中国经济社会发展对
　　　　体育事业的需求 ……………………… 杨越（113）

分报告五　体育强国指标体系的创建

　　　　………………………………………… 邱雪（133）

分报告六　当前世界主要体育大国的现状及趋势

　　　　………………………………………… 田慧（150）

参考文献 ……………………………………………（284）

Index

key report   The strategic research on major sporting nation to strong sporting nation ·············⸱⸳·· Bao mingxiao（1）

Sub-report1   The international influence of strong sporting nations ······························ Ren hai（15）

Sub-report2   The strategic research of competitive sports in strong sporting nation ············· Hu lijun（35）

Sub-report3   The strategic research of mass sports of china for the angle of major to strong ········· Liu xinhua（70）

Sub-report4   The socio-economic background of implementing the strategy of being a strong sporting nation ·· Yang yue（113）

Sub-report5   The evaluation index of judging a strong sporting nation ······························· Qiu xue（133）

Sub-report6   The current development of western sporting giants ····························· Tian hui（150）

Reference ······································· （284）

体育大国向体育强国迈进的战略研究

鲍明晓

2008 年 9 月 17 日，在鸟巢残奥圣火缓缓熄灭的那一刻，中国体育以前所未有的辉煌与成就站上了一个前所未有的高度，这是一个集改革开放 30 年、新中国成立 60 年体育事业之大成的高度，也是一个告别历史、开创未来的新起点、新时刻。这个新起点、新阶段、新征程就是胡锦涛总书记站在引领中华民族伟大复兴的战略高度作出的战略部署，即"推动我国由体育大国向体育强国迈进"。

当前摆在全国体育工作者面前的一项重要任务，就是要进一步深刻理解和准确把握总书记"9·29"讲话的战略意义，明确体育大国向体育强国迈进的时代要求、工作基础、奋斗目标和推进策略，统一思想、激发斗志、真抓实干，以更加饱满的热情，开创不愧于这个伟大时代的新业绩、新成就。我们的研究，重点围绕体育大国向体育强国迈进的时代背景和时代要求，体育强国的概念与内涵，全面建设体育强国的目标、任务和策略三个方面展开，以期为总局实施体育强国发展战略提供必要的理论基础和决策依据。

一、体育大国向体育强国迈进的时代背景和时代要求

任何战略都是基于特定的时代背景作出的契合时代要求的系统谋划。体育大国向体育强国迈进基于怎样的时代背景，又面临怎样的时代要求，是我们首先思考的问题。

新中国成立 60 年、改革开放 30 年以来，伟大的中国人民在中国共产党的正确领导下，相继实现了从半殖民地半封建社会到民族独立、人民当家作主新社会的历史性转变，从新民主主义革命到社会主义革命和

建设的历史性转变，从高度集中的计划经济体制到充满活力的社会主义市场经济体制、从封闭半封闭到全方位开放的历史性转变。这三个划时代的历史性转变，根本改变了中华民族的命运，也深刻影响了人类历史进程。伴随着这一伟大变革，中国体育也相继实现了从"东亚病夫"到强健体魄、振兴中华的历史性转变，从闭关锁国到逐步开放、全面融入世界体坛的历史性转变，从体育基础极其薄弱、运动水平极其落后到发展成就辉煌卓著、国际影响不断增强的历史性转变。历史经验证明，国运盛、体育兴，体育兴、民族强。体育的命运与国家的命运、民族的命运息息相关，体育事业只有主动融入并创造性地服务于中华民族伟大复兴的历史进程，才能获得强大的发展动力、广阔的发展舞台，才能创造更加辉煌的成就、更加美好的明天。

当前，我国正处在全面建设惠及 13 亿人口的、更高水平的小康社会的关键期，这是一个工业化、信息化、城镇化、市场化、国际化交织并进，经济建设、政治建设、文化建设、社会建设以及生态文明建设全面推进的关键时期。改革的任务更加艰巨、开放的要求更加全面、发展和稳定的难度不断加大。同时，从外部环境看，当今世界也正处在大发展、大变革、大调整的时期。世界多极化、经济全球化深入发展，科技进步日新月异，国际金融危机影响深远，世界经济格局发生新变化，国际力量对比出现新态势，全球思想文化交流交融交锋呈现新特点，综合国力竞争和各种力量较量更趋激烈。这样的内部和外部环境，使得在新的历史起点上向前迈进的中国社会，正面临着前所未有的考验。

从国际体坛看，随着全球化和信息化的不断加速，当前世界主要体育发达国家之间围绕包括大众体育、竞技体育、体育产业在内的综合实力的竞争愈演愈烈，国家推行全民健身计划，保障公民体育权益的责任不断强化，重视竞技体育，追求在重大国际比赛中的优异成绩成为普遍要求，体育作为国家营销、城市营销的媒介和平台被越来越多的国家所应用，以奥运会、足球世界杯为代表的优质赛事资源受到前所未有的追捧和"哄抢"，体育职业化、商业化、市场化步伐不断加快，具有品牌优势的职业体育联盟、职业体育俱乐部纷纷走出国门，全力开拓国际市场。一句话，当代体育在发达国家已经成长为集政治影响力、经济生产力、文化传播力和社会亲和力于一体的综合的社会价值实现平台，体育开始全方位地融入国家的经济建设、政治建设、社会建设、文化建设和人的全面发展。改革开放以来，特别是进入新世纪以来，我国体育的基础实力快速增强，核心表现不断彰显，在国际体坛的影响力日益提升。但同时我们也应清醒地看到，当前控制世界体坛的主导力量仍然是欧美国家，随着我国由体育大国向体育强国推进，我们将进入与他们展开全方位、立体化竞争的新时期，开放的要求将更高、改革的任务将更重、发展的难度将更大。

当前，世情、国情、体情出现的新变化，给我们带来的既有挑战也有机遇，洞察和分析这样的时代背景，并要在此基础上明确这个时代对体育发展提出了哪些新要求，是我们全面规划和实施体育大国向体育强国迈进方略的关键点。课题组认为，根据党的十七大提出的奋斗目标和任务，今日中国对新时期体育发展至少提出了以下几个方面的时代要求。

第一，为健康中国奠基。强健的国民体质，是健康中国之基，是活力中国之源。当前我国正处在全面建设小康社会、实现中华民族伟大复兴的关键时期，建设的任务极其繁重。身处这个时代的体育事业，只有切实把工作重心放在为广大人民群众增寿添福上来，大力发展群众体育，努力构建覆盖城乡的全民健身服务体系，保障全体国民的基本体育权益，才能无愧于这个时代，才能为活力中国蓄能，为健康中国奠基。这是高速发展的中国社会对体育工作提出的最根本的时代要求。

第二，为和谐中国助力。按照科学发展观的要求，构建社会主义和谐社会是这个时代的鲜明主题，是建设中国特色社会主义的重要内容。和谐中国、和谐社会最根本的是人的身心和谐、人际和谐，它是家族和美幸福、单位和顺发达、社区和融共济、社会和美与共、国家昌和兴旺的基础。体育是外强筋骨、内调心智、内圣外王、身心两健的运动游戏和修炼手段，是沟通人际、亲和社会最自然、最有效的平台和途径。大力发展基于城市社区和农村乡镇的草根体育，建群众身边的组织、修群众身边的场地、搞群众身边的活动，引导和鼓励全体公民参与、体验和享受积极健康的生活方式，为和谐社会培土，为和谐中国助力，同样是身居这个伟大时代的体育事业必须担当的时代责任。

第三，为经济发展增利。保持经济持续、稳定、较快增长，是解决中国社会各类矛盾和问题的前提和基础。特别是在全球金融危机的背景下，保增长、调结构、促就业、求稳定的任务还十分艰巨。身处这一时代的中国体育，必须把加快发展体育及其相关产业作为重要任务，列入工作目标。要充分调动全社会的力量，利用国内国际两种资源、两个市场，大力发展健身娱乐业、竞赛表演业和体育培训业，带动和促进体育中介、体育传媒、体育创意、体育旅游、体育会展、体育用品、体育建筑等相关产业的发展，充分发挥当代中国体育在保增长、扩内需、调结构、促就业方面的独特作用，为经济发展助力、增利。

第四，为和平崛起代言。拥有 13 亿人口的中国崛起，是一个震撼全球、改变世界现有格局的重大事件。尽管进入新世纪以来，我国自身的发展和在国际社会的表现，都证明了中国的崛起是和平的崛起，中国的崛起有利于世界的和平与发展，但是在国际社会总有一股势力颠倒黑白、混淆视听，宣扬中国威胁论。体育是一种世界语言，国际体育比赛是在统一规则下的公开、公平、公正的竞技，它比的是综合国力，赛的是一国的"软实力"和"巧实力"。改革开放以来，中国体育在以奥运会为代表的重大国际比赛中，成功地展示了不断发展、和平崛起中国的新形象，今后，随着中国硬实力的进一步提升，中国体育更需要扩大国际体育文化交流，在重大的国际比赛中全面展示自己的实力和风采，充分发挥体育在促进世界和平、增进世界人民友谊方面的独特作用，为中国和平崛起代言，为构建和谐世界服务。

第五，为中华民族伟大复兴提供鲜活的精神动力。中华民族的伟大复兴是一项彻底改变中华民族命运的伟大实践。伟大的实践需要伟大的精神来激励和引领，而伟大的精神又需要来自这个时代不断涌现的鲜活素材和事例来凝炼。新中国体育伴随着共和国的成长，在不同时期都涌现出了一批又一批可歌可泣的英雄事迹，奏响了那个时期的最强音。"人生能有几回搏""团结起来，振兴中华""冲出亚洲，走向世界"等带有鲜明时代印记的口号，都是新中国体育发展历程中留给全社会的宝贵精神财富。在实现中华民族伟大复兴的新征程中，中国体育更要大力弘扬为国争光、无私奉献、科学求实、遵纪守法、团结协作、顽强拼搏的中华体育精神和北京奥运精神，创造更能代表时代风貌的感人事迹，为中华民族的伟大复兴提供更加鲜活的精神动力。

二、对体育强国基本问题的理解和认识

建设体育强国是改革开放以来，党的几代领导集体一直关注的重大体育发展战略。早在 1984 年，以邓小平为核心的第二代领导集体在《中共中央关于进一步发展体育运动的通知》中就提出，"中央相信，体育战线全体同志和全党、全国各族人民共同努力下，中华民族一定能跻身世界体育强国之林"。1985 年国家体委组织专家，开展了"2000 年的中国体育"的专题研究，该研究报告从五个方面提出了到 2000 年建设体育强国的核心指标：（1）全国近 5 亿人参加体育锻炼；（2）青少年一代身体形态、机能、素质有明显提高；（3）在奥运会上名列前茅（3、4、5 名）；（4）出现一批具有世界水平的体育科研成果，在重要领域里有所创新和突破；（5）普遍增加体育活动场所，建成一批现代化的体育设施，拥有一支又红又专的体育队伍。2008 年 9 月，以胡锦涛为核心的党的第四代领导集体，在北京奥运会、残奥会圆满成功、中国奥运代表团获得 51 枚金牌的辉煌时刻，基于新的时代背景，站在引领中华民族实现伟大复兴的战略全局，再一次明确提出"推动我国由体育大国向体育强国迈进"的奋斗目标，为进入新阶段的中国体育标定了历史方位，明确了发展方向。

体育大国向体育强国迈进，是党中央根据当前我国的发展阶段和基本国情对新时期体育事业发展提出的新目标、新定位。当代中国正处在经济转轨、社会转型，全面实现现代化的历史进程中，这一进程的基本表现就是各项事业迅猛发展，基础实力不断提升，但反映事业发展质量和效益的核心表现、核心竞争力还不普遍具备。因此，由大到强是到本世纪中叶我国基本实现现代化的历史进程中各项事业共同面对的时代主题。深刻理解和准确把握总书记提出的由体育大国向体育强国迈进的战略目标，必须基于中国国情和时代特征，切忌脱离国情、体情和发展阶段作机械的、超越时空条件的理解。

"大与强"是一对辩证关系。一般意义上理解，"大"指的是体量、规模，"强"指的是质量、效率、效益和影响力。大不一定强，强也不一定大。但大与强也不是截然对立的，二者也存在着互为依存、互为影响的辩证关系。大是强的基础，强是大的核心表现。大为强奠基，强为大展现。就体育事业而言，大是基础实力，强是核心表现。当前中国体育整体发展水平跻身世界体育大国的行列，是新中国成立 60 年，特别是改革开放 30 年以来，我国经济社会和体育事业持续发展所积累的基础实力所决定的，是国际社会普遍认可的一个客观状态。当然，这是总体判断，具体到各个领域还存在着实际的差异。竞技体育可能是大中含强，群众体育可能是大而不强，而体育产业则可能是既不大也不强。所以，由体育大国向体育强国迈进是一个历史进程，起步阶段首先要进一步夯实各领域的基础实力，特别是群众体育和体育产业要补基础实力不达标的课，然后再图核心表现的发现、培育和塑造。

体育大国向体育强国迈进本质是中国体育全面实现现代化的战略问题。什么是体育大国？什么是体育强国？有必要作一些基本的判断和梳理，但不要陷在简单的概念之争。我们认为，体育大国和体育强国都是一个相对的概念，是中国体育全面实现现代化历史进程中的两个既有联系又有区别的发展阶段，把二者统一到全面实现中国体育现代化的历史进程，把体育大国向体育强国迈进的本质看成是中国体育全面实现现代化的战略问题，更有利于从整体上驾驭和把握这一进程，更有利于实现中国体育的全面、协调、可持续发展。

审视和判断体育强国有两个相互联系的维度。一是体育自身的维度，即在全球比较视野下的一国体育发展水平。从这个角度看，所谓的体育强国就是由体育基础实力（体育基础设施、经常参加体育活动的人数、体育人才的数量和质量、体育教育科技和文化的发展水平、体育市场和体育消费的规模和水平等）和核心表现（在国际重大综合性和单项比赛中的竞赛成绩、具有国际声誉的体育明星数量、品牌赛事和品牌俱乐部的数量、在国际体育组织中的影响力、具有话语权的体育媒体等）所构成的体育综合实力和国际影响力名列前茅的国家。二是体育发展的外部性维度。凡是一国体育发展能融入并全面促进本国的政治、经济、社会、文化和人的发展，即体育发展正的外部溢出效应大而强的国家就是体育强国。从这视角看，所谓的体育强国就是能融入并塑造民族精神的体育，是一个能参与经济生活并创造财富的体育，是一个能沟通人际、亲和社会、培育积极健康的生活方式的体育，也是一个能传承历史并能给后代人留下宝贵文化遗产的体育。

关于体育强国的基本内涵，课题认为，首先，体育强国是以人为本的体育，即要坚持以增强人民体质、提高全民族身体素质和生活质量为目标，切实把实现好、维护好、发展好最广大人民的体育利益作为体育发展的出发点和落脚点，促进人的全面发展，做到体育发展为了人民、体育发展依靠人民、体育发展成果由人民共享。其次，体育强国实质上是强国体育，即要高度重视并充分发挥体育在促进经济建设、政治建设、社会建设、文化建设以及生态文明建设中的独特作用，把体育的发展融入强国强种、富国富民的伟大实践。最后，体育强国是一个全面协调可持续发展的体育，其基本表现形式就是实现竞技体育和群众体育协调发展、业余体育与职业体育协调发展、体育事业和体育产业协调发展。

三、全面建设体育强国的目标与任务

推进体育大国向体育强国迈进，是党中央、国务院立足于社会主义初级阶段的基本国情，总结我国体育发展实践，借鉴国外体育发展经验，适应新的时代要求提出来的。它是与到 2020 年全面建成小康社会和到本世纪中叶实现中华民族伟大复兴的历史进程和奋斗目标相一致的中国体育发展战略。全面建设体育强国的奋斗目标，就是到 2020 年基本建成体育强国的工作体系和业务构架，初步实现中国体育的现代化；到本世纪中叶全面完成体育强国的建设任务，全面实现中国体育的现代化。

围绕全面建设体育强国的奋斗目标，到本世纪中叶，中国体育必须努力完成以下主要工作任务。

——全面完成中国特色体育发展道路的创建工作，为世界体育发展提供中国经验。全球最大的发展中国家如何实现体育现代化，是一项前所未有的伟大实践。要在全面总结新中国体育事业，特别是改革开放以来我国体育发展成功经验的基础上，进一步改革和完善政府统筹、政府主导、政府支持的体育管理体制，进一步探索和完善社会组织、市场组织和人民群众广泛参与的运行机制，建立健全政府保障的群众体育公共体育服务体系、政府支持的竞技体育"举国体制"以及政府鼓励和引导的体育产业发展机制，走一条后发创新的体育发展道路，为世界体育制度文明的演进与发展提供动力。

——全面建成以人为本，融入国民积极、健康生活方式的群众体育工作体系。建立覆盖城乡的全民健身服务体系，不断提高政府保障公民基本体育需求的水平，在群众体育的政府投入、群众体育的组织化水平、经常参加体育活动的人口比例、人均占有体育场地面积、社会体育指导员（自愿者队伍）的数量和质量等项指标达到或超过中等发达国家水平，体育活动成为国民首选的健身休闲方式。

——全面建设基础扎实、发展均衡、核心表现突出的竞技体育新格局。坚持改革和完善竞技体育的举国体制，利用国际国内两种资源、两个市场，进一步拓展和夯实竞技体育的项目基础和人才基础；保持优势项目、强化潜优势项目、重点发展以田径和旅游为代表的基础大项和以篮、足、排球为代表的集体球类项目；在夏季奥运会上保持领先水平，金牌、奖牌、总分稳定在前 3 名，在冬季奥运会上持续突破，整体水平进入先进行列，金牌、奖牌、总分进入前 6 名；足球运动技术水平大幅提升，能持续、稳定地获得世界杯和奥运会的参赛权，篮球和排球的竞技水平达到世界先进水平（世界锦标赛和奥运会的前 6 名）；力争在 2030 年左右成功申办足球世界杯，在 2050 年左右再次承办一届夏季奥运会；稳步发展职业体育，集体项目重点发展乒乓球、羽毛球、足球、篮球、排球职业联赛，个人项目重点发展武术、网球、高尔夫球、拳击、台球、棋牌；培育和造就一批具有世界影响的体育明星和体育品牌赛事。

——全面打造实力雄厚、门类齐全、具有国际影响力的体育产业。通过持续不断的扩大开放，深化改革，不断消除制约体育产业发展的体制和机制障碍，以大力发展运动项目产业为基础，抓住城市、青少年和中产阶层三个重点，建立和完善覆盖全社会的、高中低档并存的大众健身娱乐市场和以职业联赛和各类商业性竞赛、表演为主体的体育竞赛市场，带动体育中介、体育传媒、体育会展、体育旅游、体育文化创意、体育装备制造与销售的全面发展。到 2020 年全国体育产业的增加值占GDP 的比重和体育产业从业人数占全国就业人数的比例双双达到 1%，到 2050 年这两项指标双双达到 2.5%；在体育产业的各个领域都打造一个具有国际竞争力的体育企业集团，同时形成一批具有全球影响力的体育赛事品牌、体育企业品牌和体育产品品牌，体育服务贸易占全球市场份额不断提升。

——全面建设充满活力、独具魅力的中华体育文化。体育大国向体育强国迈进必然伴随着中华体育文化的繁荣兴盛。当今世界体育强国之间的竞争，很大程度上是体育文化魅力的竞争。要以大力发展运动项目文化为突破口，全面推进体育文化建设工程，从文化的高度引领各个运动项目科学发展、和谐发展。要高度重视中华民族传统体育文化的挖掘、整理、保护和利用，使之与当代社会相适应、与现代文明相协调，保持民族性，体现时代性。要进一步加强中华体育文化的国际交流，运用现代科技手段开发、利用和传播民族民间体育文化资源。武术和传统养身功法，要成为在国外举办的中国文化年和"孔子学院"的重要内容，不断提升中华体育文化在全球的影响力。

——全面提升中国体育的国际影响力。体育强国说到底是对全球体育事务具有影响力和控制力的国家。培育和提升中国体育的国际影响力，必须要在国际体坛树立一个讲信誉、敢担当、负责任的大国形象，要积极倡导相互尊重、相互借鉴、平等协商、求同存异，尊重多样性的处事原则，做到发展机遇共同分享、各种挑战共同应对。要继续加强同广大发展中国家的体育合作，深化传统友谊，扩大务实合作，提供力所能及的援助，维护发展中国家在国际体坛的正当要求和共同利益。积极参与多边国际体育事务，承担相应国际义务，发挥建设性作用，推动国际体坛朝着更加公正合理的方向发展。建设一支高素质的体育外事队伍，全面参与国际体育交流与合作，力争在重要的国际体育组织中不断提升中国的影响。

四、全面推进体育强国发展战略必须把握好的关键点

全面建设体育强国，是进入中华民族伟大复兴关键时期的中国体育，为了更好地适应社会主义市场经济不断发展的新形势，更好地适应全面建设小康社会的新要求和各族人民过上更好生活的新期待作出的战略抉择。全面有效地推进这一战略，必须重点把握好以下几个带有根本

性、全局性、战略性的实施关键点。

第一，要牢牢锁定全面实现中国体育现代化这一发展目标。通过建设体育强国全面实现中国体育的现代化，是体育发展富国利民的根本要求。改革开放以来，中国体育整体实力的全面提升和核心表现的不断彰显，是一个令国际社会印象深刻、广为称赞的基本事实，但快速发展也积累一些结构性矛盾，突出表现为政府满足公共体育需求的能力不强，区域间体育发展水平差距不断扩大，奥运项目与非奥项目、业余体育与职业体育、冬季项目与夏季项目、优势项目与基础项目和球类项目之间发展水平的不均衡，以及体育组织化、体育社会化、体育产业化发展水平长期徘徊不前等。北京奥运会的成功举办和卓越表现，特别是这届奥运会给我们留下的宝贵的物质和精神财富，为步入新阶段的中国体育，在由大到强的新征程中逐步化解这些结构性矛盾和问题提供了物质基础、技术条件和必要的改革氛围。从一定意义上讲，中国体育由大到强的过程就是不断化解矛盾、全面提升基础实力和打造中国体育核心竞争力的过程，而这个过程也就是中国体育全面实现现代化的过程。只有中国体育全面实现了现代化，创建体育强国的伟业才能真正达成。

第二，要把改革、开放、创新作为建设体育强国的根本路径。如何实现体育大国向体育强国的迈进，其根本路径是什么？改革开放的基本经验告诉我们，那就是要始终坚持改革、开放、创新。改革、开放、创新是历史进步的基本道路，发展没有止境，改革、开放、创新也没有止境。只要有发展，就会有新情况、新问题、新矛盾，就需要不断地解放思想，不断地改革开放，以调整体制机制，推动事业在更高层次上持续发展。推动体育大国向体育强国迈进，全面实现中国体育的现代化，也是一个不断发现问题、解决问题的过程，也需要通过持续不断的改革、开放、创新来驱动。因为，不改革、不创新制度就会僵化，事业就没有活力，不开放、不融合就不能吸收世界体育发展的文明成果，就不能在参与国际竞争中求得更好更快的发展。同样，不改革就不可能有真正的开放，不开放也很难有真正的改革。开放本身就是伟大的改革。封闭的国家、封闭的事业，不可能赢得真正有质量、有效益的发展。所以，只有真正坚持改革、开放、创新不动摇，才能不断创新体育发展体制，拓宽体育发展渠道，增强体育发展活力，夯实体育发展基础。这就是为什么要始终把改革、开放、创新贯穿建设体育强国全过程的根本原因。

第三，要把推动体育发展模式转型放在重要位置。改革开放以来，尽管我国体育事业有了较快发展，但整体上仍是一个内生发展模式，即系统内循环的部门体育发展模式，体育发展与经济、社会、文化发展的融入度还不够，贡献率还不大。体育大国向体育强国转变，一项重要标志，就是体育发展不仅要表现为自身业务工作的发展，而且还要表现为对政治、经济、社会、文化和人的全面发展起更加实际的作用。因此，推动体育发展模式的转型，即由部门体育向全社会体育、"争光"体育向生活方式体育的转型至关重要。没有这样的转型，体育的发展恐怕更多的还是量和规模上的扩展，而不是质和效益的提升。所以，体育强国的核心在强国二字，体育能不能强国以及能在多大程度上强国才是问题的关键，只有主动根据时代发展的要求适时调整体育发展模式，才能使体育在服从和服务于强国富民的伟大实践中真正实现强体与强国的内在统一。

第四，要全面提升关乎全局的"六个水平"。一是体育组织化水平。中国体育基于草根的组织化水平很低，这是中国体育生活化、消费化"化"不起来的一个重要原因。如果我们坚持体育强国是以人为本的体育，那么我们就必须下决心突破体育组织化水平长期在低位徘徊的局面。要结合基层民主建设、社区文化建设、校园文化建设和企业文化建设，大力发展基于兴趣、爱好的公民自设自创的草根体育组织，鼓励公民自愿参加各类体育协会，倡导自愿服务精神，编织覆盖全社会的、基于社区和自愿者服务的新型体育组织网络。二是体育社会化水平。长期以来，我国部门体育的发展模式致使体育发展的社会基础还十分薄弱，各类社会机构自主办体育的能力还不强。要通过改革体育管理体制和运行机制，调整和规范体育行政部门、运动项目管理中心和单项运动协会的职能，为各类社会机构自主办体育释放空间、提供舞台。应该看到，建设体育强国光靠政府单方发力或体育部门一家作为是难以为继、难有作为的，只有充分调动全社会的力量，共同建设、共同发展，才能达成目标，成就伟业。三是体育产业化水平。当代体育是现代服务业，特别是消费性服务业的重要组成部分，要建设体育强国就必须大力发展体育产业，提升中国体育的产业化水平，这既是体育自身可持续发展的内在要求，也是体育参与经济、服务社会的必须选择，更是建设体育强国的应有之义。要借全球化的势能和中国崛起的大势，利用好国际国内两个市场、两种资源，鼓励各类资本投资兴办体育产业，激活体育消费、拓展体育市场、搞活体育商品和服务贸易。四是参与国际体育事务的能力和水平。我国目前之所以在整体上只能算是体育大国而不是体育强国，一个重要原因就是我国在国际体坛的影响力还不够。表面上看，这是由我国在国际体育组织中任职尤其是任要职的人数太少所致，但实际是中国体育的开放度和参与国际体育事务的能力还不强。因此，要提高这一水平，除了要培养一支数量足、质量高的体育外事人才队伍，更重要的是要进一步扩大开放，开展全方位的国际体育交流，更加积极主动地参与国际体育事务，承担应尽的国际义务，在国际体坛树立讲正义、守信用、敢担当、负责任的中国形象。五是体育信息化水平。体育信息化是体育现代化的一个重要指标，要建设体育强国必须大力加强体育信息化建设。要以数字技术为手段、3G 网络为平台，建设覆盖全社会的体育公共信息网，完善各类体育专项数据库建设，以信息化带动中国体育的现代化。六是体育创意化水平。体育是大文化的组成部分。在讲求差异化竞争、错位化发展的时代，体育的影响力很大程度上是体育的表现力，而体育的表现力又来自于体育创意力，因此，在建设体育强国的进程中还必须有目的、有计划地不断提升我国体育的创意化水平。要以大文化的视角主动加强与新闻出版、广电传媒、广告公关、咨询策划、音乐艺术、演艺经纪等相关行业的合作，推广体育展示技术，发展体育创意产业，全面提升中国体育的艺术含量和创意水平。

第五，要突破观念障碍，下决心大力发展职业体育。职业体育是当代全球体育中最活跃的部分，也是一国体育发展核心竞争力之所在。改革开放以来，我国在以奥运会为代表的全球业余体育竞争中取得了举世公认的辉煌业绩，但是在全球职业体育的竞争中，我们还处于明显的弱势，基本没有竞争力。到本世纪中叶，我们要全面建设体育强国，从现在开始就必须切实把思想认识统一到职业体育是新时期体育大国向体育强国迈进战略的重要支撑点，是竞技体育结构调整的重要内容，是群众体育助推的重要引擎，是体育产业发展的重点领域，一句话，是新一轮世界主要体育强国全球化竞争的战略要地。不在这一高度上解放思想、统一认识，我们就不可能在职业体育改革与发展的探索中走出一条国际视野、本土洞察、中国实践的创新之路。而能否实现这一目标，关键在于坚持解放思想、实事求是、一切从实际出发，既要反对"东教条"，又要反对"西教条"，既要遵循职业体育发展的基本规律，又要把握社会主义初级阶段的基本国情和体育发展的阶段特征，不断消除制约我国职业体育发展的体制和机制障碍。走一条在发动机制上强调政府主导、政府统筹，在推进方式上强调循序渐进、以点带面，在动力保障上强调深化改革、扩大开放，在依托基点上强调与城市发展相融合的发展振兴之路。

第六，要鼓励和引导体育发展与城市发展相融合。进入新世纪以来，我国城市化水平呈现出快速提升的趋势。据国务院发展研究中心产业经济研究部的统计和测算，2000 年，中国城市化水平为 36%，2007 年是 45%，2030 年中国的城市化水平可能会达到 65%，2050 年将达到 75%。从西方国家体育发展的历史进程看，体育发展与城市化有着高度的关联，当今全球著名的职业体育赛事、职业体育联盟、职业体育俱乐部，如网球的"四大满贯赛"、环法自行车赛、欧洲五大职业足球联赛、美国四大职业体育联盟以及像曼联、皇马、利物浦、拜仁慕尼黑这样的职业足球俱乐部，大多具有百年历史。而一百年前也正是欧美城市化高速发展时期。这当然不是历史机缘的巧合，而是城市化带来的人口集聚、消费和市场集聚、产业结构调整、城市结构和功能的完善以及城市生活方式的形成等多方面的积极变化促成了现代体育的生成与发展。当代中国正处在城市化高速发展时期，而这个时期对体育发展来说就是一个绝不能错失的黄金机遇期。在这样一个难得的历史机遇期，推动我国由体育大国向体育强国迈进，就必须制定符合时代发展特征的推进战略，而这个战略的基本点就是要把体育的发展融入城市发展之中，充分发挥体育在提升城市形象、营销城市品牌、活化城市功能、提高城市生活品质、提升市民凝聚力和自豪感等方面的独特作用，充分调动各级各类城市政府在建设体育强国中的重要作用，鼓励和引导体育发展与城市发展相融合、互促进。

第七，要加大力度实施科教兴体、人才强体战略。在全球科技革命、科技创新风起云涌的今天，任何一项事业要想做大做强都必须切实依靠科技进步提供技术支撑。全面建设拥有 13 亿人口的体育强国，必须把推动体育行业持续不断的科技进步作为支撑发展的动力，着力建设国家层面的体育科技创新体系，在关系全行业发展的关键领域、关键技术上组织和实施好科技攻关。同时，布局前沿研究，扶持基础研究，重点做好全民健身的科技支撑和国家队科技服务体系的"军转民"工作，不断提高我国体育科技的整体发展水平。要高度重视体育人力资源建设，全面实施人才强体战略。贯彻尊重劳动、尊重知识、尊重人才、尊重创造的方针，坚持德才兼备、注重实绩的选人用人原则，统筹抓好以体育高层次人才和体育高技能人才为重点的各类人才队伍建设。创新体育人才工作体制机制，激发各类人才创造活力和创业热情，开创人才辈出、人尽其才的新局面，为全面建设体育强国提供坚实可靠的人才保障。

第八，要建立和完善公共财政与市场投融资相结合的多元经费保障体系。全面建设体育强国需要创新型的经费保障体系来支撑。要围绕政府保障国民基本体育需求和推进体育基本公共服务均等化，完善体育公共财政体系。深化预算制度改革，强化预算管理和监督，加快形成统一规范透明的财政转移支付制度，不断加大对各类体育公共设施建设的投入。进一步做好体育彩票发行工作，改善销售环境，增加发行品种，扩大发行量，加强对体育彩票公益金使用的监管，进一步提高群众体育在公益金使用中的比例，增强基层政府提供体育公共服务能力。同时，不断探索与推进体育社会化、产业化相适应的市场化体育投融体制，鼓励各类资本，特别是国外资本和民间资本以独资、合资、合作、联营、参股、特许经营等方式投资体育产业。鼓励和支持有条件的体育企业进入资本市场融资。加强各类体育基金会的资金筹集和管理，积极拓宽基金来源，强化基金使用监管。

第九，要切实加强对创建工作的组织与领导。推动体育大国向体育强国迈进，是进入新时期、新阶段的中国体育面临的重大战略任务，各级政府体育行政部门应抓住中华民族伟大复兴历史进程提供的一切有利机遇，完善统筹机制，加强组织协调，正确处理系统内与系统外、近期工作目标与远期工作目标的关系，准确把握工作重点，明确职责分工，落实相关政策措施，转变政府职能，创新体制机制，提高服务水平，动员和引导全社会的广泛参与，营造良好的政策环境、法制环境和社会氛围，为全面建设体育强国提供坚强有力的组织领导保障。

论体育强国的国际影响力

任海　王芳　赵卓

2008 年中国成功地举办了第 29 届奥运会，并在这届奥运会的体育比赛中取得前所未有的辉煌成绩，第一次在金牌数量上超过美国，居于金牌榜之首。北京奥运会在中国体育发展史上具有里程碑的意义，标志着中国体育在当代国际体坛中取得新的位置，在与世界体育接轨的国际化道路上进入一个新阶段。北京奥运会后，中国体育新的目标是实现由体育大国到体育强国的转变，这是一次具有战略意义的转型，需要立足长远，全面谋划。在全球化深入发展的今天构建体育强国，不仅要促进中国自身体育事业的进一步发展，而且要对当代国际社会有所影响，使之朝着有利于世界大多数国家的方向发展，于是，需要将体育强国的建设置于国际社会和国际体育发展的全球视野。而从全球视野审视我国的体育发展之路，也为我们提供了一个认识体育强国的新视角，即从国际体系的层次、从国际影响力的角度来看什么是体育强国。

体育强国是一个相对的概念，其意义不仅是一个国家自身的历史纵向比较，更重要的是国际间的横向比较。如果一个国家的体育事业蒸蒸日上，但鲜有外界认可的影响力，那么尽管该国的体育兴旺发达，也难称为体育强国，如北欧诸国。因此，体育强国的建设与其国际影响力的增长是不可分割的。当今世界，一个没有国际影响力或国际影响力很弱的国家不能算是体育强国。中国之所以要建设体育强国，其核心的外部目标就是通过体育对国际社会产生积极影响，对世界体育的发展做出贡献，并对我国提供适宜的外部环境。于是，国际影响力的构建是中国建设体育强国的应有之义。一个国家能否产生国际体育影响力，根本上取决于该国自身的体育实力，因此对国际影响力的讨论无法与体育强国的自身建设相分离，但本文聚集于中国体育的外部影响，不过多地涉及国内部分。

一、体育强国国际影响力的概念

提及体育强国的国际影响力，存在着一些似是而非的理解，如通常人们会将"知名度"视为"影响力"。一个国家的体育在国际上的认知度当然与其影响力有关。在国际上不为人知的国家，自然也不会有多少影响。但是，仅仅为人所知并不会自然对其他国家产生影响。如当年联邦德国，一个只有 1700 万人口的小国，以小击大，以弱胜强，在奥运会和多种世界大赛中击败世界上数一数二的体育强国美国，知名度不可谓不大。然而联邦德国在国际体坛的辉煌业绩并未产生多少国际影响，世界上也没有多少国家在效法联邦德国。相反，国际上普遍视联邦德国为制造金牌的机器，类似例子还有古巴。知名度可以在一时之间，因某一事件或某一业绩而暴得大名，但是要产生真正的国际影响却要困难得多。

另外，人们也常以进入国际体育组织决策圈的人数、对国际体育的商业支持及媒体的影响等作为国际影响力的标志。实际上，尽管这些内容具有标志性的意义，但仍不足以使一个国家具有体育强国的国际影响力。若以国际体育组织官员的人数为标准，自 20 世纪 70 年代以来，国际社会出于对大国操纵的警惕，国际体育组织的主要领导岗位多为小国担任，如美国尽管在国际体育影响巨大，但其在国际体育组织中担任的职务却与其实力远不成比例。相反，像比利时、瑞士这样的小国却常常在国际体育组织中占据相当数量的领导岗位，而这些国家却难以称之为体育强国。

体育赞助商对国际体育的影响的确不容忽视，但由于其跨国公司的性质和在全球追逐利益的基本动机，其企业认同与国家认同日趋分离，企业越来越强调的是企业自身的影响，尽管这种影响与其国家声望有一定的关系，但其影响主要是出于企业的考虑，而非国家的利益，因此也难以完全将其与国家影响力等同起来。

大众传媒自然对国际体育有重要影响，但是大众传媒的中介性质，使之自身无法生成影响力，它必须借助体育实体，通过转播将体育实体的意义传递出去，并从中获得自己的利益，因此大众传媒只是影响力的流,而非其源。今天,大众传媒由于自身商业化的利益取向及政治和文化等方面的难以克服的偏见,也难以如实反映一个国家的国际影响力,对中国这样的新兴国家更是如此。

要了解体育强国的国际影响力,首先应当了解什么是国际影响力。"影响力是一种能够影响他人行为的能力"(拉西特和斯塔尔,2001)。《中国现代化报告 2008》将这一定义延伸,用于国家和国际层面,指出,"国际影响力是国家运用自己国家实力去影响他国的意志和行动的能力。国际影响力具有双重属性,它既是国家实力的一个重要组成部分,又是国家实力其他组成部分的一种运用(国家实力表现的一种形式)。"该报告还认为,影响力有多种表现形式,潜在影响力难以衡量[1]。

据此,我们可以将"体育强国的国际影响力"界定为"一个体育强国在国际社会中运用自己包括体育在内的国家实力去影响其他国家乃至整个国际社会的意愿和行为的能力"。

国际影响力是一种典型的软实力。一个体育强国能否产生国际影响力,特别是能否产生自己期望的影响力,在相当程度上并不取决于该国自身,这是国际影响力产生的机制造成的。所谓"影响"是指"言语、行为、事情对他人或周围的事物产生的作用[2]"。"对别人的思想或行动起作用。如影之随形,响之应声[3]"。显然,影响涉及影响的发放者与影响的接受者之间的互动。在这个互动过程中,双方是平等的,接受方可以对发出方的信息做出积极的或是消极的回应,甚至不回应。既然影响是一种互动过程,在这个过程中影响能否产生,产生到何种程度,不仅取决于影响者的实力与愿望,更取决于被影响者接受影响的意愿,取决于他国乃至国际社会对该国的认识和价值判断。一个国家期待别国和国际社会认可的影响力,与其实际拥有的影响力常常并不一致。因此,体育强国的国际影响力不是该体育强国一厢情愿就可以获得的。

①中国现代化战略课题研究组、中国科学院中国现代化研究中心. 中国现代化报告 2008. 北京:北京大学出版社,2008.

②上海辞书出版社. 辞海. 2002:921.

③商务印书馆. 现代汉语词典. 2002:1512.

二、历史上的体育强国及其国际影响力

回首近代以来国际体育发展的历史，似乎存在着两种国际影响力。

其一，改革性的国际影响力。在国际社会和国际体育处于转折阶段，看准趋势，把握时机，乘势而起，以新思想、新内容、新组织、新机制等方面的创新，直接对国际社会和体育发展的进程或格局产生影响，开风气之先，打出一个新局面，开创一个时代。这种国际影响力的深刻程度和持续性是不言而喻的，而且由于它代表了时代的潮流，世界各国无不风闻而景从，呈现出覆盖全球的广泛性。这种国际影响力多出现于历史的转折时期。其时，旧的模式已难以应对新的挑战，历史出现改革的机遇。

其二，示范性的国际影响力。在世界体育发展的平稳期，在国际体育既有的框架内，依照既有的规则，发挥出色，或在某一方面有所创新，从而成为世界上一些国家的榜样，然而这种国际影响多受政治制度、经济水平和文化差异等因素的影响，产生的影响常常难以是全球性的。此外，这类影响更迭迅速，维持时间短，就严格意义而言，其国际影响或局限于一时，或限于某些方面，难以在整体上对国际体育产生持续影响。产生这种影响的国家多为与国际主流体育文化，即西方体育文化相一致的国家。

自然，所有的国家都希望自己具有改革性的国际影响力，占据历史的制高点，开创一个新时代。然而，要拥有这种影响力不仅自身要有强大的实力，还要有可遇而不可求的历史机遇。迄今，只有为数不多的几个国家有幸得到历史的眷顾，把握住难得的机遇，针对当时国际体育发展的需要，因势利导，做出引领世界潮流的创新性改革，使世界多数国家因此而受惠，从而使自己脱颖而出，在国际体育价值观和话语权的竞争中，确定了自己的地位。当代世界体育价值的基本导向、组织体系的基本格局、体育活动的基本内容及运作的基本机制，都是在这些国家的影响下形成的。回顾历史，真正具有国际影响力的体育强国屈指可数，具体如下。

（一）英国

英国对现代体育的发展起到了承前启后的关键作用。在 1700 年到 1850 年间完成了人类社会体育由前工业社会向工业社会的转换[①]。英国人重新释义体育的价值和功能，重新进行体育的组织设计，使体育标准化、规范化，完成了传统体育向现代体育转型的质变，创造了符合现代社会需要的新体育形态，从而使体育在空间范围获得空前普及。英国人还使竞技运动进入学校，使竞技运动的教育功能得到前所未有的开发，以拉格比公学校长阿诺德为代表的新兴资产阶级教育家，就是其典范。这种以竞技运动为载体的教育思想有力地促进了日后奥林匹克运动在全球的兴起。

（二）法国

尽管英国人使体育发生了质的飞跃，创新出适于现代社会需要的体育形态，推进了世界体育现代化的进程，但是由于英国人固有的保守及对其他国家文化盲目的轻视，使得他们未能因势利导，抓住机遇扩大其战果，将体育现代化与其必然导致出现的体育国际化结合起来，获得更大的国际话语权。英国人固步自封，以不屑于与那些后进国家为伍的态度对待刚刚跨入国际化大门的体育。这时候，更具进取精神和浪漫特点的法国人，以顾拜旦为代表的奥运先驱者们，敏感地发现英国人的不足，挺身而起，在体育国际化和国际组织化方面做出突出贡献，直接促成当代奥林匹克组织和国际足联、田联等重要组织的诞生，奠定了今天国际体育组织的基本框架，并开启了国际体育的民主化进程，从而确定了法国在国际体育界长达百年的优势话语权。

（三）苏联

从 1952 年首次参加奥运会开始，苏联在世界上开创了一个新的体

[①] Allen Guttman, Sports, The First Five Millennia, Univ. Massachusett Press, 2004, p.68.

育发展模式，这就是从国际政治的角度切入，充分开发体育的政治功能，以国家力量整合体育资源的举国体制的新模式。这一模式不仅迅速提高了苏联的体育实力，更重要的是深刻冲击了既有的国际体育格局，引发了国际体育的震动。苏联模式迫使长期以来视体育为业余运动，国家不宜干涉的西方国家改变其陈腐的观念，积极介入体育领域。苏联的做法之所以能形成巨大的国际影响，与二战后的冷战格局密不可分。在美—苏两极对立的世界格局中，苏联从国际政治的角度重新阐述体育的意义，并有效地将之应用于国际政治斗争，将体育的政治功能推向国际社会，迫使其同盟者和反对者都无法置身事外，从而将国际体育推入一个新的发展阶段。由于苏联体育的国际影响是以美—苏争霸的冷战格局为依托的，一旦冷战格局不复存在，苏联体育的国际影响力也一落千丈。1989年苏联解体，国际体坛的一代巨无霸轰然倒下。其后，它的主要继承者俄罗斯，正如兰德公司在一项题为《评估俄罗斯衰落》的研究中所言，曾经的超级强权已经变成一个"弱国"，"军事、社会及经济力量不断衰落"①，不复再有睥睨世界的底气。

（四）美国

美国具有超强的体育实力，在国际体育的诸多领域独步一时，傲视群雄。然而，尽管美国长期在国际体坛上成绩辉煌，但是它真正对当代国际体育产生巨大而深远的影响，是在体育与市场结合方面的创新。在体育全球化需要大量经济资源，而苦于观念的束缚和旧有的业余模式禁锢，而逐渐失去活力时，美国人独具慧眼，极具胆识地为体育找到自我造血的机制。美国的职业体育更是将体育文化产业的理念和运营推向极致。在美国的推动下，国际体育商业化的潮流汹涌澎湃，濒于危机的国际体育赛事起死回生，体育产业成为国际体育的支柱力量。美国在相当长的一个时期，掌握着国际体育的经济命脉。

---

①罗·夏皮罗. 下一轮全球趋势——决定你未来15年的世界. 北京：中信出版社，2009：370.

（五）德国

近代以来，德国体育曾经两度对国际体育产生重大社会影响。一是在 19 世纪初，德国把握住了新兴的民族国家增强国民体质的新需要，开创了独具特色的体操体系，有效地大规模地促进了国民体质。该体操体系将爱国主义与身体发展结合起来，将身体训练与国民的组织纪律性结合起来，使整个世界耳目一新，各国纷纷竞相仿效，德国体操理念于是风靡世界。其后，特别是二战以后，德国由于自身历史条件的限制，其国际影响力主要表现为示范效应，德国建立起独特的融竞技体育、学校体育和社会体育三大体育形态于一体的组织体制而称雄世界。

（六）日本

与上述产生世界性影响的国家相比，日本有所不同，日本体育的国际影响主要局限于亚洲地区。近代以来，日本一方面积极"脱亚入欧"，成为西方体育的积极参与者，另一方面又成功地将西方体育与自己的本土文化嫁接在一起，积极举办奥运会、世界杯并卓有成效地将柔道等本土项目推向世界，成为当代体育文化杂交与融合的典范，为其他后发国家，特别是亚洲诸国提供了仿效的榜样。

三、历史上体育强国的启示

（一）体育强国为什么具有国际影响力

从上述体育强国的作为中可以看到，体育强国之所以拥有深远的国际影响力，是需要如下条件的。

1. 历史机遇

国际体育是一个不间断的发展过程，呈现出由量变到质变，周而复始，螺旋式上升的发展态势，有着明显的阶段性。国际体育发展到一定程度，便遇到制约其发展的瓶颈障碍。体育强国总是出现在这些历史关节点，引导国际体育突破障碍，进入新的发展阶段。由于这些瓶颈障碍具有整体性和全局性的特征，对解决这些问题发挥关键作用的国家也就自然拥有巨大的国际影响力。国际体育的时势为它们提供了机遇。

2. 观念创新

各体育强国都提出过具有变革意义的新观念，这些观念具有明确的问题针对性和目标指向性，反映出它们对国际体育走向有着超越同时代其他国家的深刻认识。思想决定行动，这是其产生巨大国际影响力的关键所在。它们的创新观念，实际上就是为解决国际体育的时代问题，突破体育发展的瓶颈障碍提出了新的方向和新的思路。此外，这些体育强国都积极推广自己的理念，有明显的观念输出特征。

3. 效用明显

各体育强国在提出了创新的观念后，并不止步于此。而是积极地采取一系列的配套措施来贯彻和落实这些观念，从而在技术、体制、组织、制度等实践层次上推动世界体育的变革，将无形的观念演化为有形的社会实践，产生实际效果，而实践变革的具体成果又巩固了其创新的观念，于是，理论与实践形成互动之势。

4. 共享多赢

国际社会是由政治、经济和文化等诸方面多有不同的国家组成的，具有鲜明的异质性。体育强国的国际影响力针对的不是哪一类国家，而是整个国际社会。由于其国际影响的指向符合人类体育发展的总体趋势，符合国际社会的整体利益，因此，其影响也带来广泛的利益共享，形成共赢的局面。就是苏联咄咄逼人的挑战模式，也最终导致了整个世界对体育的重新诠释，大大加快了国际体育组织化的进程。

（二）中国应当寻求什么样的国际影响力

经过 60 年的发展，中国已经成为体育大国。应当看到，我们的体育大国是改革开放以来，积极参与国际体育，着意与国际接轨，在既有的国际体育秩序中建立起来的。也应当看到，在既有的国际体育秩序中，由于中国政治和文化的差异，我国难以在西方主导的国际主流社会中产生示范性的国际影响力，这在北京奥运会中就有所体现。北京奥运会的举办十分成功，获得罗格"无与伦比"的赞誉，然而，举办这届奥运会的"北京模式"并未得到国际社会应有的重视及借鉴。中国构建的体育强国只能是开创风气之先的创新型强国，其国际影响力，只能是具有强烈改革意义的国际影响力，而不是，也不可能是既有国际体育格局中榜样性的类型，主要原因如下。

• 就中国自身而言，其独特的社会背景，使得中国的做法是其他许多国家，特别是西方发达国家难以仿效的；中国体育的成功，在国际社会中常常被曲解，或被解释为不可重复的特例。

• 就当前国际体育的组织结构而言，既有的国际体育格局没有留下多少空间让中国在决策中有更大的影响力。

• 就文化传统而言，既有国际体育模式是西方主导的单一体育文化模式，已经形成了一套固有的话语体系，这个话语体系与中国既有的文化传统多有冲突，中国丰富的文化积累难以为之所用。

• 就国际体育的主体竞技运动而言，当前的框架是 19 世纪末和 20 世纪初形成的，势禁局限，无法容纳迅速膨胀的全球体育需求和体育资源，中国的优势项目发展空间已经趋于饱和，如乒乓球、羽毛球等项目一家独大，从而失去影响力。我们要竞争的项目则由于人数名额的限制原因，无法发挥我们人力资源优势。此外，我们擅长的一些非奥运项目则徘徊在国际主流体育视野之外。

所幸的是，正当中国由体育大国向体育强国转化之际，恰遇国际体育又一次处于转折的关键阶段，国际体育正在努力突破新的瓶颈，寻求与全球化时代相匹配的发展前景。这种发展趋势为中国推动世界体育新秩序的改革提供了可遇而不可求的历史机遇。我们应当不失时机地把握这一历史机遇，成为对世界体育有历史贡献的体育强国。

四、世界体育发展的多样性：中国国际影响力的根基所在

历史上体育强国的经验告诉我们，在时代需要变革的时候，能否及时提出具有变革意义的新理念并积极推行这些新理念，是这些体育强国产生巨大国际影响力的关键所在。今天，国际体育格局正在孕育新的变革，面临新的变局。依据世界体育发展的新趋势，提出具有清晰针对性和指向性的新理念，是中国由体育大国走向体育强国的不容回避的历史使命。据此，中国有必要提出"世界体育发展的多样性"的新理念，并以此为切入点，积极倡导并推动国际体育向着多元、共享、民主、平等的格局发展。这种格局既符合国际体育发展的整体利益，也符合中国自身的国家利益。促成这一格局的实现，不仅是中国应尽的国际义务，也是中国自身发展的必由之路。只有当中国的体育强国之路与国际体育秩序的变革交织在一起，我们才能真正对世界体育产生全面而深刻的积极影响，也才能在这一波澜壮阔的互动过程中进一步完善自我。

当代国际体育和中国社会的发展状况似乎都在说明，这种变革的条件正在成熟。

（一）世界体育的多样性是当代国际体育发展的需要

1. 国际社会多元发展的趋势

美籍印度学者扎卡利亚指出，在过去 500 年世界范围发生了三次权力转移，每次都重新塑造了国际政治、经济和文化生活。第一次是 15 世纪到 18 世纪末西方世界的崛起，创造了我们所熟知的现代化——科学和技术、商业和资本主义、农业革命和工业革命，同时也创造了西方国家长盛不衰的政治主导地位。第二次是美国的崛起，发生在 19 世纪行将结束之际。美国在 20 世纪的大部分时期，主导着全球经济、政治、科学和文化。目前，世界正经历第三次权力大转移，是"他者的崛起"。

在过去几十年，全世界所有国家的经济都在快速增长，最明显的增长发生在亚洲。在 2006 年和 2007 年，世界上有 124 个国家的增长率达到了 4%以上，包括非洲的 30 多个国家，占非洲国家总数的 2/3①。

美国学者亨廷顿认为，"世界是划分为一个统一的西方和一个由许多部分组成的非西方"。"他者的崛起"就是非西方的崛起，表征着国际社会多元化的发展潮流，这种潮流要求国际体育迅速跟进，服务并促进国际社会走向多元、平等而充满活力的新格局。既有的国际体育秩序无法满足这一新的时代要求。

2. 世界体育发展面临新的突破

今天国际体育的基本格局源于工业革命时期，是 19 世纪以来以西方主导的工业文明的产物。用托夫勒的话说，是第二次浪潮的时代产物。直到今天，国际体育发展的基本方向是齐一化、均质化，是西方现代体育向非西方地区传播和各国体育向西方现代体育看齐的过程。经过一个多世纪的发展，这种传播成绩斐然，随着现代体育在全球的普及，形成了国际体育今天的格局。但是，随着全球化进程的进一步展开，这种格局的局限性也日益显现，主要表现如下：

• 体育文化的单一化

既有的国际体育格局有效地普及了西方现代体育，但同时在排斥和削弱发展中国家丰富多彩的民族体育及西方内部原住民的体育，抑制了这些体育形态的发展，使之边缘化。

无数历史事实证明，一种文化形态的发展速度及发展水平取决于它与其他文化的碰撞、交流与融合。它获得的文化资源越丰富，发展就越迅速、越健康。当代国际体育已经进入全球化阶段，它要成为真正意义上的全球性的社会文化运动，就必须获得大量新资源。因此，保持一个多元而平衡的体育文化生态对 21 世纪国际体育的可持续发展至关重要。但是，现有的国际体育依然在抱残守缺，少有改革的亮色。当所有的传统体育形态消失时，西方现代体育自身也难有任何前途。

---

① [美] 扎卡利亚. 后美国世界：大国崛起的经济新秩序时代. 赵广成，林民旺，译. 北京：中信出版社，2009.

● 国际参与的不平等

尽管国际体育领导者倡导体育的民主，反对一切形式的歧视，主张体育是所有人的权利，力图以自己的行为为国际社会树立一个榜样，成为人类社会的一个"理想国"。但是，在现实中，不平等现象得不到根本的纠正，在发展中国家与发达国家、男性与女性、西方与非西方之间的不平等根深蒂固。发展中国家对国际体育的参与长期徘徊在低水平。如悉尼奥运会有 10651 人参赛，其中一半（49.6%）来自欧洲，有 71 个国家和地区派出的运动员不足 5 人，英属维尔京群岛仅 1 人。在国际体育组织的决策机构中，发展中国家和弱势群体如妇女，也难以有实质性参与。如世界上有 205 个国家和地区奥委会，但国际奥委会的委员只有 115 人，有的国家有二至三名委员，而大多数国家（主要是发展中国家）没有自己的委员，也就缺少了针对国际体育的话语权。英国体育社会学家 Joseph Maguire 在分析全球体育(global sport)时指出，随着全球体育的兴起与传播，出现了 7 个结构性的变化，其中的两大变化是，西方国家内部原住民及非西方国家的民族体育的长期衰落；全球体育精英权力的兴起，强化了西方内部及西方与非西方之间的不平等[1]。

● 以人为本阻力重重

当前主流的国际体育越来越以追求成绩为基本目标，日益为商业等外部力量所左右，出现一系列难以遏制的异化，不仅一些体育明星远远背离了体育的伦理原则，如琼斯、伍兹、菲尔普斯等人不同程度卷入各种丑闻，就是在国际体育组织中身居要位的决策者也难以洁身自好，盐湖城冬奥会申办丑闻几乎使国际奥委会陷入灭顶之灾。顾拜旦曾经期待体育明星们可以成为青少年的榜样，然而在现实中，这种榜样却凤毛麟角。这种体育形态是否继续吸引青少年，是否还能坚持其培养人、教育人的方向，人们不禁提出质疑。在北欧一些国家，如丹麦已出现青少年厌倦竞技运动的现象。国际奥委会自己也颇感困惑，其推出的青年奥运会，就是旨在扭转这一颓势的举措。

● 自身运作困难多多

体育赛事是现代国际体育发展的基本手段。但是在商业利益和政治

---

① Joseph Maguire, Grant Jarvie, Louise Mansfield & Job Bradley, Sport Worlds-Asociological Perspective, Human Kenetics, 2002, pp.9-10.

动因的驱使下，国际赛事向大型化、豪华化的方向迅速发展，不仅导致规模膨胀、环境污染、资源浪费等一系列问题，而且使之远远超出世界上大多数国家的承担能力，越来越成为大国和富国的游戏。

不仅如此，既有的赛事体系已趋于饱和，难以容纳新生的运动项目，形成发展瓶颈。

显然，自20世纪后期以来，随着市场运作机制的引入，大众传媒的发达和现代科技的全面介入，国际体育的经济效益剧增，演进过程大大加快，迎来了自己的黄金发展期，迅速成为全球规模大、影响力广、引人瞩目的文化活动。但是同时，也出现了一系列前所未有的矛盾、冲突，甚至危机。这说明，任何单一的发展模式，都会束缚人们的想象力和创造性，最终走向僵化。世界体育只有形成多样性的发展格局，才有可能再度出现生动活泼的局面。

基于上述原因，与多元化发展的国际社会趋势相适应，国际体育也出现了多元发展趋势。1999年为国际奥委会改革承担设计任务的2000委员会在其提交的改革报告中，表达了一个十分重要的观点："在奥林匹克运动中，对普遍性的推崇绝不意味着标准化、现代化，或文化的单一化，更非欧洲化或西方化。适宜的奥林匹克教育寻求在奥林匹克运动中开发和庆贺文化的多元性。[1]"

（二）世界体育的多样性也是我国自身发展的需要

1. 中国崛起需要多元而和谐的外部环境

20世纪后期以来，人类社会发展的最引人瞩目的现象就是中国的崛起。国外学者认为，30年来中国经济在以年均9%以上的速度增长，是有史以来主要经济体的最快增长速度，中国现有规模如此庞大，它不可能神不知鬼不觉地跻身于世界舞台上。大国就像歌剧中的首席女主角，在国际舞台上进进出出都惊天动地[2]。的确，中国的崛起"是世界

---

① IOC Report by the IOC 2000 Commission to the 110th IOC Session.

② ［美］扎卡利亚. 后美国世界：大国崛起的经济新秩序时代. 赵广成，林民旺，译，北京：中信出版社，2009：99、109、118.

现代经济发展历史上人口和劳动力规模最大的崛起，也是世界上经济、贸易和市场发展速度最快的崛起，还是世界上资源消耗总量最大的崛起，这是前所未有的崛起。它既可以为世界和各国产生巨大的发展机遇，也可以为世界和各国形成诸多的发展挑战。①"

于是，随着中国崛起，走上复兴之路，遇到的国际冲突也日趋频繁。2003 年，尽管我们将"崛起"改为"和平发展"，西方国家依然疑虑重重。于是，自冷战结束后"中国威胁论"就开始不断在国际上泛起。

● 1990 年，日本防务大学学者村井友秀发表《论中国这个潜在的敌人》。

● 1992 年，美国费城外交政策研究所亚洲项目主任芒罗发表《正在觉醒的巨龙：亚洲真正的威胁来自中国》。

● 1993 年，哈佛大学教授亨廷顿发表的《文明的冲突与世界秩序的重建》称，一个统一的、强大的和自我伸张的中国可能构成对美国的威胁。如果中国的经济继续发展，这可能是 21 世纪初美国政策制定者面临的唯一最严峻的安全问题②。

● 1997 年 2 月，《时代》周刊记者伯恩斯坦和芒罗出版《即将到来的美中冲突》。

● 1998—1999 年，美国前中央情报局中国问题专家特里普利特和前共和党国会对外政策顾问爱德华·廷珀莱克合写的《鼠年》（1998年）和《红龙跃起》（1999 年），明确声称"中国对美国国家安全构成重大威胁"③。

● 2009 年 11 月，美国有线广播 CNN 罗列 15 大理由，再次渲染"中国威胁论④"。

美国商务部前副部长夏皮罗指出，"在地缘政治领域，中国是唯一有能力、有意向使自己最终成为让人言听计从的国家⑤"。

---

①胡鞍钢. 中国崛起之路. 北京：北京大学出版社，2007：43.

②塞缪尔·亨廷顿. 文明的冲突与世界秩序的重建. 北京：新华出版社，1999：259.

③李博，奚平. 西方关于中国的五大失败预言. 中国社会科学报，2009-10-26.

④环球时报，2009-11-04.

⑤罗·夏皮罗. 下一轮全球趋势——决定你未来 15 年的世界. 北京：中信出版社，2009：371.

耸人听闻的中国威胁论之所以在国际上有市场，有多种因素，如"意识形态不同、文明之间差异、地缘争夺态势、发展进程矛盾等①"。其中最重要的一个原因是西方单一的思维方式。苏联和东欧集团瓦解之后，不少西方学者认为人类意识形态的演进和政府形式的演进都已经终结，西方模式是唯一正确的，并即将成为"全人类的制度"。然而，中国却向这一观点提出挑战，在过去的30年走出了一条非西方设计的发展道路。倡导世界体育的多样性，有助于破除西方单一而武断的思维，促进国际社会多元化的发展，鼓励各国按照自己的国情探索自己的发展道路。这会为中国的和平发展营造更为宽松和包容的国际环境。实际上，对中国的创新，国际上已经有了不同的声音，如美国著名未来学者约翰·奈斯比特指出，"中国在创造一个崭新的社会、经济和政治体制，它的政治模式也许可以证明资本主义这一所谓的'历史之终结'只不过是人类历史道路的一个阶段而已。②"

2. 中国体育的发展需要多样性国际体育格局

中国曾经以其辉煌的古代文明对世界产生过深远的影响，但自近代以来，积贫积弱的社会背景，使救亡图存成为中华民族最为迫切的使命，使赶超世界强国成为中国核心的国家目标。回顾中国体育走过的道路，最突出的特点就是赶超，即在西方主流社会设定的国际体育框架内，在西方擅长的运动项目中，赶上和超过西方国家。尽管我国的赶超尚有诸多不尽如人意之处，如足球、篮球等影响巨大的职业运动和田径、游泳等基础项目上仍处于落后状态，但是2008年奥运会的辉煌成绩足以说明，中国已稳稳跻身于世界体育的大国俱乐部。发展中国家的出身背景，使中国对现有的国际体育框架的不足和局限有切身体会。国际社会，特别是新兴发展中国家也期望中国有所作为。

实事求是地说，近代以来直到今天，中国体育主要在享用其他国家的经验，尚未对当代世界体育做出具有实质意义的突出贡献。这与一个有着丰厚文化积淀、经济快速发展、人口众多的体育大国是不相称的。

---

①环球时报，2002-08-01. 第3版.

②约翰·奈斯比特. 中国大趋势. 北京：中华工商联合出版社，2009：4.

2006 年，英国前首相撒切尔夫人关于中国成不了超级大国的评论在社会上广为传播。她说："因为中国没有那种可以用来推进自己的权力、进而削弱我们西方国家的具有'传染性'的学说。今天中国出口的是电视机，而不是思想观念。[①]"不论撒切尔夫人是否真的说过这些话，这种说法描述的现象是存在的。在同年的全国政协会议上政协委员赵启正指出，中国作为拥有 5000 多年文明史的文化发源地，只出口电视机，不出口电视机播放的内容，也就是不出口中国的思想观念，这就成了"硬件加工厂"。文化只有传播，才有影响力；有了影响力，国之强大才有持续的力量。他提出，"只有文化大国，才可能成为世界强国[②]。"这种观点是有道理的。

胡锦涛同志 2007 年在党的十七大上指出，"当今时代，文化越来越成为民族凝聚力和创造力的重要源泉，越来越成为综合国力竞争的重要因素。[③]"

在世界体育多样性的发展格局中，中国体育会有更大的施展空间，从而对国际社会做出多方面的贡献。中国不仅有丰厚的体育文化资源，而且这些资源在性质、功能等方面与西方现代体育有很强的互补性。30 年的改革开放，使中国体育的实力大大加强，为其在国际体育中发挥更多的作用，打下了一定的基础。

五、促进世界体育多样性的策略

以往的体育强国在构建自己影响力的时候，全球化尚未发展到今天这种程度，国家利益是其唯一的考虑，在无意识中做出了符合历史客观要求的举动，从而推动了世界体育的进步，惠及人类。因此，其国际影响力的建立是不自觉的，有一定的偶然性。也正因为如此，它们成为体育强国的过程中也出现了诸多不合时宜的弊病，如霸权主义、民族优越

①中国日报，2006-06-27.

②第一财经日报，2006-03-10.

③胡锦涛，高举中国特色社会主义伟大旗帜为夺取全面建设小康社会新胜利而奋斗——在中国共产党第十七次全国代表大会上的报告. 2007-10-24. 新华社.

感等，多为世人所诟病。中国不应该重复它们的错误，应当更理性地在国际视野中构建自己的国际影响力。中国是第一个由发展中国家崛起的体育强国，其100多年的屈辱经历，发展过程中遇到的各种遏制、阻碍和困难，使中国可以促使国际体育向不仅有利于自己，而且惠及整个人类社会的方向发展。强国的崛起必然伴随着巨大的国际阻力，对于中国尤其如此。在西方看来，中国的崛起是他者的崛起，深深触动了西方主导的国际社会根深蒂固的偏见，因此，策略的思考更加重要。这就需要对既有的国际体育秩序进行诊断，发现其存在的问题，分析其产生的原因，进而根据我国可利用的各种资源、渠道，采取适宜的方式，使之向目标模式演变。总体而言，我国应采取下列策略。

（一）在包容与和谐中促进国际体育格局的更新

现在的国际体育框架和秩序是在过去近一个半世纪中逐渐形成的，有其合理性的部分，西方国家率先行动，促进了体育国际化，它们的历史功绩应当得到充分的肯定。它们是合作的伙伴，而不是革命的对象。我们倡导世界体育的多样性，并非像当年创办新兴力量运动会那样，要取代或对抗既有的国际体育秩序，砸烂现有的国际体育格局，而是对之进行必要的补充和改造，促进国际体育多元化的发展，从而增加它的包容性，扩大它的文化资源，使之真正成为包容五大洲的体育资源，服务于世界各国人民的全球社会文化活动。要做到这一点，国际体育改革的方向必须符合具有全球普适性的人文价值，促进世界发展的多样性所昭示的正是这种人文精神，是当今国际体育的整体利益之所在。它不仅具有广泛的号召力，而且具有强大的道德优势，是参与国际体育的各个群体无法拒绝的。尽管如此，由于当今世界是由民族国家为基本单位构成的，并不存在价值取向完全一致的统一的国际社会。全球化深入发展的今天，要让由各种利益构成的国家或国家集团携手合作，不应狭隘地张扬我国民族体育文化，而是要比以往任何时候都强调文化的包容性，提倡兼容并包，和谐共生，就像北京奥运会"同一个世界，同一个梦想"的口号所体现的那种四海一家、五洲共荣的精神。

1. 继续发挥国际体育既有框架和秩序的作用

中国从体育大国走向体育强国，仍然需要在既有的国际体育框架内有所作为，在有重大影响的国际赛事如奥运会上持续展示自己的竞技实力；在国际体育既有的版图有所拓展，让中国更多地出现在不同的领域，如城市国际马拉松赛事、国际体育论坛、国际体育用品展销会等。由于这里依然是国际主流媒体的焦点所在，在西方既有的价值体系和话语系统内，实力就意味着话语权。要重视商业化的媒体的传播力。在消费社会里，通过商业形式扩大中国的影响力一定程度可以避免国际社会中的政治壁垒和意识形态障碍。体育商业的核心是明星效益，优秀运动员作为一个国家和文化的形象大使，是国际社会最容易接受的传播方式，其发挥的作用常常超出官方的正规宣传，如姚明给中国带来的国际影响。随着中国竞技运动的发展，运动明星的资源会越来越多，需要有意识地培养，以充分发挥其作用。

2. 因势利导推动国际体育改革

积极推动国际体育多元化的发展，推动国际体育的观念革新、组织革新和活动革新。重新认识竞技运动的人文价值本质属性，促使竞技运动的人本回归。促使国际社会重新认识发展中国家在国际体育中的位置和作用，认识到非西方的民族传统体育是世界体育的宝贵资源，是跨文化交流的重要渠道，需要呵护并充分加以利用。使发展中国家通过参与国际体育，更加深入地认识和开发自己的资源，发展自己的体育，从而掌握更多的话语权，推动国际体育组织民主化的进程。

3. 促进非奥运项目，提高国际体育容纳度

既有的国际体育格局，是以奥林匹克组织为基本框架构建起来的。这一体系高度标准化、规模化和组织化，运作有效，但在项目吸纳方面已趋饱和。大量游离于奥运体系之外的体育项目如何发展，是需要解决的重要问题，因为这些项目往往对特定的群体有特殊的吸引力和亲合

力，在个性化参与日趋明显的未来社会，这些项目的价值在与日俱增。促进这些项目的国际发展，可大大丰富国际体育的内容，也会对奥林匹克体系有所裨益。

（二）在国际互动中强内固本

国际影响力是双向的，既表现为一个国家对外的作用力，也表现为国际社会对该国的作用力，国际影响是在国内外互动中产生的。因此，当中国体育对国际社会产生影响时，其自身也处于国际环境的影响中。这就促使中国在国际视野中，以国际通行的标准或准则检查自己，在持续的对照和比较中反思自己，从而不断自我修正和自我完善。对国际社会的影响越深刻，其自身承受的反作用力也会越大。如此看来，中国的体育强国之路也是借国际社会的力量加速自我更新之路。如北京奥运会大大增强了中国对国际社会的影响，同时也深刻地影响着中国自身的体育的发展，形成内外互补的良性循环。应在国内外互动的背景中，重新认识中华民族体育文化的发掘、整理、扬弃和继承，学习和吸纳世界各种体育文化精华以及改革和创新中国体育。

在全球化深化发展、知识经济、网络社会的今天，一个国家体育对外的影响与对内的影响常常难以区分。良好的国际影响会强化对国内的民族认同和文化自信；同样国内体育各项事业的发展，如全民健身、学校体育也与中国体育的外在形象密切相关。

（三）拓展并改善传播渠道

国际影响力在相当程度上表现为传播力，影响借传播而发生效用。要想使我国的国际影响获得预期的效果，必须精心改进我国现有的传播方式和机制。国外有学者认为，中国面临的最大问题不是文化的独特性，而是其影响力的普遍性①。如何让世界了解并理解中国，一直是我们需要解决却又未能很好解决的一道难题。不仅如此，中国正处于社会

---

① ［美］扎卡利亚. 后美国世界：大国崛起的经济新秩序时代. 赵广成，林民旺，译，北京：中信出版社，2009：117.

转型期，这意味着中国社会与体育在持续变化，这就进一步增加了外界了解中国的难度。改革开放 30 年来，中国已经初步形成了自己的体育发展模式。这种模式在结构、功能、运作机制等诸方面既与其他国家的体育发展模式有相同点，也有不同于其他任何国家的特色。中国模式对别国体育的发展有无借鉴意义？如果有，当如何借鉴？国际社会上一些人认为中国模式是不具有普遍意义的特例。其实，中国改革是摸着石头过河，反映的是一种务实的探索，从实践中来，到实践中去，打破各种理论的束缚，一切以实践的检验为准。中国的经验对许多发展中国家及处于社会转型的国家具有重要的参考价值。我们应当深入研究自己的经验并"学会用世界的语言来与国际社会对话，克服文化的差异来破解难题[①]"。积极向外推广中国的经验，在推广中加深对自己的认识，积极而有目的地改善自己。

结束语

体育强国的国际影响力，是在国际社会中运用自己包括体育在内的国家实力去影响其他国家乃至整个国际社会的意愿和行为的能力。中国由体育大国向体育强国转化的过程，恰遇国际体育亟待突破 19 世纪以来形成的，西方体育主导的单一国际体育格局的历史节点。难得的历史机遇为中国建立创新型体育强国，在世界上产生改革性的国际影响提供了可能。我们应借鉴世界上诸体育强国的历史经验，及时把握当今国际体育发展的新趋势，以促进世界体育的多样化发展为目标，锐意创新并稳妥推进，使国际体育向符合世界上大多数国家利益的方向发展。作为一个后发的来自发展中国家的体育大国，中国的体育强国之路注定是一条充满坎坷的创新之路。也正因此，它会给国际体育带来令人耳目一新的理念，注入不同寻常的活力。

---

①约翰·奈斯比特. 中国大趋势. 北京：中华工商联合出版社，2009：85.

迈进体育强国中国竞技体育
发展战略研究

胡利军

一、中国竞技体育发展现状

(一) 我国竞技体育总体水平

我国竞技体育的快速发展，始于 1978 年中国的改革开放。1979 年
10 月，我国在国际奥委会恢复合法席位，1984 年，第一次全面参加奥
运会,在苏联、东欧及古巴等国家缺赛的情况下，获得 15 枚金牌，位于
金牌榜第 4 位，实现了奥运会金牌"零"的突破。2008 年北京奥运会，
我国以 51 枚金牌、21 枚银牌、28 枚铜牌，位于金牌榜第一和奖牌榜第
二，向世界展示了我国竞技体育的强大实力。截至 2007 年，我国运动
员参加各类世界大赛，共获得世界冠军 2155 个，其中，改革开放后所
获比例占总数的 91%。

我国参加历届奥运会、亚运会奖牌统计见表 1、表 2、表 3、表 4。

表 1 中国体育代表团参加历届夏季奥运会获得奖牌统计

时间	届别	金牌	银牌	铜牌	合计	金牌排名	奖牌排名
1984 年	第 23 届	15	8	9	32	4	5
1988 年	第 24 届	5	11	12	28	11	6
1992 年	第 25 届	16	22	16	54	4	4
1996 年	第 26 届	16	22	12	50	4	4
2000 年	第 27 届	28	16	15	59	3	3
2004 年	第 28 届	32	17	14	63	2	3
2008 年	第 29 届	51	21	28	100	1	2
合 计		163	117	106	386		

表2　中国体育代表团参加历届冬季奥运会获奖牌统计

时间	届别	金牌	银牌	铜牌	奖牌总数	奖牌榜名次
1980 年	第 13 届	0	0	0	0	
1984 年	第 14 届	0	0	0	0	
1988 年	第 15 届	0	0	0	0	
1992 年	第 16 届	0	3	0	3	15
1994 年	第 17 届	0	1	2	3	19
1998 年	第 18 届	0	6	2	8	16
2002 年	第 19 届	2	2	4	8	13
2006 年	第 20 届	2	4	5	11	14
2010 年	第 21 届					
合　计		4	16	13	33	

表3　改革开放以来，中国体育代表团参加历届亚运会奖牌统计

时间	届别	金牌	银牌	铜牌	奖牌总数	金牌排位
1978 年	第 8 届	51	55	45	151	2
1982 年	第 9 届	61	51	41	153	1
1986 年	第 10 届	94	82	46	222	1
1990 年	第 11 届	183	107	51	341	1
1994 年	第 12 届	126	83	57	266	1
1998 年	第 13 届	129	77	68	274	1
2002 年	第 14 届	150	84	74	308	1
2006 年	第 15 届	165	88	63	316	1
共　计		959	627	445	2031	

表4　1986-2007 年中国体育代表团参加历届亚洲冬季运动会（亚冬会）奖牌统计

时间	届别	金牌	银牌	铜牌	奖牌总数	金牌排位
1986 年	第 1 届	4	5	12	21	2
1990 年	第 2 届	9	9	8	26	2
1996 年	第 3 届	15	7	15	37	1
1999 年	第 4 届	15	10	11	36	1
2003 年	第 5 届	9	11	13	33	3
2007 年	第 6 届	19	19	23	61	1
共　计		71	61	82	214	

（二）我国竞技体育参赛项目结构和获奖项目分布情况

1. 我国竞技体育参赛项目结构

我国参加夏季、冬季奥运会项目不断扩大，如夏季奥运会参加大项比例从第 23 届的 76%，扩大到第 29 届的 100%，参加的小项比例也从第 26 届的 57%扩大到了第 29 届的 87%（表 5）。

表 5　第 23～第 29 届夏季奥运会中国体育代表团参加竞赛项目统计

	设置大项数	参加大项数	大项参项比例(%)	获得金牌大项数	获得金牌大项比例(%)	设置小项数	参加小项数	小项参项比例(%)
第 23 届	21	16	76	6	29	221		
第 24 届	23	21	91	3	13	237		
第 25 届	25	20	80	6	24	257		
第 26 届	26	22	85	8	31	271	153	57
第 27 届	27	25	93	9	33	300	174	58
第 28 届	28	26	93	13	46	301	203	67
第 29 届	28	28	100	15	54	302	262	87

2. 我国竞技体育获奖项目分布情况

从第 23 届到第 29 届奥运会，我国共有 25 个项目获得过奖牌。其中，有 19 个项目获得过金牌，并且金牌点不断增加，获得金牌大项比例提升，从第 23 届的 29%提升到了第 29 届的 54%。获得奖牌在两位数以上的项目有九项，分别是体操、跳水、举重、乒乓球、射击、羽毛球、游泳、柔道、田径；获得金牌数在两位数以上的项目有六项，分别是跳水、体操、举重、乒乓球、射击、羽毛球（见表 5、表 6、表 7）。可见，跳水、体操、举重、乒乓球、射击、羽毛球六大项目是我国奥运会上最具有获得金牌和奖牌实力的绝对优势项目。

表6　第23~第29届夏季奥运会中国体育代表团获得奖牌项目统计

项目	金牌数	银牌数	铜牌数	奖牌总数
体操	24	16	17	57
跳水	27	14	6	47
举重	24	11	9	44
乒乓球	20	13	8	41
射击	19	11	11	41
羽毛球	11	6	13	30
游泳	7	15	8	30
柔道	8	2	8	18
田径	5	3	7	15
击剑	2	6	1	9
摔跤	2	2	3	7
排球	2	2	3	7
射箭	1	5	1	7
赛艇	1	3	2	6
跆拳道	4		1	5
拳击	2	1	2	5
帆船	1	2	1	4
自行车		1	2	3
皮划艇	2			2
网球	1		1	2
篮球		1	1	2
足球		1		1
垒球		1		1
曲棍球		1		1
手球			1	1
25 项 合　计	163	117	106	386

表 7　第 23～第 29 届夏季奥运会中国体育代表团获得金牌项目分布统计

届别项目	第 23 届	第 24 届	第 25 届	第 26 届	第 27 届	第 28 届	第 29 届	合计
跳水	1	2	3	3	5	6	7	27
体操	5	1	2	1	3	1	11	24
举重	4	0	0	2	5	5	8	24
乒乓球	–	2	3	4	4	3	4	20
射击	3	0	2	2	3	4	5	19
羽毛球	–	–	0	1	4	3	3	11
柔道	0	0	1	1	2	1	3	8
游泳	0	0	4	1	0	1	1	7
田径	0	0	1	1	1	2	0	5
跆拳道	–	–	–	–	1	2	1	4
摔跤	0	0	0	0	0	1	1	2
排球	1	0	0	0	0	1	0	2
击剑	1	0	0	0	0	0	1	2
皮划艇	0	0	0	0	0	1	1	2
拳击	0	0	0	0	0	0	2	2
射箭	0	0	0	0	0	0	1	1
赛艇	0	0	0	0	0	0	1	1
帆船	0	0	0	0	0	0	1	1
网球	–	0	0	0	0	1	0	1
合计	15	5	16	16	28	32	51	163
金牌项目个数	6	3	6	8	9	13	15	19

注："–"表示没有设该项目

（三）我国竞技体育主要竞争力状况

新中国成立后，特别是改革开放以来，我国竞技体育竞争实力不断提升，特别是主要竞争力已经达到了国际水平，这些为我国参与国际竞技体育的激励竞争，并取得优异的成绩，打下了坚实的基础。

1. 我国竞技体育参赛人数规模

新中国成立后，中国体育代表团参加历届夏季奥运会运动员总人数累计达到 2443 人，参加历届冬季奥运会运动员总人数累计达到 356 人。同时，我国竞技体育参赛人数规模不断扩大，如参加奥运会比赛项目不断增加，同时参赛人数也不断增多。夏季奥运会参赛人数从 1980 年第 23 届的 225 人，增加到 2008 年第 29 届的 639 人，增加了 2.8 倍，冬季奥运会从 1980 年第 13 届的 28 人，增加到 2006 年第 20 届的 78 人，也增加了 2.8 倍，体现了我国竞技体育国际竞争力不断增强（表 8、表 9）。

表 8　中国体育代表团参加历届夏季奥运会运动员人数统计

夏季奥运会	参赛人数	与第 23 届比增加倍数
第 23 届	225	
第 24 届	301	1.3
第 25 届	251	1.1
第 26 届	309	1.4
第 27 届	311	1.4
第 28 届	407	1.8
第 29 届	639	2.8
合　计	2443	

表 9　中国体育代表团参加历届冬季奥运会运动员人数统计

冬季奥运会	参赛人数	与第 13 届比增加倍数
第 13 届	28	
第 14 届	37	1.3
第 15 届	20	0.7
第 16 届	34	1.2
第 17 届	27	1
第 18 届	60	2.1
第 19 届	72	2.6
第 20 届	78	2.8
合　计	356	

2. 我国竞技体育优秀运动员规模

改革开放 30 年来，我国优秀运动员队伍发生了巨大的变化，规模不断扩大，实力由弱到强，特别是传统优势项目运动员实力雄厚，人才辈出，我国优秀运动员队伍是当代国际竞技体育舞台上一支强劲的力量。在优秀运动员队伍中，健将级运动员构成我国高水平运动队参加国际竞争的"核心"，他们代表和反映了我国竞技体育的基本实力和水平。截至 2007 年，我国各类在队优秀运动员总计 17937 人，其中，国际级健将 489 人，国家级健将 4230 人，两者共占优秀运动员总数的 26.3%；一级运动员 5635 人，占 31.4%；二级及以下运动员 7583 人，占42.3%，我国在队优秀运动员的运动技术等级结构为 1∶1.2∶1.6(表 10)。

表 10　我国在队优秀运动员运动技术等级结构情况

运动技术等级	人数	所占比例（%）	结构比例
国际级健将	489	26.3	1
国家级健将	4230		
一级运动员	5635	31.4	1.2
二级及以下运动员	7583	42.3	1.6
合　计	17937		

3. 我国竞技教练员规模

截至 2007 年，我国体育系统共有教练员 24073 人，这是我国竞技体育持续发展强有力的教练人才保障，对保持当前我国在世界竞技体坛中的地位起到重要作用。我国各类优秀运动队教练员共计 4644 人，其中，在聘人员 4253 人，具有国家级职称 215 人，高级职称 1231 人，中级职称 1508 人，初级职称 932 人，具有高级以上职称教练员人数占31.1%，具有中级职称教练员人数占 32.5%；体育运动学校，教练员共计 4728 人，其中，在聘人员 4564 人，具有国家级职称 34 人，高级职称 1009 人，中级职称 1785 人，初级职称 1293 人，具有高级以上职称教练员人数占 22.1%，具有中级以上职称教练员人数占 37.8%；少年儿童业余体校，教练员共计 14701 人，其中，在聘人员 14339 人，具有国家级职称 14 人，高级职称 1456 人，中级职称 5613 人，初级职称 6054人，具有高级以上职称教练员人数占 10.0%，具有中级以上职称教练员人数占 38.2%（表 11）。

表 11　我国体育系统教练员情况统计

	教练员总数	在职人数	国家级职称	高级职称	高级以上比例(%)	中级职称	中级教练比例(%)	初级职称人数	初级比例(%)
各类优秀运动队	4644	4253	215	1231	31.1	1508	32.5	932	20
体育运动学校	4728	4564	34	1009	22.1	1785	37.8	1293	27.3
少年儿童业余体校	14701	14339	14	1456	10.0	5613	38.2	6054	41.2
共　计	24073	23156	263	3696	16.4	8906	37.0	8279	34.4

4. 我国裁判员人数规模

截至 2007 年，我国体育系统等级裁判员人数达 38332 人，分布在72 个运动项目之中。其中，三大球占 31.5%、田径占 23.4%、乒乓羽毛球占 12%、游泳占 3.1%、体操举重射击占 2.1%。可见，我国体育系统裁判员主要分布在基础项目和优势项目上，上述项目裁判员人数占到总数的 72.1%（表 12）。

表 12　我国体育系统等级裁判员项目分布情况统计

项目	裁判员人数	占总人数比例（%）
72 个项目	38332	
三大球	12081	31.5
田径	8977	23.4
乒乓羽毛球	4603	12
游泳	1185	3.1
体操举重射击	820	2.1
合　计	27666	72.1

5. 我国竞技体育经费投入、体育场地规模

改革开放以来，我国体育事业发展资金不断增长，1978—2006 年各级财政对全国体育系统共投入资金 1196.6 亿元，其中，中央财政投入 218 亿元，地方财政投入共 978.6 亿元，并保持 10% 以上的年平均增长率。体育彩票也是我国体育事业经费来源的重要渠道，1984 年 10 月 10 日，北京为举办第 4 届北京国际马拉松比赛发行了"发展体育奖"第一张体育彩票。中国体育彩票从 1994 年开始在全国统一发行至 2007 年，体育彩票累计贡献公益金 639.86 亿元，全面用于支持体育和社会公益事业。截至 2006 年底，全国实际安排使用体育彩票公益金241.2 亿元，其中用于奥运争光计划 101 亿元，占 41.87%，用于全民健身工程 140.2 亿元，占 58.13%。可见，国家投入是我国竞技体育事业资金来源的主要途径，是我国竞技体育迅速发展的强有力的保障。

我国体育场地设施发展迅速，截至 2003 年底，我国共有符合第五次全国体育场地普查要求的各类体育场地 850080 个，其中共有 64 种标准体育场地，共有标准体育场地 547178 个，占全国体育场地总数的 64.4%，为我国竞技体育的发展提供了场馆设施保障。

（四）改革开放以来，我国竞技体育发展战略思想演进的历史回顾

中国竞技体育发展战略是适应我国政治、经济、文化发展，满足国家和大众对竞技体育的需求，对促进竞技体育发展与改革进行的全面规划及实施之举。改革开放以来，我国竞技体育先后历经了竞技体育优先发展战略、竞技体育与群众体育协调发展战略，以及当前正在规划实施中的竞技体育可持续发展战略。几十年来，我国竞技体育发展战略的最大特点就是以奥运会为目标，实现竞技体育的赶超式发展，为国争光。

1979 年，全国体工会议召开，翻开了我国体育事业发展的新篇章，同年中国恢复了与国际奥委会的正式关系，确立了"侧重抓提高"的竞技体育优先发展战略指导思想，国家利用行政手段，将国内的体育资源重点投入到为国争光战略中，形成了竞技体育"举国体制"发展模式。

竞技体育按照"思想一盘棋、组织一条龙、训练一贯制"的要求，对优秀运动队、业余体校和学校运动队按照一、二、三线运动队进行了调整，逐渐建立和健全了按比例发展、层层衔接的训练网络，实施"三从一大"为核心的训练模式、"国内练兵，一致对外"的竞赛模式和"缩短战线，确保重点"的政策效率模式。

1984年，新中国第一次全面参加奥运会，获得了15枚金牌，列金牌榜第4位，实现了奥运会金牌"零"的突破。同年中共中央第一次以正式文件的形式，全面规划了我国的体育事业，发布了《关于进一步发展体育运动的通知》。《通知》高度评价了我国体育战线所取得的成绩和体育的社会作用，并向体育系统发出了建设"体育强国"的口号，这也是我国在正式官方文件中最早提出"体育强国"的概念，但后来由于条件所限，争论较大，该概念慢慢淡化。1986年，国家体委出台的《关于体育体制改革的决定（草案）》提出，"调动各方面办体育的积极性，推动体育社会化、科学化，创造把我国建设成为体育强国的各种条件，促进体育的全面发展和提高，使体育在两个文明建设中发挥更大作用"的重要战略指导思想。

1993年，国家体委制定了《关于深化体育改革的意见》，确定了新时期我国体育改革的总目标与总任务，提出"建立与社会主义市场经济体制相适应，符合现代体育运动规律的体育体制和运行机制"。训练体制要"建立集中与分散相结合"，按照"稳住一头，放开一片"的原则，只对少数奥运优势项目国家队实行集中管理长期集训，多数项目国家队放到有一定训练能力和训练条件的地方和部门，使国家重点项目布局点与承担国家队任务的单位结合起来。竞赛制度实行分级分类管理。进一步强化"奥运战略"，突出"奥运金牌新的增长点，提高奥运金牌含金量和内在价值"。从1993年开始，我国对竞技体育发展具有重大影响的全国运动会进行了一系列改革和调整，主要是以奥运会为周期，全运会与奥运会接轨，调整比赛周期和设项，保障运动员在奥运会上取得最佳成绩。

1994年，全国足球职业联赛拉开序幕，随后篮球和排球相继于1995、1996年步入职业化。1995年颁布《中华人民共和国体育法》，这标志着中国体育事业步入法制化的转道，发展竞技体育，努力提高竞技体育运动水平正式以国家意志的形式表现，并以法律的形式固定下来。

同年颁布实施第一部《奥运争光计划纲要》，全面规划了我国到 2000 年奥运会，竞技体育的发展目标、指导思想、发展方式、手段和措施。

1997—1998 年，国家体育行政管理部门进行重大机构调整，成立了 20 个管理中心管理着 41 个单项协会和 56 个运动项目，各省、自治区、直辖市体育运动委员会也先后进行了与之相配套的改革，改组后的国家体育总局成为国务院直属机构。

2001 年，北京申奥成功。2002 年中央发布《中共中央、国务院关于进一步加强和改进新时期体育工作的意见》的 8 号文件，提出"坚持和完善举国体制"的要求，再次明确举国体制在我国竞技体育管理体制中的重要地位。同年，国家体育总局根据中共中央和国务院的文件精神，又制定和发布了《2001—2010 年奥运争光行动纲要》，各种与举国体制相关的配套措施和政策相继出台。

2008 年北京奥运会上，中国取得了 51 枚金牌、21 枚银牌、28 枚铜牌，名列金牌榜第一和奖牌榜第二的历史最好成绩，令全世界刮目相看，实现了中国竞技体育的崛起和腾飞。

中国竞技体育发展的实践表明，在我国资源有限、竞技体育项目发展不均衡的情况下，坚持竞技体育"举国体制"，全国一盘棋，以奥运比赛为重点，对奥运项目实行合理布局，分类管理，人、财、物的科学投入，制定和实施奥运战略既是十分必要也是历史发展的必然选择。

（五）对我国竞技体育发展现状的基本判断

依据国际上对一个国家竞技体育发展水平的评价惯例，常常是依据奥运会中所获的金牌数和奖牌总数的位次作出评价。一般认为，处于奥运会前三名的国家为第一集团竞技体育强国，3～6 为第二集团竞技体育强国。北京奥运会后，从金牌来看，我国竞技体育处于第一集团中的首位，从奖牌总数看，则处于第一集团第二。可见，从竞技体育的绝对实力上看，我国现在已成为名副其实的奥运会第一集团中的竞技体育强国，这是毋庸置疑的。

中国竞技体育取得了举世瞩目的成绩，为国家赢得了荣誉，弘扬了"为国争光、无私奉献、科学求实、遵纪守法、团结协作和顽强拼搏"的中华体育精神，增强了民族凝聚力，振奋了民族精神。我国竞技体育是当代国际竞技体育舞台上的一支重要力量，竞技体育综合实力水平已步入竞技体育强国之列。

但我国竞技体育项目发展水平存在一定程度的不协调，主要表现为：冬季项目水平和夏季项目水平的不协调；田径、游泳基础大项水平、集体球类项目水平与竞技体育强国地位的不协调；竞技体育水平区域发展的不协调。

中国竞技体育是率先迈入体育强国的重要体育领域，已经处于世界竞技体育强国之列。在中国体育从体育大国到体育强国的历史发展时期，中国竞技体育则处于巩固竞技体育强国和保持竞技体育可持续良性发展阶段，简称"巩固保持阶段"，这必将对我国竞技体育的发展提出新的更高的要求。

二、体育强国对中国竞技体育提出的新要求

（一）进一步强化我国竞技体育

体育强国必将对我国的竞技体育、群众体育、学校体育、体育产业的发展提出更高的要求，其中，竞技体育起着十分重要的支撑和推动作用。高水平的竞技体育能推动群众体育的普及与广泛开展，是体育产业发展的动力和源泉，学校体育是竞技体育发展的基础，两者相辅相成，这些使得竞技体育的发展，在我国体育事业中处于十分重要且必须进一步强化的地位。可见，未来强化我国竞技体育是历史发展的必然选择。

构建体育强国，竞技体育的体育事业窗口作用必将更为突出，社会大众对中国竞技体育发展的期望将不断提升，竞技体育作为一种体育文化，对丰富社会文化生活，构建和谐社区和社会主义新城镇，打造城市形象，促进社会经济发展起到积极作用。在人们生活水平不断提高、余暇不断增多、健身意识不断增强的未来社会中，体育作为增进人民健康的有效手段，作为积极的体育休闲活动，其作为健身和娱乐的本质功能将进一步提高。人们推崇竞技体育的升国旗、扬国威，欣赏竞技体育的"高、难、精、美"技艺，用竞技体育的拼搏精神激励自己，在竞技体育的巨大感染下亲身参与体育锻炼。随着我国社会经济的快速发展，人

们生活水平的提高，中国在国际社会中地位的提升，实现小康社会目标和构建社会主义和谐社会，竞技体育的社会、政治、经济、娱乐、教育和文化等功能在体育强国的打造过程中将发挥更为核心的积极的作用。

（二）巩固和保持竞技体育总体水平的国际领先地位

我国竞技体育已取得辉煌的成绩，中国竞技体育总体水平已趋于世界领先地位。体育强国战略的实践，首先要求我们巩固和保持这种竞技体育总体优势水平，以竞技体育的发展引领体育事业的全面发展，实现体育强国战略。

（三）优化项目结构、实现竞技体育项目协调可持续发展

党的十五大报告指出，"在现代化建设中必须实施可持续发展战略"，"正确处理经济发展同人口、资源、环境的关系。资源开发和节约并举，把节约放在首位，提高资源利用效率"。竞技体育的可持续发展是在发展当代竞技体育的同时，还应考虑不影响今后我国竞技体育的持续发展，同时把我国的竞技体育可持续发展纳入我国可持续发展的整体战略，即竞技体育的争金夺银，必须考虑体育发展的政治、经济、社会、环境和资源等因素的影响，提高竞技体育资源的利用效益。进一步优化项目结构，继续以奥运战略为总目标，引入成本与效益管理，统一规划、统一布局，优先发展适合中国人特点、群众喜闻乐见、具有国际竞争力的项目，走集约化发展之路。

（四）全面提升我国竞技体育国际影响力

随着中国社会经济的快速发展，我国国际地位日益提升，这已是不争的事实，未来中国将在国际舞台上发挥愈来愈重要的作用。竞技体育及竞技体育赛事作为"外交大使""和平使者""没有硝烟的战场""表现一国综合实力的窗口"等也将在国际事务中发挥其独特的魅力。

打造体育强国，我国竞技体育必须在国际体育事务中获得更多的"话语权"，不仅仅是在国际综合运动会中获得金牌数和奖牌数的领先地位，同时应在世界关注和影响力巨大的单项集体赛事中获得好的成绩、在国际体育组织中表现出中国竞技体育强国的国际影响力。此外，作为竞技体育强国，应加强竞技体育国际交流和传播，向世界展示和输出其传统竞技体育文化，如我国的中华武术，使中华体育文化成为世界体育文化的一部分，在世界竞技体育中占一席之地，这既扩大了我国竞技体育强国的国家影响力，也是我国作为竞技体育强国必须承担的国际义务。

（五）我国职业体育发展达到新的更高水平

职业体育是随着商品经济的发展而发展起来的，职业体育的经济本质是以生产体育服务（产品），通过市场交换，来实现自身的经济价值，所以市场经济是职业体育赖以生存的经济环境。同时，经济发展水平是职业体育发展的坚实基础，社会财富的增加，直接带来人们生活水平和消费能力的提升，余暇的增多，这为职业体育的发展创造了一个巨大的潜在消费市场，能给职业体育的发展提供源源不断的财政来源。随着社会经济的发展带来社会财富的极大丰富，人民生活水平的普遍提高和余暇的增多，以及商品经济对竞技体育的加速渗透，职业体育在世界范围内迅速发展，一些群众基础好、观赏价值高、竞技性强的体育项目，在许多国家走上了职业体育发展道路。

中国从1993年中国足协首次举办主客场制的中国足球俱乐部锦标赛开始，目前已基本形成以足球、篮球、排球、乒乓球四大职业体育为代表的中国职业体育新格局。然而，由于中国影响职业体育发展的宏观、微观环境因素不同，中国职业体育发展具有许多自身的特征，如中国职业体育的发展是从上而下，并非市场竞争自然形成；职业运动员主要来源于专业运动员型的准职业运动员；职业体育俱乐部多种性质并存，准职业体育俱乐部普遍存在；竞赛产品具有私人和公共产品的二重性，职业体育产品生产从公共产品，向准公共产品再向私人产品生产转化；职业体育联赛受制于"金牌战略"，集体项目联赛利益常常被忽略；职业体育有效需求严重不足等。这些决定了我国职业体育的发展不能照搬西方模式，必须走中国特色的职业体育发展道路。

目前，我国职业体育的发展水平离竞技体育强国的要求有较大的差距。职业体育是一种文化，是涉及社会生活的方方面面的经济和社会活动，职业体育的发展能扩大竞技体育的社会影响，促进运动技术水平，满足社会公众体育竞赛观赏需求。体育强国的战略目标既对我国职业体育的发展提出了更高的要求，又为我国职业体育发展提供了大力发展的机遇，必须尽快建立和完善在社会主义市场经济体制下，依托市场大力发展职业体育的新体制。

三、中国竞技体育发展中存在的主要问题

（一）竞技体育项目发展水平不够协调

1. 夏季与冬季奥运会成绩不协调

1984 年，我国第一次全面参加夏季奥运会，就实现了奥运会金牌"零"的突破，获得了 15 枚金牌，取得了金牌榜第 4 位；2008 年第 29 届北京奥运会，中国以 51 枚金牌、21 枚银牌、28 枚铜牌，位于金牌榜第一和奖牌榜的第二。相比之下，我国 1980 年起参加冬季奥运会，到 2002 年第 19 届冬季奥运会，取得了 2 金、2 银、4 铜的成绩，奖牌榜列第 13 位，中国代表团整整花了 22 年才实现冬季奥运会金牌"零"的突破，比夏季奥运会获得金牌晚了 18 年。可见，我国在夏季奥运会与冬季奥运会上的成绩相差甚远是不言而喻的。

2. 金牌大项田径、游泳竞争力不强

田径、游泳是奥运会上两大金牌大户，共有约 80 枚金牌，占奥运会 300 枚左右总数的 27%，而七届奥运会我国这两大项目仅仅分别获得 5 枚和 7 枚金牌，仅占我国获得奥运金牌总数的 7.4%。常言道，得田径者得天下，而我国田径项目平均每届奥运会还得不到一枚金牌，游泳平均每届也只有一枚，可见，田径、游泳是我国构建竞技体育强国必

须大力加强的项目。

3. 金牌过于依赖跳水、体操、举重、乒乓球、射击、羽毛球六个传统优势项目

尽管我国在夏季奥运会上获得金牌的项目不断扩大，第 28 届达到了 13 项，第 29 届达到了 15 项，都超过了两位数，但是我们获得的金牌还是主要集中于跳水、体操、举重、乒乓球、射击、羽毛球传统优势项目，这种状况没有改变。七届夏季奥运会，六大传统优势项目共获金牌 125 枚，占获得夏季奥运会金牌总数的 76.7%；而柔道、游泳、田径、跆拳道四个项目共获得金牌 24 枚，占获得夏季奥运会金牌总数的 14.7%；摔跤、排球、击剑、皮划艇、拳击、射箭、赛艇、帆船、网球九个项目共获金牌 14 枚，占获得夏季奥运会金牌总数的 8.6%。

4. 职业体育项目水平不高

职业体育项目，特别是集体球类项目，具有广泛的群众基础，也备受世人的关注，而我国集体球类项目（除女排外），特别是男子项目，争夺奖牌的实力差，以足球、篮球、排球为例，女足获得过 1 次银牌，女篮获得过 1 次银牌、1 次铜牌，最好的女排获得过 2 金、2 银、3 铜的好成绩，而男子集体项目从未获得过奖牌，中国男篮取得过第 8 名的奥运会最好成绩，中国男排仅获得过两次奥运会参赛资格，取得过一次 4 家并列第 5 名的奥运会最好成绩，中国男足更是能取得奥运会、世界杯的参赛资格都十分困难。

（二）传统"举国体制"面临新的挑战

竞技体育举国体制是我国发展竞技体育的一种工作方式，是为了提高我国运动员的运动技术水平，实现奥运战略目标，国家确定的体育政策和一系列实际具体的工作方法（梁晓龙等）。

"举国体制"的最大特点就是可以充分利用国家的综合实力，集最有效的人力、财力和物力，最大限度地推动竞技体育的快速发展。毋庸

置疑，我国竞技体育"举国体制"是我国计划经济时期的产物，突出的表现为：政府以行政手段管理竞技体育事务，以计划手段配置体育资源，在管理、训练、竞赛等各个方面形成全国一体化，管理以各级体委为中心、训练以专业运动队为中心、国内竞赛以全运会为中心，凭借这一体制的实施，我国的竞技体育实现了腾飞。

　　然而，随着社会转型和经济转轨，社会主义市场经济体制的不断完善，"举国体制"赖以生存地社会大环境发生了巨大变化，原有的"举国体制"管理模式及运行机制越来越难以很好地适应当前中国社会经济的发展和竞技体育的改革需求，"举国体制"对计划经济的依赖性与主要依靠市场配置资源的社会主义市场经济体制的固有矛盾，使得这一体制表现出越来越多的问题、不足和冲突。主要表现为：竞技体育主体利益冲突，利于整合机制不足，中央与地方、体育行政部门与事业单位及社团之间，运动员、教练员与集体和国家之间，奥运会与全运会之间的矛盾与冲突；权力过于集中，政事管办难分；竞技体育市场化困难，市场配置体育资源的作用难以发挥；竞技体育社会化动力不足，社会办竞技体育的积极性没能调动；企业资金、社会和民间资金缺乏，竞技体育资金来源渠道单一，竞技体育发展资金不足；运动员保障机制不健全，出口不畅，原有训练体系生源萎缩；人才缺乏合理流动，造成有限资源的严重浪费等。所有这些问题、不足和矛盾都需要通过改革和完善原有"举国体制"得以解决。

（三）竞技体育后备人才培养面临困难

　　我国竞技体育后备人才短缺，这是不争的事实，许多项目，甚至是我国长期以来的优势项目，可供训练的运动员十分有限，难以支撑运动项目巩固和保持原有竞技体育的高水平。究其原因，主要有人才培养体系萎缩、运动员生源不足和运动员退役后的就业艰难，以及教练员素质所限运动员成材率不高等原因。

　　我国的奥运冠军有90%来自业余体校，主要走一条"业余体校——省市专业队——国家队"的培养模式，然而，这条单一的成材模式，在新的历史时期下面临严重的挑战，难以继续往日的辉煌。计划经济条件下，运动员退役由国家统包统分，运动员再就业相对容易，随着市场经济体制的建立和劳动人事制度的改革深化，计划分配的方式受到根本的改变，这使得运动员安置的难度越来越大，而目前我国运动员社会保障体系不完善，许多家长不愿送子女从事竞技体育训练，造成后备人才生源不足，训练根基萎缩。此外，业余训练经费严重不足已是普遍存在的问题。同时，由于我国业余训练体系的教练员大多是退役运动员转变过来，与国外教练员相比无论是训练理念还是管理方式都有一定的差距，培养训练理念和管理手段方法相对落后，导致运动员成材率难以提高。尽管我国教练员人才培养和队伍建设取得了一定的成就，但与竞技体育强国战略对高层次教练员的需求相比，仍然相对滞后，教练员的创新能力、综合素质等是制约我国竞技体育运动训练水平快速提高的"瓶颈"。可见，我国后备人才培养体制与机制的创新已是历史必然的选择。

（四）竞技体育公平竞争环境面临严峻的挑战

高水平的竞技体育比赛，是竞技体育的窗口，它既是竞技体育运动的重要构成部分，也是竞技体育运动的魅力所在，竞技体育通过竞赛向人们展示体育运动的高雅优美，转达更高、更快、更强的体育精神，表达团结协作、顽强拼搏的竞争精神，特别是世界高水平的运动会还能为国争光、增强民族凝聚力、振奋民族精神。

但是随着竞技体育比赛的广泛开展，社会的参与度不断的提高，急功近利、唯利是图、锦标主义等常常影响到竞技体育比赛的赛场内外。例如，弄虚作假、虚假年龄、假球、兴奋剂、裁判贿赂、黑哨、赌球、竞技场上的斗殴等丑恶现象时有发生，这些与竞技体育精神背道而驰，严重破坏了竞技体育公平竞赛的环境，扭曲了竞技体育的社会价值，降低了竞技体育的社会效益，给我国竞技体育的发展带来了巨大的不利影响。

由于长期以来，我国竞技体育发展在系统内运行，使得我国竞技体育竞赛环境的法制建设相对滞后，特别是对诸如赌球、贿赂裁判等丑恶现象难以取证和得到有效的防止，导致净化竞赛环境的困难，因此，加强竞技体育竞赛环境的法制建设已迫在眉睫，既有利于净化竞赛环境、保障竞技体育的良性发展，又有利于提升竞技体育的社会价值，发挥竞技体育的社会效益。

(五) 高水平运动项目的职业化发展与原有竞技体育举国体制的冲突

1992 年，我国以足球职业化改革为突破口，随后篮球、排球、乒乓球和网球等部分项目向职业化过渡，不同职业体育项目都在努力结合项目自身的特点，从国情出发，探索有中国特色的职业体育发展道路。但是，中国职业体育是在中国社会转型期，我国改革开放后，在政策推导下，部分竞技体育项目职业化，从上自下，由计划经济时代的专业运动队转变而形成的。因此，中国职业体育是政府推导型（或政策推导型）的职业体育。

职业体育是一种高度专业化、商业化了的高水平竞技体育，其核心是职业体育赛事的运作和推广。职业体育赛事是以体育运动为基本手段，高度专业化、商业化和市场化了的竞技比赛活动。它也是职业体育向社会提供的最为重要的体育服务（产品）和"经营品种"。可见，职业体育具有市场性、商业化的本质特质，以实现职业体育联盟利益最大化为目标，这些与原有举国体制的计划性特质，以及公益目标形成了冲突。从实践上看，这种冲突表现为：我国职业体育俱乐部多种性质并存、俱乐部产权模糊、职业体育产品二重性、职业体育联赛受制于"金牌战略"等。这就要求我们在坚持举国体制的同时，创新机制，促进不同利益目标趋向职业体育的健康发展。

(六) 群众体育对竞技体育发展的基础作用发挥不够

竞技体育和群众体育都是我国体育事业的核心组成部分，最终目标都是为了满足人民群众日益增长的体育文化需要。就两者的关系而言，群众体育是竞技体育的基础，群众体育是竞技体育运动的本质实现的保证，竞技体育运动反过来促进群众体育运动的发展，群众体育与竞技体育唇齿相依，共荣共存，竞技体育离开了群众体育的支持，就会成为无源之水，无本之木。

1995 年我国《全民健身计划纲要》颁布以来，我国群众体育有了较好的发展，全民健身意识普遍增强，群众体育消费逐年提高，群众体育组织得到加强，群众体育活动丰富多彩，群众体育场所、设施明显改善。但相比我国竞技体育的快速发展，取得的巨大成就，我国群众体育的发展明显滞后，这将制约我国竞技体育发展的空间和发展的动力。我国发展体育运动的根本是"发展体育运动，增强人民体质"，因此，群众体育发展的长期滞后，群众体育发展水平与竞技体育发展水平的不协调，必将让人们对竞技体育高速超前发展产生质疑，同时，也会导致我国竞技体育发展的基石——群众体育的作用难以发挥。因此，加速我国群众体育的发展，也是竞技体育持续高速发展的必然要求。

（七）我国竞技体育区域发展水平不均衡

主要表现为：东、中、西部区域之间，城市与农村之间竞技体育发展水平的不均衡。

从奥运贡献度分析，第 29 届北京奥运会入选的奥运会运动员中，东部入选的就有 440 名，占总人数的 68.86%；中部 107 人占总数的 16.74%；西部有 92 人入选，占总数的 14.39%。第 29 届奥运会获得的金牌中，来自东部的运动员获得的金牌数占金牌总数的 73.68%，中部占金牌总数的 17.54%，西部只占 8.77%，获金总数不足 1/10。

根据我国各省市自治区 2009 年第 11 届全国运动会的参赛成绩和获得的奖牌数的统计（不含解放军和各大体协数据），东部的十个地区在此届运动会上获得的奖牌数量占十运会奖牌总数的 65%，中部的九个地区占 22%，西部的十二个地区仅占约 13%。呈现出竞技运动成绩上东、中、西部区域的巨大差异。

在运动员数量方面，我国一线运动员中，东部地区占了总数的1/2，具有绝对优势；从运动员等级指标分析，国际级和国家级运动员人数中，东部也占总数的二分之一，中部次之，西部只占 1/5；只有后备力量的储备上，西部占总数的 1/3，相对较高。这些指标充分体现出东、中、西部竞技体育人力资源方面的巨大差异。

资料显示，在 2003 年全国第五次全国体育场地普查中，全国 31 个省（自治区、直辖市）的体育场地从 812118 个增长到 850080 个，全国乡（镇）村共有体育场地 66446 个，仅占全国总量的 8.18%，体育场地城市与农村发展水平不均衡。

四、中国竞技体育发展的指导思想、目标、任务和基本方针

（一）指导思想

以邓小平理论和"三个代表"重要思想及党的十七大精神为指导，深入贯彻落实科学发展观，全面推进竞技体育与社会经济的全面协调可持续发展，着力提升竞技体育综合实力，充分发挥竞技体育为经济建设和社会服务的综合效应，实施体育强国战略的"奥运争光计划"，为实现体育强国，全面建设小康社会和构建社会主义和谐社会作出新的贡献。

（二）发展目标

竞技体育国际竞争实力和可持续发展能力明显增强，建立与体育强国相适应、符合社会主义市场经济规律和竞技体育发展规律的竞技体育管理体制、运动训练竞赛体制和竞技体育良性循环的运行机制，巩固和加强竞技体育运动水平在夏季奥运会第一集团的国际地位，不断提升冬季奥运会竞争实力，努力实现奥运竞技体育项目全面协调和可持续发展。

（三）主要任务

为了实现上述目标，中国竞技体育迈向体育强国的主要任务如下。

——管理体制

深化竞技体育体制改革和促进机制创新，用改革促进竞技体育的全面发展，有条件的运动项目要推行协会制和俱乐部制。完善竞技体育"举国体制"，明确中央和地方发展竞技体育的责任，充分发挥中央和地方、国家与社会各方面的积极性，要建立政府指导下的国家与社会共同

兴办、人民群众广泛参与的竞技体育运行机制。

——项目布局

实施体育强国奥运战略，进一步优化项目结构，调整项目布局，巩固传统优势项目，拓展新的优势项目，加强潜优势项目，扶持弱势项目，提高基础项目的水平，突出强项、调整小项、努力寻找新的"金牌增长点"，做大做强田径、游泳基础大项，提升三大球运动项目水平，探索全面协调发展模式和职业化发展模式。

——训练体系

加强训练体系集约化管理，完善"训练管理评估体系"，对优秀运动队和业余训练体系，要统一布局，整合资源，优化结构，强化对运动项目"一条龙"的训练管理，形成竞技体育发展的战略梯队建设，鼓励体育训练单位、高校、企业以及体育协会、体育俱乐部承办或共办高水平运动队，建立多元化竞技训练体系。

加强优秀运动队的建设，按照"公开选拔、公平竞争"的原则，采取集中与分散相结合的方式组建国家队，进一步完善和实施有偿训练、有偿输送制度。

完善业余训练体系，改革业余训练管理制度，形成一、二、三线衔接贯通、运转高效的业余训练管理体系。

——竞赛体系

充分发挥竞赛杠杆作用，改革和完善竞技体育的各类比赛的规制和奖励政策。开发全运会品牌项目，完善全国运动会竞赛制度。开放体育竞赛市场，通过招标、申办等形式，鼓励社会各界积极承办各类体育竞赛。

改革青少年竞赛制度，不断完善竞赛规程和规则，突出后备人才的培养和输送。青少年单项比赛，加入身体素质、基本技术的测验，以保证训练的系统性。建立适应奥运项目布局要求，选材和竞赛相结合，有利于青少年运动员选拔、培养、竞赛的竞赛体制。

加强职业体育赛事运作，做强国际重大品牌赛事。加强中超、CBA等职业联赛的管理和运作，搞好国际重大赛事中国站竞赛工作。

——后备人才

实施后备人才培养工程。继续发挥各地体育运动学校在培养高水平后备人才方面的作用，积极推动其与各地的高等院校结合，提高办学规格，增强办学效益。职业体育俱乐部必须积极兴办业余训练，建立后备梯队，保证队伍衔接。鼓励和支持社会以及个人资助、兴办业余训练。积极推进各级各类办训单位的标准化建设，做好业余训练单位的检查、评估、考核，提高办训质量。

建立优秀后备人才资源库，实行重点扶持、系统培养、科学训练、跟踪管理，实施奖学金制度，完善引进、加分、特招等优惠政策。建立选材测试制度，制订各项目各年龄层次的选材标准，坚决制止运动员选招工作中的不正之风。加强对业训运动员的分级、分类注册管理和资格审查及骨龄测试工作。

搞好国家级高水平体育后备人才基地和奥林匹克青少年体育人才培训基地的建设，发挥其骨干示范作用。以奥运项目和奥运人才的培养计划为重点，调整中小学体育传统校的布局，扩大体育传统校的数量，积极实施专业教练进校园工程，加强对体育传统校的专项训练指导工作。

——文化教育

努力构建新型的运动员文化教育体系，提高运动员的综合素质。深入开展体教结合，加强体教结合的领导，形成大、中、小学一条龙的教育体系，各级体校改革办学模式，积极探索和完善体教结合的新机制、新模式，扩大并合理使用体教结合专项经费和加分、引进政策。

保证优秀运动员完成九年义务教育，扩大大专以上学历教育的比例，运动队逐步向院校化过渡，为优秀运动员提供更为便利的入学、深造条件。充分发挥体育院校（系）在体育教育发展中的作用，强化职业学院建设，高质量办好运动技术学院。

——政治思想

加强运动队思想政治工作和道德作风建设，牢固树立祖国培养意识和社会主义荣辱观。认真研究运动队思想政治工作的规律和特点，扎实、有效、创造性地开展工作。

根据不同阶段的重点和特点，实施不同内容的思想教育工作；强化爱国主义、集体主义和革命英雄主义教育，大力弘扬奥林匹克精神、中华体育精神，激励运动员刻苦训练、顽强拼搏、为国争光，消除各种影响运动员成长的不良思想倾向和消极因素。

建立健全优秀运动队管理制度，形成铁的纪律和顽强作风，为严格训练、严格要求打下坚实的思想基础。

——教练员

增强教练员的爱岗敬业精神，提高教练员文化素质和科学训练水平。逐步建立教练员学历教育、资格认证和岗位培训制度，加强对中青年教练员的培养深造，不断提高教练员队伍的整体素质。做好国内外优秀教练员的引进、聘用工作，教练员队伍实行竞聘上岗，优胜劣汰。

——裁判员

加强裁判员队伍建设，有条件的项目要建立职业裁判员队伍。要逐步建立健全裁判员培训、晋升、选派和处罚制度，不断提高裁判员的业务水平和职业道德。在保护裁判员合法权益的同时，严肃裁判纪律。培养一批国际级裁判员，积极推荐优秀裁判员和管理人员在国际、亚洲体育组织中任职或在国际大赛中担任主要技术官员。

——经费保障

继续加大国家投入的同时，还应努力拓宽社会办竞技体育的层面和渠道，使国家投入、社会资源配置、竞技体育产业发展成为 21 世纪初期我国竞技体育发展的三大支柱。建立与竞技体育发展相适应的效益投资体系和社会保障体系。

——训练基地

加强各级各类运动训练基地建设，改善运动训练条件。要根据现代化、综合性的原则，为优秀运动队提供国际水准的一流训练基地。集中财力和物力，重点建设具有世界先进水平的全国综合性训练基地和一批全国性单项训练基地。

着力提高科学训练水平，建设若干个具有世界先进水平的"训练、科研、教育"一体化的训练基地，组织力量对重点项目和关键技术的协作攻关，不断改进训练手段和方法，加强技术创新，提高运动成绩。

——科技保障

促进科学技术与运动训练的紧密结合，以运动训练中的实际需求为着力点，以科技为先导，组织力量对重大竞技体育科研项目进行攻关，推动高新技术成果在体育运动实践中的应用。加强国家级重点实验室的建设。

加大体育科研团队建设，加强对科医工作的领导和指导，深化"训科医一体化"工作，对重点项目和重点运动员，做到提前介入、全程跟踪、合力攻坚、全方位服务。在科学训练、营养恢复、状态调控及多学科攻关等方面，深入研究，有所突破。

鼓励高校、科研机构的科技力量服务于体育运动实践，搞好信息研究与服务和反兴奋剂工作。

——激励奖励

根据不同项目的任务和特点，建立运动项目评估制度，引入投入产出效益分析，制定配套的奖励政策。加大对承担重点项目任务的地方和单位的支持和奖励力度。建立并完善充分调动中央和地方两个积极性和多强对抗竞争机制、激励机制。

完善业余训练评估机制，对评估成绩优异者给予表彰奖励，对输送高水平后备人才的单位和个人给予多种形式的奖励。加大运动员伤残保险、奖学金、助学金、就业补偿和免试入学的支持力度，为优秀运动员提供全方位的保障。

——监督自律

加强竞技体育法制建设，纠正体育行业的不正之风。纠正体育行业的不正之风要与加强体育队伍思想教育和廉政建设结合起来，与加强职业道德教育和行业自律结合起来，与加强体育法制建设结合起来。坚决反对使用兴奋剂，坚定不移地贯彻"严令禁止、严格检查、严肃处理"方针。严肃整治在运动员资格问题上弄虚作假、打假球和裁判员执法不公的现象，加大处罚力度。开展体育领域的反腐败斗争，充分发挥法制监督、社会监督和舆论监督的作用。

——职业体育

大力发展中国职业体育，走中国特色职业体育发展道路。实行单项运动协会下的职业体育项目联盟或职业赛事管理委员会制度，完善职业联赛的管理体制和运行机制。建立职业体育自律机制，明晰职业体育俱乐部产权，建立后备人才梯队，实行运动员注册制度，鼓励运动员有序、有偿合理流动和交流。重点发展群众喜闻乐见的集体球类职业体育项目。

（四）基本方针

为了实现体育强国的改革和发展的目标，必须坚持以下基本方针。

——从国情出发，坚持竞技体育与社会、经济、区域及城市建设的协调发展和可持续发展。

——坚持竞技体育为人民服务，以满足人民群众对竞技体育的需求为根本。

——坚持竞技体育社会化发展方向，鼓励和支持社会各界对竞技的参与，提高人们对竞技体育价值的认同。

——坚持竞技体育与群众体育协调发展，贯彻普及与提高相结合的方针。

——坚持奥运战略，完善举国体制，兼顾各方利益，推进竞技体育体制的改革和运行机制的完善。

——坚持以人为本、运动员全面发展原则，建立和完善体教结合的新机制新模式。

——坚持继续贯彻"三从一大"科学训练原则，揭示竞技体育发展规律、运动项目制胜规律，提升竞技运动水平。

——坚持体育科技与运动训练相结合的原则，加速运动训练科学化进程，以此形成我国竞技体育发展新动力。

五、中国竞技体育发展的对策

（一）挖掘竞技体育的社会文化价值，充分发挥竞技体育运动的社会效益

竞技体育运动是人类社会历史实践过程中所创造的物质和精神财富，可见，竞技体育本身就是文化，它是由竞技体育物质文化（比赛器材、场地、规则等）与精神文化（体育精神、体育道德、体育价值观等）构成。现代竞技体育运动项目大多起源于西方，因此现代竞技体育不可避免地打上了西方文化的深深烙印。中西方文化的差异主要在于软文化（精神文化）的差异，因此，现代竞技体育运动作为一种文化，在中国传播开展，也一定会受到中国传统文化的影响，与中国文化相互交流、融合，形成中国式竞技体育的软文化，正是这种中国特色的竞技体育软文化构成了我国竞技体育的社会文化价值。

竞技体育能产生超越体育本身的巨大精神力量和社会影响力。一方

面，竞技体育软文化所表现出来的思想观念、道德水平、精神力量能作用于竞技体育本身，提高竞技体育综合竞争力，如更快、更高、更强的体育精神能激励运动员、教练员不断挑战人类极限；另一方面，竞技体育软文化将对社会文化产生深远的影响，如以爱国主义为核心的中华体育精神是中国体育健儿为中国社会发展贡献出的一份宝贵的精神财富，能激励着人们为国争光，顽强拼搏。

竞技体育的社会文化价值，如体育精神等，可通过运动员明星得以展示，通过运动项目、体育团队品牌来塑造，让人们认同和接受。同时，应加强竞技体育与媒体的合作，通过广泛的宣传，充分发挥竞技体育的社会效益。

（二）坚持改革开放，实现中国竞技体育与社会经济的协调发展

竞技体育是一种重要的社会现象，它是随着社会生产力的发展和社会进步不断发展。同时，竞技体育演进于社会经济、政治、文化的变化之中，相互作用，互相影响，共同发展。

竞技体育与社会经济的协调发展，是竞技体育持续健康发展的前提，竞技体育源于社会，其必须根植于社会才能获得发展的动力和生存的空间。我国竞技体育的发展已纳入国家和地方的经济和社会发展规划，这将从根本上保障竞技体育与社会经济的协调发展。

北京奥运会的巨大成功，充分展现了竞技体育运动的魅力。奥运会后，体育强国战略目标的提出，是新的历史时期党中央对发展我国体育事业提出的更高要求。打造竞技体育强国的核心是实现社会主义市场经济体制下，竞技体育与社会经济的协调和可持续发展。

（三）以竞技体育促进群众体育，增强人民体质、提高全民族身体素质和生活质量，实现竞技体育与群众体育的共同发展

要实现从体育大国向体育强国迈进，就必须以人为本，注重群众体育事业的发展。要认真研究新的历史条件下体育在人民生活和社会生活

中的新特点、新定位，根据社会环境新变化，着眼于人民群众对生活质量的新追求，为人民群众提供更多更好的体育公共服务，让更多的人享受社会进步和体育发展的成果。中国体育应坚持以增强人民体质、提高全民族身体素质和生活质量为目标，但现阶段与实现该目标所需的体育资源严重不足，后奥运时代，在 2008 年奥运会取得辉煌成绩的基础上，应踏踏实实地加大对大众体育发展的投入，提高体育服务质量和全民健身的科学指导，满足人们休闲娱乐和多样化的体育需求，努力提高群众体育发展的水平，以竞技体育促进群众体育的发展，实现竞技体育和群众体育协调发展。

（四）完善竞技体育举国体制，加快中国特色的协会制实体化进程

实现体育强国，在竞技体育的国际竞争中继续保持优势地位，必须坚持并完善竞技体育"举国体制"，这已经被我国几十年来发展竞技体育实践所验证。但现行体育体制还有许多不适应的地方。我们要坚决与时俱进，开拓创新，在继承和发扬原有优势的基础上，进一步研究和探索新形势下体育发展的新路子和新模式，逐步建立和完善适应社会主义市场经济体制要求、符合现代体育运动发展规律的体育管理体制和运行机制。

运动项目管理体制改革是竞技体育管理体制改革的中心环节，协会的实体化是中国体育体制改革的根本所在，是国家体育总局根本转变政府职能、进入服务型政府的关键。中国特色的协会制实体化就是使协会逐步成为自主决策、自主管理、自我约束、自负盈亏的社团法人。各级体育行政管理部门应权责清晰，将工作重心转移到提供体育的政策和规划制定，做出合理的制度安排上来，通过法律规定对各协会进行管理，行使建议权、指导权、监督权和审计权。

尽管我国目前的体育单项协会还没有完全成为责、权、利相统一的独立核算的纯社团性的实体单位，作为过渡形式存在的项目管理中心集政府、事业、社团管理职能于一身，但协会的实体化是建立社会主义市场经济体制和我国体育事业改革发展的必然要求，是真正实现自我管理、自我发展、自我约束的单项体育协会管理体制的必然趋势。要实现

协会真正的实体化就必须逐步下放对竞技项目管理的权力，实现政事分开，突出行业协会的作用和职责，努力加强行业协会的自身建设。

（五）优化竞技体育项目布局，实现项目协调发展

体育强国战略目标，对我国竞技体育项目的全面协调发展提出了新的要求，在巩固和保持原有竞技体育特点和优势的基础上，不断扩大金牌的项目分布，挖掘田径、游泳、水上等基础大项金牌潜力，提高篮球、足球等具有广泛社会影响的集体球类项目水平，同时，实现夏季与冬季奥运会成绩协调发展。这些要求正是我们今后应加强和完善奥运战略布局的重点和思路。要结合我国地域广阔和人群差异的特点和优势，发挥政府和市场双重机制，着眼长远，协调奥运与全运，合理布局。

具体地说就是：巩固跳水、体操、举重、乒乓球、射击、羽毛球等传统优势项目，保证投入，挖掘潜力，继续保持优势；加速潜优势项目向优势项目的转化，增加投入，以培养尖子选手为重点，实现金牌突破，带动整个项目的发展；大力加强"金牌大户"田径、游泳、水上项目，以小项突破为重点，科学选材和训练，力争早日突破；抓好群众基础好、观赏性强的足、篮、排等球类集体项目，以女排、女足、女垒、女篮、女曲等项目为重点，力争出现好成绩。

（六）发挥竞赛的杠杆作用，提升竞技体育比赛的国际化水平

竞技体育的一切工作都是围绕着不同层次和类别的比赛来安排和进行的，可见竞赛是高水平体育运动的核心。要充分发挥竞赛的杠杆和调节作用，深化全运会、全国冬季运动会、全国城运会、全国单项竞赛的改革，建立起一套与奥运会、亚运会、世界杯等国际大赛衔接，符合中国国情，满足不同层次队伍的需要，适应竞赛市场要求、有利于高水平训练需要的竞赛管理体制。改革全运会设项、参赛条件、计分办法，围绕奥运项目布局，加大全运会的奥运战略导向作用。充分调动和发挥中央和地方两个积极性，形成合力，实现全国一盘棋、国内练兵、一致对外的奥运战略。

高水平竞技体育赛事的国际化，是当代竞技体育发展的重要特征和趋势，是竞技体育话语权的集中表现，也是各国竞技体育在国际组织影响力的体现。各国高水平运动员的广泛参与，不但给运动员提供了更多比赛交流的机会，还提高了比赛的竞争性和激烈程度，赛事更具有观赏性和吸引力，使更多的赞助商、媒体和观众参与其中，提升了赛事的社会价值和经济价值。重点加强对承办和运作大型综合性运动会、我国职业体育比赛、国际单项协会的巡回赛、大奖赛和各体育项目的商业性比赛等赛事规律的总结和归纳，大力提高举办和承办高水平洲际和国际比赛的能力。

（七）体教结合，完善竞技体育运动员后备人才培养体系

我国竞技体育人才训练体系通常称为"三级训练网或体系"，或"一、二、三线队伍"，即优秀运动队（国家队、省市队）——市县级中心或重点业余体校（体育运动学校）——基层单位一般业余体校（体育传统学校、少年儿童业余体校），高级、中级、初级三级训练形式层层衔接的运动员训练体系。其中，国家队和省市专业运动队高级训练体系是我国体育高水平运动的中流砥柱，而中级训练体系是我国竞技体育后备人才的生力军，初级训练体系则保证源源不断地提供我国竞技体育生源。但是，由于这条人才培养体系过于封闭，特别是近年来，运动员出路不畅，导致各级运动员生源萎缩，可选择运动员少，面临严重危机。

教育体系也尝试建立一条体育后备人才培养的途径，即普通高等院校高水平队——体育试点中学——中小学学校运动队。但由于我国是发展中国家，经济实力所限、高等教育不发达、普及率低，为了提高升学率，学校和学生常常突出智力发展，导致在这条竞技体育人才训练体系中，高水平体育人才的培养规律难以实现。因此，从目前的现状来看，这条人才培养的系统，难以完成竞技体育后备人才培养大任。

新的历史时期，体育系统与教育系统的联合是培养体育后备人才的正确选择。正如前国际奥委会主席萨马兰奇预言，21世纪世界各大洲竞技体育走学院化之路将成为今后发展的总趋势。目前，体育系统与教育系统正在向着"体教互补"到"体教结合"再到"体教融合""体教

一体化"的方向迈进。在初级体育人才的培养体系上，体育传统项目学校加强与青少年体育俱乐部、职业体育俱乐部、专业运动队等的合作与联系；在中级体育人才培养体系上，充实体育运动技术学校，在学校建立职业体育俱乐部后备梯队，发展体育高职教育等；在高级体育人才的培养上，集"教学、科研、训练"为一体的体育高等院校正在形成，创办高等院校高水平运动队等。此外，要制定激励政策，鼓励社会力量创办各种模式的体育后备人才培养学校。

（八）加强教练员队伍建设，促进运动训练的科学化水平

实现竞技体育强国战略目标，离不开一支专业水平突出、敬岗爱业、为国争光、无私奉献的教练员队伍的建设。教练员执教水平的高低直接关系我国竞技体育发展水平。要培养一支事业心强、思想作风过硬、业务精通，掌握先进的训练理论和方法，掌握体育运动训练规律和项目制胜规律，理论联系实际的教练员队伍。

体育训练的科学化关键在于教练员训练工作的科学化，应对现有的教练员队伍按照"调整、充实、提高"的原则加强建设，首先要在教练员的数量上进行必要的扩充，加强省市教练员的建设；加速完善与改革教练员的教育和培训体系，以结构调整带动质量与总量的提高，增加优秀教练员训练的数量和质量；建立科学的教练员人才评价体系，完善选拔和使用机制，做好教练员的引进聘用工作；建立健全单位内部的竞争激励机制，根据教练员的业务能力，优胜劣汰实行竞争上岗；鼓励教练员以多种方式开展就业后的继续深造，强化他们的终身教育观念，提高教练员整体综合素质；制定和完善有关教练员选拔、考核、评比、奖惩等各项规章制度，使教练员队伍的建设走向规范化。

重视基层教练员队伍建设，基层教练员素质的高低直接影响着体育后备人才的训练质量，应引入竞争机制，将科学选材、输送纳入基层教练员考核评价的指标体系，多给他们创造培训机会，定期、不定期地更新知识，提高他们的综合素质，同时适当提高他们的待遇水平，稳定基层教练员队伍。

（九）提高裁判员执法能力，维护公平公正的竞赛环境

近年来，随着世界竞技体育赛事的增多、比赛激烈程度的加剧，"裁判员问题"渐已成为体育领域，乃至社会领域的热点问题。在我国职业联赛，特别是中超联赛和全运会的裁判员执法水平最让国人瞩目。裁判员不符合规则的判罚、不符合常理的举动常常成为球迷和新闻媒体关注的焦点。

作为竞技场上的执法者，裁判员并非圣贤，社会环境会对其执法的公正性产生一定程度的影响，因此，我们一方面要加强裁判员选拔和业务培训，建立有效培训机制，通过规范的培训途径，提高裁判员整体的专业执法水平，同时要进行职业道德教育，提高他们爱岗敬业、公平公正的职业素养；另一方面，要加强行业管理和监督，提高行业自律水平，完善相应的政策法规、创新方式，采取有效手段和方法，坚决打击"黑哨"等丑恶行为，对触犯法律的，应依法追究其刑事责任。

（十）加强竞技体育激励机制，完善运动员、教练员奖励制度

运动员、教练员奖励制度是各级体育部门对竞技体育发展实施宏观调控、落实"奥运争光计划"的有力杠杆。完善奖励制度的总体思路应该是建立一整套有利于竞技体育持续发展和实现奥运战略需要的人才培养和使用的激励机制，实现社会主义市场经济下，运动员、教练员奖励有法、有序、有效进行。

要充分调动各方面的积极性，处理好国家、地方政府、运动项目管理中心和协会、各运动队（或俱乐部）、企事、社会团体及个人在制定和实施奖励制度中的关系；处理好传统奖励制度与有奖比赛的奖金、运动员广告代理费之间的关系；处理好奖金分配的关系。鼓励社会各界对竞技体育人才的奖励，大力支持，积极引导，规范管理企业、社会团体和个人对运动员、教练员的奖励，制定竞技人才奖励的优惠政策。

以奥运战略为中心，加大对做出突出贡献的承担奥运重点项目任务

的地方、单位及个人的奖励力度，设立国家发展竞技体育最高奖项。完善重奖奥运制度，有效地防止因奥运重奖而加剧的体育界贫富不均和内部不和现象的发生。应把体育比赛的出场费管理、有奖比赛的奖金分配制度、运动员的广告代理费的提成办法等纳入运动员奖励制度体系，使之成为奖励制度的有益补充。创新奖励手段和方法，设立政府竞技人才奖励基金或项目奖励基金，可尝试不同项目奖励上的力度差异，尝试奖励养老保险等。

（十一）鼓励科技创新，做强竞技体育发展科技支持平台

现代竞技体育竞争不仅仅是竞技实力的比拼，也是各国现代科技综合实力的较量。要实现竞技体育强国宏伟目标，就必须发挥我国的科技优势，树立依靠科技进步实现竞技体育实力增强的观念，充分发挥体育科技的先导性、基础性的作用，促进竞技水平的提高。一方面，要不断提高体育训练部门的科技意识，提高依靠体育科技促进竞技体育水平提高的自觉性；另一方面，科研人员要面向运动训练实践，深入开展科研攻关与科技服务，从实践中发现不足，解决运动训练过程中的实际问题。

加强体育科技服务体系建设，促进训练、科研、医疗服务的紧密结合，对重点项目重点运动员的科研攻关和科技服务备战，采取"训、科、医"模式，研究制定训练科技保障计划，全面加强训练过程监控，切实提高训练质量。建立若干世界一流"科训一体化"的现代化训练基地，配备专职科技人员和先进的仪器设备，促进运动技术水平和比赛成绩的不断提高。加强高水平竞技体育科技人才的培养，建设中国竞技体育信息网络体系，调动社会各方面力量参与体育科技工作，充分发挥各科研机构、体育院校、体育科学学会的作用，组建松散的或紧密的科研实体团队，逐步形成跨学科、跨系统、跨行业的体育科技支持体系。采用先进科技成果，加强反兴奋剂研究工作。

（十二）创造宽松的竞技体育投融资环境，实现竞技体育资金来源和投入的多元化

发展竞技体育离不开雄厚的财力支持，未来竞技体育是科技密集和资金密集型的竞技体育。实现竞技体育强国，我国竞技体育规模将更大，运动水平将更高，自然会需要更多的资金保障。一方面，我们要继续坚持以国家投入为主，争取更多的中央和地方财政的投入，加大体育彩票发行，争取更多的竞技体育发展资金；另一方面，要创造宽松的竞技体育投融资环境，积极探索非营利的社会化筹资办法和营利性的市场化筹资渠道，鼓励企事业单位、社团和各类社会资本、民间资本，以多种方式参与竞技体育、投资职业体育和开发体育无形资产，实现竞技体育资金来源和投入的多元化。

（十三）培育竞技体育资源市场，实现竞技体育资源合理流动和有效配置

由于多年来竞技体育组织体系中的条块分割明显，以及相对封闭的运动训练体系，导致系统内资源之间、系统内外资源之间流动性差，造成有限的竞技体育资源的闲置和浪费，不利于我国竞技体育的可持续发展。要实现竞技体育资源的合理流动，实现体育资源的共享，首先要发挥政府在资源配置中的主导作用，利用我国竞技体育举国体制的优势；其次要充分发挥社会主义市场经济在资源配置中的作用，以市场的手段实现竞技体育资源的配置和合理流动。

建立和完善竞技体育资源流动市场，大力发展竞技体育运动员交流市场、竞技体育赛事市场和运动员保障及就业市场等重要市场。运动员交流要打破制度壁垒、行政区域壁垒、人才封闭壁垒，可采用租借、互换、一次性买断(或转会)、共同培养、协议交流、签约代培和自主择业等多种形式，实现人才合理有序的流动；要开放竞技体育竞赛市场，通过招标、申办、拍卖等形式，鼓励社会各界积极承办各类赛事；要建立优秀运动员社会保障制度，采用体育保障基金、运动员伤残保险、运动员失业保险、养老保险等形式，健全优秀运动员保障体系，建立运动员

职业技能培训体系，鼓励社会力量办体育，大力发展社区体育，为运动员创造更多的就业机会；要健全竞技体育资源流动机制和法制体系，改善竞技体育资源流动环境。

（十四）稳步推进部分竞技体育项目的职业化进程，大力发展职业体育赛事

正确认识我国职业体育产品性质。中国职业体育作为竞技体育的组成部分，其产品在一定程度上具有公共物品的性质。由于中国职业体育发展的宏观、微观环境因素不同，因此，中国职业体育发展具有许多自身的特征，决定了中国式职业体育的发展不可能照搬西方模式，必须走中国特色的职业体育发展道路。

中国发展部分项目职业体育的战略定位应该是：为社会提供体育服务（产品），满足大众日益增长的对高水平竞技体育参与和观赏的需求，其目标是提高竞技体育水平和创造经济效益。未来我国高水平体育运动可分为事业性和产业性两大部分，应采用不同的政策、法规来规范和管理。要充分发挥政府在我国职业体育发展中的作用，积极争取国家对职业体育发展的优惠税收和投融资产业政策的支持。

完善职业联赛和职业体育俱乐部的经营机制。职业赛事是职业体育发展之根本，职业体育组织必须面向市场，以职业体育联盟利益最大化为原则，挖掘运动项目自身的经济价值，以职业赛事开发为核心，以高水平赛事的职业化来带动体育项目的职业化发展，运用各种营销手段，加大资本运作力度，努力提高其自身"造血"功能。

开展职业体育需要一个庞大的人才体系。职业运动员是发展职业体育的关键要素，应为职业运动员的成长创造良好的成才环境。职业体育经纪人才在职业体育与市场开发之间起到了桥梁和纽带作用，要建章立制加速体育经纪人培养。规范引进外籍教练和外籍运动员。

完善职业体育自律机制。职业体育自律机制包括职业体育行业自律、职业体育联盟自律和职业体育俱乐部自律机制，其中，职业体育联盟自律机制的建立和完善最为关键。

我国群众体育由大到强的战略性研究

刘新华　毛维倩

2008 年北京奥运会的成功举办，极大地促进了我国群众体育事业的发展。随着我国社会经济的快速发展和人民生活水平的不断提高，作为我国体育事业重要组成部分的群众体育将越来越显示出它在社会中的重要地位和价值。群众体育关系到人民体质的增强、健康水平的提高和生活质量的改善，是现代社会文明、健康、科学的重要标志之一。大力发展群众体育对强健民族体魄、提高大众的健康素质、改善群众的生活质量、促进社会和谐发展、提升综合国力等具有重要的现实意义。

一、我国群众体育事业的发展和现状

(一)改革开放 30 多年来我国群众体育事业的发展

改革开放 30 多年以来，在党和国家的高度重视下，我国群众体育事业由恢复到飞跃取得了空前蓬勃的发展，取得了举世瞩目的成就。大众健身设施基础建设不断完善，全民健身活动丰富多彩，全民健身已经成为大众生活中的重要内容之一，初步构建了全民健身体系。

1. 和国家高度重视群众体育事业的发展

党的历代领导集体高度重视全国人民的健康，强调群众体育在增强人民体质方面的重要作用。1952 年 6 月，毛泽东同志为中华全国体育总会题词："发展体育运动，增强人民体质。"这个题词成为我国开展体育运动的根本任务所在。1974 年，邓小平指出，毛主席向来主张，体育方面主要是群众运动，就叫发展体育运动，增强人民体质，就是广泛的群众性问题。当然，这就是广泛的群众体育运动。1997 年，江泽民为体育工作题词："全民健身、利国利民，功在当代、利在千秋。"明确了体育发展的根本任务。

胡锦涛同志高度重视群众体育工作。他在 2005 年 10 月指出，党和国家历来重视体育事业和体育工作，始终把提高人民群众的健康素质放在重要的位置。广泛开展全民健身活动，提高全民族的健康素质，是全面建设小康社会的重要内容，是构建社会主义和谐社会的必然要求。2007 年 1 月，胡锦涛总书记作出重要指示：增强青少年体质，促进青少年健康成长，是关系国家和民族未来的大事，需要各级党委、政府的高度重视和全社会的关心支持。2008 年 9 月，胡锦涛总书记进一步要求，要继续发展群众体育事业。体育是人民的事业。要坚持以人为本，把北京奥运会、残奥会激发的群众体育热情保持下去，增强广大人民群众特别是青少年体育健身意识，培养人民健身习惯，开展丰富多彩的群众体育活动和全民健身活动。

2002 年，党的十六次全国代表大会提出了全面建设小康社会的奋斗目标。在这次大会上首次把"明显提高全民族健康素质、形成比较完善的全民健身体系"这一群众体育目标，列入党、国家和全国各族人民的奋斗目标之一。为群众体育事业的发展描绘了宏伟蓝图，彰显了群众体育在全社会的地位和重要作用。国家国民经济和社会发展五年计划是中国国民经济计划的一部分，从 1982 年 12 月，改革开放后的第一个五年计划——国家"六五"计划开始到 2006 年 3 月的国家"十一五"规划的历次规划中，都对群众体育事业的发展做出了具体部署，提出了明确的目标和任务。保证了改革开放以来群众体育事业健康、稳定、可持续发展。

改革开放 30 多年来，中国群众体育所取得的成就，是在党中央国务院的正确领导下，全国各族人民尤其是体育工作者共同努力、艰苦奋斗、不断开拓的结果。

2. 群众体育活动蓬勃发展，城乡居民健身意识日益增强

1978 年 5 月 12 日，国务院批转的 1978 年国家体委全国体育工作会议纪要提出，"坚持普及与提高相结合的方针，进一步广泛开展群众

体育运动，重点抓好关系两亿青少年健康成长的学校体育工作"，对改革开放以来群众体育工作的恢复与发展起到了指导性作用。在党和国家对群众体育的大力倡导下，形式多样的群众体育活动广泛开展起来。

改革开放以来，城市体育活动的开展为群众体育的发展奠定了良好的基础。1982年全国经常参加体育锻炼的职工达2000万人，占职工总人数的20%以上；到1985年已翻了一番达4000万人，占职工总人数的30%以上；1990年，全国经常参加体育锻炼的职工达5000万人。职工参加体育活动的意识转变成了追求体育活动"新、美、健、乐"的愿望。2001年国家体育总局和中华全国总工会联合开展"亿万职工健身活动"等。城市群众体育活动也逐年增加。

改革开放后，农村群众体育活动加快了恢复和发展步伐。1979年全国举办县以上体育竞赛活动2.9万余次；1985年，全国9万多个乡镇中，6万多个乡镇文化中心或文化站开展体育活动，举办综合运动会6.2万多次。20世纪90年代，通过开展"亿万农民健身活动"，各地根据当地特色，依据季节和节日，结合不同人群特点，形成了各具特色的健身活动。2004年国家体育总局确定的"农村体育年"和开展的"体育三下乡"活动，带动了农村体育事业的发展。

一直以来，青少年体育活动是我国群众体育运动开展的重点。2007年1月7日，根据胡锦涛总书记的重要批示，由教育部、国家体育总局、共青团中央和北京市人民政府联合举办的"全国亿万青少年学生阳光体育运动"仪式在北京启动。我国启动"全国亿万青少年学生阳光体育运动"，是新时期加强青少年体育、增强青少年体质的战略举措。这一活动的目的，就是要通过阳光体育的抓手作用，促进各级各类学校形成浓郁的校园体育锻炼氛围和全员参与的群众性体育锻炼风气，吸引广大青少年学生走向操场、走进大自然、走到阳光下，积极主动参与体育锻炼，培养体育锻炼的兴趣和习惯，有效提高学生体质健康水平。5月7日颁布了《中共中央 国务院关于加强青少年体育增强青少年体质的意见》。"每天锻炼一小时"对在学校广泛开展业余体育活动、增强学生体质提出了具体要求。青少年体育俱乐部是培养青少年的体育兴趣，养成良好的体育锻炼习惯，传授体育运动技能，为高水平运动输送体育后备人才的基地和摇篮。到2007年底，依托有条件的学校、体校、体育场（馆）、社区及基层体育项目协会等，全国共创建2379个青少年体育俱乐部，其中国家体育总局直属单位和运动项目管理中心 26 个，地方、自治区、直辖市 2353 个。

改革开放后，各级地方党委和政府重视民族传统体育工作，少数民族传统体育事业迅速恢复发展。据不完全统计，从 80 年代初到 2007 年末，有 27 个省区市举办了少数民族传统体育运动会。残疾人体育活动也逐步开展起来，1984—2003 年的 20 年间，各省区市、地市、县共计举办残疾人运动会和体育竞赛活动 6200 次，参赛的残疾人 150 余万人次。

30 年来，特别是通过举办各种主体性大型群众体育活动，更是把群众体育活动推向了高潮。1989 年开展的迎国庆 40 周年群众性体育活动，全国参加各式各样体育活动的群众达 2.7 亿人次。1990 年的迎亚运群众性体育活动，仅第七套广播体操就组织了 3.2 万次活动，有 1.2 亿多人次参加。从 1995 年起，国家体育总局每年举办一次"全民健身周"活动，据统计，每年参加这项活动的群众达到近 3 亿人次。亿万青少年儿童、亿万农民、亿万职工、亿万老年人、亿万妇女"五个亿万人群"健身活动，残疾人体育、少数民族体育等体育活动的进一步活跃，试点推广四套健身气功工作的顺利开展等都促使我国体育人口不断增加。据 2007 年我国城乡居民参加体育锻炼现状调查公报的数据显示，我国 7 岁以上经常参加体育锻炼的人数比例为 28.2%（含在校生）。全民健身活动的广泛开展，不仅产生了显著的社会效应，也大大增强了城乡居民的体育健身意识。

3. 群众体育设施建设成效显著

全民健身场地设施是群众体育组织建设和开展体育活动的硬件保障。改革开放初期，全民健身场地设施严重不足，严重制约了群众体育的发展。随着改革开放的不断深入，国家综合国力的增强，群众体育经费的不断增加，我国的群众体育设施建设无论场地的数量还是质量均取得了显著成效。截至 2003 年 12 月 31 日，我国（全国范围内，除台湾、香港、澳门地区，各系统、各行业、各种所有制形式）共有符合第五次全国体育场地普查要求的各类体育场地 850080 个，其中标准体育场地 547178 个，非标准体育场地 302902 个，占地面积为 22.5 亿平方米，建筑面积为 7527.2 万平方米，场地面积为 13.3 亿平方米。历年累计投入体育场地建设资金 1914.5 亿元，其中财政拨款为 667.7 亿元，占投资总额的 34.9%；单位自筹为 1032.6 亿元，占投资总额的 53.9%。以 2003 年底全国总人口 129227 万人（不含港、澳、台地区）计算，平均每万人拥有体育场地 6.58 个，人均体育场地面积为 1.03 平方米，人均投入体育场地建设资金为 148.15 元。同第四次全国体育场地普查（截至 1995 年 12 月 31 日）数据相比，全国体育场地占地面积增加了 11.8 亿平方米，场地面积增加了 5.5 亿平方米；人均体育场地面积增加了 0.38 平方米，增长 58.46%，年平均增长率为 5.92%；人均投入体育场地建设资金增加了 117.09 元；每万人拥有体育场地数增加了 1.58 个，增长 31.6%。改革开放后 1979—2003 年 25 年间，全国共建非标准体育场地 272987 个，与 1949—1978 年 30 年全国共建非标准体育场地 22802 个相比增加了 12 倍。标准场地建设也取得了长足的发展。1979—2003 年 25 年间，与 1949—1978 年 30 年相比，相差倍数最低的固定看台灯光篮球场是 9.3 倍，最高的地掷球场达到 247.3 倍。

在《全民健身计划纲要》颁布实施后，国家根据群众健身需求，有计划地系列地按照一定规模在全国实施全民健身工程。全民健身工程包括全民健身路径工程、全民健身活动中心、全民健身户外活动基地和为公共体育设施严重短缺的地方建设的"雪碳工程"等。1997—2007 年的 10 年间，国家体育总局共资助建设全民健身工程项目 13919 个。国家体育总局资助 119760 万元，各省区市投入 107412.7 万元。全民健身工程建设投入力度的加大，不仅为广大人民群众提供了良好的健身场所，也取得了巨大的社会效益。同时，农民体育健身工程、区域全民健身工程也取得了较快的发展，大大地改善了农村和欠发达地区体育健身设施缺乏的状况，促进了群众体育活动的广泛开展。学校体育场馆向社会开放，既发挥了学校体育资源的优势，也为广大群众提供了健身场所，有力地推动了全民健身计划的推广与实施。

4. 全民健身组织网络日趋完善

改革开放初期，在党中央的重视下，社会体育组织相继恢复和调整。随着我国逐步实行市场经济，体育组织改革和社会化不断推进，非政府性的群众性组织不断壮大，形成了完善的全民健身组织管理网络。

1994 年 8 月 8 日，国家体委成立了社会体育指导中心，是国家体委直属事业单位，是负责中国健美、门球、轮滑、龙舟、舞龙舞狮、风筝、毽球、信鸽、体育舞蹈等运动项目协会的办事机构。截至 2005 年底，全国有 24 个省、市、区成立了省级社会体育指导（管理）中心。一些直辖市的区、县也成立了社会体育指导中心。截至 2008 年 6 月，我国共有 77 个国家级运动项目协会。伴随全党工作重点的转移，各级行业体协逐步恢复和建立。目前，全国已有中央部门行业体育协会 24 个。截至 1989 年，全国省地县各级行业体协 4000 多个，基层体协 68000 个。与此同时一批群众性的体育协会也相应成立。1986 年 9 月，中国农民体育协会成立。截至 2006 年，全国 31 个省、区、市都建立了农民体协。全国 80%左右的市（地、州），70%左右的县（市），60%左右的乡（镇）建立了农民体协。基本形成了全国、省、市、县四级农民体育组织。1983 年，中国老年人体育协会成立。截至 2003 年，近 70%的城市社区和近半数的乡镇建立了老年体协。经常参加体育锻炼的老年人约有 5000 万人，占老年人的 40%。在党中央和各级政府的关怀下，伤残聋弱智人的体育协会也相继成立，对改善伤残聋弱智人平等参与社会生活的状况和能力，推动伤残聋弱智人体育活动的开展发挥了积极重要的作用。

基层体育组织是我国特有的开展群众体育活动的最基本形式，直接关系到群众体育活动开展。改革开放后，我国的基层体育组织逐步恢复起来，对群众体育活动的组织与开展发挥了巨大的作用。我国基层体育组织主要有地区性职工（单位），街道社区体育组织，城乡居民体育组织。1982 年，全国有 1.3 万多个企业建立了体育协会，还有的建立了体育领导小组、文体委员会，全国基层组织运动队 23 万多个。截至 2004 年末，我国有 7 万多个体育活动站，24 万多个体育活动点，在这些站点上坚持参加体育健身活动的有 4600 多个。

目前，我国的群众体育已经形成了一个在政府的领导下，以体育社团为线、以基层体育指导站（点）为点的点线结合、覆盖面广的社会化全民健身组织网络。

5. 法规制度逐步完善，法制化水平不断提高

改革开放初期，我国有关群众体育的法规制度建设相对比较薄弱。"为了保证群众体育事业在法制化轨道上持续健康的发展"，一批群众体育的法规制度相继出台。到目前为止，我国群众体育法规制度已逐步完善。从内容和形式上可分为宪法、法律（狭义）、国务院行政法规、国务院部门规章、地方行政法规和地方部门规章。

法律法规是保障公民权利的根本性文件。在国家颁布的各项与群众体育相关的法律法规、条例中，均以法律条文的方式保障了公民参加群众体育的权利，强调了群众体育在全民健身中的基础地位。《中华人民共和国宪法》第二十一条规定，"国家发展体育事业，开展群众性的体育活动，增强人民体质"。《中华人民共和国体育法》规定，"国家发展体育事业，开展群众性的体育活动，提高全民族身体素质。体育工作坚持以开展全民健身活动为基础，实行普及与提高相结合，促进各类体育协调发展。

随着改革开放的深入，国家对体育工作越来越重视，在群众体育工作方面不断进行具体部署，与全民健身有关的国务院行政法规主要有三个。一个是 1989 年经国务院批准、国家体育总局颁布的《国家体育锻炼标准》，目的是鼓励和推动人民群众，特别是青少年、儿童积极参加体育锻炼，以增强体质。根据性别和年龄进行了分组，比此前的标准更加详细、具体。《国家体育锻炼标准》是我国群众体育的一项基本制度。改革开放初期，1982 年 8 月，国家体委公布了经过修订的新的《国家体育锻炼标准》。2007 年，《国家体育锻炼标准》形成了包括《普通人群体育锻炼标准》《国家学生体质健康标准》《军人体育锻炼标准》《公安民警体育锻炼标准》和《西藏自治区青少年体育锻炼标准》。覆盖了 6~59 岁大中小学生、城乡中年居民和军人、人民警察两个特殊职业人群，以及西藏地区特殊地理环境下的完整的体育制度。另一个是 1990 年经国务院批准，国家教育委员会、国家体育运动委员会联合颁布的《学校体育工作条例》，该条例第三条规定，"学校体育工作的基本任务是增进学生身心健康、增强学生体质；使学生掌握体育基本知识，培养学生体育运动能力和习惯；提高学生运动技术水平，为国家

培养体育后备人才；对学生进行品德教育，增强组织纪律性，培养学生的勇敢、顽强、进取精神。"《标准》和《条例》的颁布有力地推动了学生积极参加体育活动，促进了学校体育工作的开展。第三个是 2003 年国务院颁布的《公共文化体育设施条例》，从规划、建设、经费、服务、管理和保护等方面确定了促进公共文化设施发展的基本制度，是文化公益事业领域的一部重要的行政法规。《条例》的出台和实施，对加强文化基础设施建设，发展文化公益事业，发展各类群众文化，保障人民群众开展文化活动的基本需求，有着极其深远的意义。

1995 年国务院颁发的《全民健身计划纲要》是具有一定性质的法规性文件。《纲要》的颁布标志着我国群众体育事业进入了一个新的发展阶段。《纲要》是一项国家领导、社会支持、全民参与的体育健身计划，是与实现社会主义现代化目标相配套的社会系统工程和跨世纪的发展战略规划。《纲要》提出了明确的目标、任务、措施和实施步骤。到 2010 年的奋斗目标是基本建成具有中国特色的全民健身体系。

2002 年下发的《中共中央　国务院关于进一步加强和改进新时期体育工作的意见》指出，"群众体育以全民健身为目标，广泛开展体育活动，不断提高全民族的健康水平。"2007 年，中共中央国务院下发的《关于加强青少年体育，增强青少年体质的意见》，首先强调了"增强青少年体质、促进青少年健康成长，是关系国家和民族未来的大事"的重要意义。对加强青少年体育工作、落实增强青少年体质提出了总体要求和具体措施。

有关群众体育的国务院部门规章国务院的直属部门国家体育总局发布的有关全民健身的行政规章，《社会体育指导员技术等级制度》《关于公共体育场向群众开放的通知》《中国成人体质测定施行办法（试行）》《加强城市社区体育工作的意见》等。据统计，1995—1999 年，国务院和国家体育总局出台法规性文件 21 项，相当于 1990—1994 年的 3.5 倍。

有关群众体育的地方行政法规，如《上海市全民健身实施计划》《上海市小市民体育健身条例》《贵州省体育条例》《深圳经济特区促进全民健身若干规定》《安徽省全民健身条例》等。地方部门规章，如《北京市体育运动项目经营活动管理办法》《西藏自治区健身气功管理规定》《上海社区体育工作管理办法（试行）》《上海市公共体育场所开放规定》等。据不完全统计，仅 2001—2004 年，省级和市级人大颁布的涉及群众体育的地方法规分别为 12 项和 13 项。省级和市级人民政府颁布的群众体育法规性文件分别为 37 项和 74 项，省级和市级体育行政部门颁布群众体育法规性文件分别为 65 项和 84 项，省级和市级体育局与有关部门联合颁布群众体育法规性文件为 33 项和 26 项。从中央到地方，一系列有关全民健身的法规制度的出台，表明了我国群众体育事业的法制化水平不断提高，保障了全民健身活动在全国的健康、有序开展。

6. 群众体育工作队伍日益壮大

随着群众体育事业的深入发展，各级政府高度重视群众体育工作组织者和骨干队伍建设。到 2005 年，我国群众体育已初步形成了一支以国家体育公职人员为核心，体育科教、科技人员为后盾，以体育社会团体和乡镇街道体育工作人员为骨干，以社会体育指导员和体育健身场所从业人员为基础的工作队伍。

到 2004 年底，我国省、市、县各级体育行政部门共有群众体育干部 5461 人，比 2000 年增加了 39.6 个百分点；占地方各级体育行政部门职工总数的 24.2%，比 2000 年增加了 2.5 个百分点。省、市、县、体育事业单位中从事群众体育工作的人员 14072 人，比 2000 年增加了 37.9 个百分点。省、市、县各级体育总会、各类人群体协和各类项目体协常设机构专兼职工作人员 94771 人，其中，专职工作人员 14738 人，比 2000 年增加 36.5 个百分点。乡镇街道专兼职体育工作人员 44982 人，其中，专职工作人员 7396 人，比 2000 年增加了 59.9 个百分点。

社会体育指导员制度在我国发展较晚，但社会体育指导员早已活跃在我国群众体育战线上。1994 年 6 月 10 日《社会体育指导员技术等级制度》在我国正式实施后，社会体育指导员在我国发展较快，队伍不断壮大。"到 1997 年，全国社会体育指导员有 6 万余人，其中国家级 693 人。"1999 年为 15 万人，其中国家级 1446 人。到 2004 年末，已发展到 430491 人，是 5 年前的 2.87 倍，其中国家级 2183 人，突破了 2005 年预计达到 35 万人的目标。

目前我国体育教育人才队伍发展迅速，体育科技人才队伍整齐。全

国各级各类体育教师已经增加到 30 余万人，仅体育系统内部就有教师
15632 人，占全国体育系统专业技术人才总数的 63%。1985 年以前全国
体育科技人员 729 人，到 2005 年，据全国体育人才资源调研统计，仅
体育系统内的体育科技人员就已达到 1146 人。

7. 充分发挥先进典型的示范作用，群众体育表彰激励机制更加完善

表彰在群众体育工作中做出贡献的个人或集体，充分发挥先进典型
的示范作用，有利于推动全民健身的发展。改革开放 30 年来，我国群
众体育表彰激励机制已经形成一套完整的表彰体系。一是对全国群众体
育先进省、区、市的表彰；二是全国群众体育先进集体、先进个人表
彰；三是全国群众体育专项先进表彰；四是全民健身宣传周先进表彰；
五是全国体育先进县命名；六是全国城市体育先进社区命名；七是全国
"亿万农民健身活动"先进乡镇命名；八是体育之乡命名。

据不完全统计，1991 年，10 个省市被评为"全国群众体育工作先
进单位"；1979—2005 年的第 4~ 第 10 届全运会，国家体育总局（国家
体委）先后表彰了 7 批共计 11114 个次全国群众体育先进集体，7200
人次全国群众体育先进个人。1987 年、1988 年、1990 年和 1992 年，
国家体委相继命名了第一、二、三、四批"全国体育先进县"，共计
466 个。1983—2005 年，国家体育总局（国家体委）先后命名 7 批"全
国游泳之乡"。

据统计，地方各级体育部门也充分发挥了表彰的杠杆作用。
1995—2000 年省、地、县三级共进行了 14013 次表彰活动，共表彰先
进个人 158819 人，先进集体 147945 个。2000—2004 年，省、市、县
三级共进行各类表彰活动 6439 次，表彰先进个人 91331 人，先进集体
119651 个。

从中央到地方群众体育表彰激励机制日益完善，充分发挥先进典型
的示范作用，对群众体育事业的发展起到了积极的推动作用。

8. 群众体育逐步走向科学化，人民群众体质健康水平不断增强

全民健身科学化是人民群众体质健康水平不断增强的保证。为使广大人民群众科学锻炼身体，改善人民的体质状况，从 1951 年开始，国家坚持在全国推广广播体操。改革开放后，1981—2005 年，国家先后向全国推出 4 套成人广播体操、3 套少年广播体操、4 套儿童广播体操、3 套幼儿广播体操，加之此前推出的 5 套成人、5 套儿童、4 套少年广播体操以及一系列关于广播体操的文件，我国形成了一套完整的广播体操制度。

1997 年国家体委在推行中国成年人体质测定标准的基础上，2000年和 2005 年相继在全国实施了两次国民体质监测，获取了中国国民体质状况的基本数据。国民体质监测系统已初步建立。据统计，到 2004年末，全国共有各级国民体质检测站 3324 个，其中国民体质监测站1948 个，有工作人员 21367 人。制定并颁布了《幼儿国民体质测定标准》《成年人国民体质测定标准》《老年人国民体质测定标准》和《普通人群体育锻炼标准》，与教育部联合推出了《学生体质健康标准（试行方案)》，为人民群众科学锻炼身体、增强体质、提高健康水平提供了科学依据。

为满足广大人民群众的健身需求，国家体育总局在全国征集并组织编写了《中华体育健身方法》1~4 卷，向社会推出健身方法 177 种。为使广大人民群众科学锻炼身体，起到了良好的健身效果。

(二) 当前我国群众体育所面临的问题

改革开放 30 年来，我国群众体育取得了巨大的成就。在党和国家对群众体育事业的发展高度重视下，城乡居民健身意识，群众体育设施建设，群众体育工作队伍，全民健身法规制度，群众体育表彰激励机制，群众体育组织化、社会化、科学化程度等都取得了显著的进步。但是，我们应该看到，我国的群众体育还存在着一些问题，归纳起来，主要表现在以下几个方面。

1. 中老年体质水平有所下降，学生体质健康状况令人堪忧

2007 年发布的第二次国民体质监测公报显示，国民体质总体水平比 2000 年略有提高。但从不同年龄段人群各类体质指标的变化来看，40~59 岁年龄段成年人体质总体水平略有下降，其中身体形态、机能水平有所下降，身体素质水平略有提高；60~69 岁年龄段成年人体质总体水平略有下降，其中，身体形态、机能水平有所下降，身体素质水平有所提高。特别是近年来学生的体质健康状况令人忧虑，据 2005 年全国学生体质与健康调研结果显示，2005 年与 2000 年相比，我国大、中、小学生的肺活量水平继续呈下降趋势；速度、爆发力、力量耐力、耐力素质水平进一步下降；肥胖检出率继续上升；视力不良检出率仍然居高不下。

2. 城乡、区域群众体育发展不平衡，城乡差距、东西部差距较为明显

据 2007 年我国城乡居民参加体育锻炼现状调查公报的数据显示，我国城镇居民参加体育锻炼的状况明显好于乡村居民，城乡差距较为明显；城镇居民参加体育锻炼的人数比例高出乡村 24.1 个百分点。且"经常参加体育锻炼"的人数比例是乡村居民的 2.7 倍。东部地区居民参加体育锻炼的状况明显好于中部和西部，地区差异较为明显。东部地区居民参加体育锻炼和"经常参加体育锻炼"的人数比例最高，中部居中，西部最低。导致这种现象的主要原因是支撑群众体育事业均衡发展的条件跟不上。影响农村体育发展缓慢的原因主要有：一是思想观念落后；二是经济条件差；三是城镇化水平低；四是居住相对分散；五是传统文化因素。影响东西部体育发展缓慢的原因主要有：一是西部经济实力较为薄弱；二是西部社会发展总体水平较为缓慢；三是西部体育人才匮乏，场地设施短缺；四是西部学校体育与竞技体育水平低；五是西部城镇化滞后。

3. 缺乏体育锻炼场地设施和健身指导

据 2007 年我国城乡居民参加体育锻炼现状调查公报的数据显示，城乡居民不参加体育锻炼较为突出的因素是缺乏场地设施等，即使经常锻炼的居民，在锻炼时，也同样遇到缺乏场地设施等因素的干扰。另外，有 1/3 的城乡居民在参加体育锻炼时接受过健身指导，但接受过社会体育指导员指导的比例较低，仅为 5%左右。

据第五次全国体育场地普查资料显示，我国体育场地发展中存在的主要问题有：一是体育场地设施数量较少、质量不高，难以满足全面建设小康社会的需要；二是体育场地区域发展不平衡；三是体育场地结构有待进一步完善；四是体育场地布局不合理；五是体育场地的开放率和利用率有待进一步提高；六是民间资本和外商对体育场地的投入不足；七是公共体育场地不足；八是体育场地经营状况有待进一步提高。

社会体育指导员健身指导比例偏低的主要原因有：一是目前我国社会体育指导员数量严重不足；二是社会体育指导员的学历、指导经历和技术等级等结构偏低；三是质量有待提高，大部分组织指导者未受过专门培训，不具备指导社会体育的知识、能力、素质和资格要求。

4. 基层群众体育组织机构和运行机制难以适应快速发展的群众体育事业需要

快速发展的群众体育事业、繁重的群众体育工作任务，导致基层群众体育组织机构和运行机制严重不适应。随着群众体育需求的增多，我国基层群众体育工作任务加重、范围扩大，而很多基层经济乏力，财政困难，基层体育社团建设进展缓慢，群众体育的管和办都集中在体育行政部门。因此，原有的组织机构和干部队伍、原有的管理制度和管理方式、原有的资源条件和配置方式等都不能适应群众体育的新形势，管理滞后制约着基层群众体育的发展。

二、芬兰和日本的社会经济与大众体育发展的特点

(一) 芬兰的社会经济与大众体育发展的特点

1. 芬兰社会经济发展的基本状况

芬兰属于北欧国家，是北欧模式中具有影响力的国家之一。北欧模式的社会制度以"高税费、高福利"著称于世，在西方国家社会中具有重要影响，是当今世界上几种主要社会制度类型之一。芬兰的社会经济发展与许多国家一样，经历了由落后到发达的过程。从工业化发展进程看，真正的经济起飞是 20 世纪 50 年代的第二次世界大战之后，尤其是北海油田大规模开发以后。在这之前的较长时间里，芬兰是一个主要以从事农业、狩猎和捕鱼为主的国家，农业人口占总人口的 80%。到了 60 年代，芬兰的经济发展已经达到了较高的水平，为建立现代社会福利制度奠定了良好基础。从 1968 年开始，政府制定了对于工资、福利和工作条件的定期协商制度。自由化、福利制度和收入政策在 20 世纪 60 年代对于保持较高的经济增长速度发挥了积极的作用。从经济增长速度看，1950—1974 年，芬兰的国民生产总值平均年增长速度为 5.2%，大大高于经济合作与发展组织成员国的 4.4% 的平均水平。70 年代芬兰的人均 GDP 已经达到世界最高水平。1989 年人均国内生产总值已居世界第四位。随着经济的高速增长，从 60 年代开始，芬兰为建设现代社会福利制度采取了一系列积极有效的措施，如建立了大学和职业学校；增加了义务教育的年限；在所有级别的教育中实行免费教育；建立公共卫生健康体系等。加上已经建立的公共儿童保健制度、儿童现金津贴和产假制度；退休金计划（覆盖所有人群）；国家失业计划等。到了 20 世纪 70 年代初，芬兰已经基本建成了完善的现代社会福利制度，国民的收入分配是世界上最公平的国家之一。由洛桑国际管理学院和世界经济论坛提供的 20 世纪 90 年代国际竞争力研究报告显示，芬兰是世界上最具

竞争力的国家之一。芬兰社会福利制度的特点主要有：一是以维护全体公民的权益为根本原则，每一个公民都有权利享受相关的社会保障待遇；保证公民平等，即高收入者、低收入者以及无收入者均被纳入同一福利体系中；注重个人的权利，即每一项资助或者服务，甚至是对家庭的帮助都涉及每一个人。二是建立内涵丰富、覆盖广泛的社会保障体系。涉及从人的出生、婴儿时期到老年的全过程，从预防疾病、事故，控制饮酒、抽烟开始，都实施基本免费医疗；从免费教育，到失业救济再到免费职业再培训；从儿童补助、单亲父母津贴到养老金支付和老人照料。政府提供全方位的社会保障。"健全的社会保障制度为芬兰普及与推广志愿体育公益活动，开展高水平的竞技体育以及良好的国际体育合作提供了有力的保障基础"。

2. 芬兰大众体育发展的特点

(1) 重视发展群众体育，满足福利社会发展的基本需求

芬兰的体育与政治环境密切相关。1960年以前，芬兰的体育政策重点一直是竞技体育，主要是因为长期以来芬兰一直处于瑞典和沙皇俄国的统治之下，直到1917年才宣布独立。由于竞技体育可以为国家树立良好形象，提高国家凝聚力和民众的国家认同感，在1960年以前，芬兰的竞技体育和其他新建立的国家一样发挥了重要作用，促进了芬兰的传统体育与世界体育之间的交流。特别是通过奥林匹克展示了自己，同时也使竞技体育在芬兰得到了极大的提高。芬兰还曾经出现过竞技体育替代全民体育，传统的平民化游戏和项目几乎都消失的状况。

随着社会经济的快速发展，芬兰政府把发展体育运动作为建设福利制度国家战略的一部分。因此，在政策的制定上把保证居民的经济收入、足够的闲暇时间和改善体育活动的条件作为重要内容之一。芬兰的一个权威性研究机构指出，1960年体育在历史上首次被看做政治、社会发展和福利的一部分。芬兰教育部在1966年作了大众体育未来发展的规划，并提出"每个人都应该拥有根据自己的能力和意愿参与体育运动的机会，大众体育组织应该确保人们自由地选择自己喜欢的体育项目和参与大众体育政策的制定的机会和权利"。自从20世纪70年代开始，教育部就把大众体育作为研究的主要领域，还作了大量关于促进大众参

与体育运动的研究工作并逐步付诸实施。1995 年教育部改变了对体育组织的资助标准（表 1）。在与健康、健身和青少年体育活动相关方面给予更多的资金支持。资助政策的改变表明了政府对大众体育的重视，也促使社会体育组织更加重视非竞技体育和大众体育活动。可以说，芬兰发展成为民主、福利制度国家是芬兰体育政策由重视竞技体育向大众体育转变的重要原因之一。

表 1　1995—2003 年芬兰国家基金的分配情况　（单位：千英镑）

	1995 年	1996 年	1997 年	1998 年	1999 年	2000 年	2001 年	2002 年	2003 年
体育组织机构	20351	19392	19787	79964	20317	20401	21354	22301	22434
芬兰奥委会	2422	2691	2472	2523	2523	2691	2758	2758	2758
体育设施	10596	10932	13741	14649	14105	14072	14044	14638	14386
体育教育	15171	14869	17808	20055	13016	13470	13558	13474	13832
自治区的体育活动	17878	16778	15347	14891	15410	15637	15708	15547	15363
体育科学研究	4037	3861	4408	4691	4457	4559	4779	5344	5665
其他	2826	3378	5093	6734	8450	9064	9421	10039	11307
总和	73279	71902	78657	83507	78278	79894	81622	84622	85745

（2）综合制定体育政策，鼓励国民积极参加体育活动

从 20 世纪 70 年代开始，芬兰政府出台了一系列大众体育政策，鼓励国民积极参加体育活动（表 2）。出台的这些政策其主要特点是分别由体育教育部门、健康部门、交通部门以及多部门合作制定，并且在政府的教育部、社会事务和健康部、交通和交流部、环境部以及森林和公园服务中心相互协调的基础上，由与体育、社会和健康等相关的各种社会组织具体实施。在这些政策中，其中有一个报告和两个计划对促进大众体育的发展产生了重要影响。一个报告是 1976 年由体育执行委员会发表的关于实行体育条例的报告，这一报告为 1980 年《体育条例》的颁布奠定了基础。该条例的实施不仅明确了体育运动在社会发展过程中所起的重要作用，而且为提供体育设施和项目的非正式组织确立了合法地位。

表2 芬兰政府关于促进全民健康、开展体育活动的主要政策文件及其要点

部门	文件名称	文件要点
体育 1976年	体育法律委员会1980年出台第一个《体育条例》	倡导大众体育的健康和健身的功能与目的,为大众健身提供良好的健身环境
健康 1983年	《国家增进健康计划》	把体育锻炼作为培养健康生活习惯的一部分
健康 1985年	卫生部健康政策的报告《1986—2000年的全民健康》	增加人们日常体育活动的机会
健康 1987年	《增加体育运动习惯的报告》(后被体育委员会引用)	关于参加体育活动,增进健康的补充建议
交通 1992年	《促进把自行车作为交通工具的策略和行动计划》	旨在七年内成倍增加骑自行车的人数,修正了促进自行车和走路作为交通手段的政策
体育 1995年	《对体育组织进行资助标准的改变》	支持与健康、健身和青少年相关的体育活动
体育 1999年	第二个《体育条例》	主要目的是增强青少年体质,增进人们的健康和幸福水平,促进青少年的健康成长
健康 1998年	《提高芬兰人民身体健康的行动计划》	把体育作为其主要的领域之一
健康 2000年	《开展体育活动增进健康的基层建议》	根据提出的行动建议采取多种措施
体育 2001年	《国家对建设体育运动场地设施的津贴》	为大众提供参加体育活动的场所
健康 2001年	《2015年国民健康计划》	国家为应对社会老龄化和提高工作效率,提倡在工作和闲暇开展健身活动
联合 2002年	《开展体育活动增进健康的政府决议》	为政府多个相关部门推动和开展体育运动提供了保证

芬兰政府为了保证国民能够参加更多的体育项目,掌握必要的技能,连续推出了两个促进大众体育发展的国家计划。一个是"Finland on the move"计划（1991—1994 年）。其目的是鼓励社会组织和相关部门通过相互合作，开发出更多的体育活动项目，为大众提供更多的体育活动机会和健身条件。计划的标准是：地域性强；可以在较大的范围内推广新的理念；具有新创性；由数个组织协同合作等（图 1）。政府的鼓励政策是：提供一定资金支持（通常是整个需求量的一半以下）；为项目提供培训和咨询服务；在全国或地区范围内提供媒体支持；授权项目使用活动名称和活动标识等。其中每个项目所需要的资金为 2.3 万～4.6 万美元，国家共投资 230 万美元。项目由专职的工作人员负责管理和实施；独立的社会团体负责监督和评价等。项目的类型分别是：增加青少年儿童参与度的有 21 个，如《把身体运动融入到日常生活中》等；有关成年人的 17 个，如《提高成年人参加体育运动的机会》等；有关老年人、残疾人的 13 个，如《鼓励他们参加体育运动，为其提供足够的所需的特殊的服务和设备》；提高各种团体的参与度、增加全民健身器材设备数量的 6 个；为休闲和体育活动提供机会和条件的 37 个。"Finland on the move"这一计划的成功实施，不仅在全国范围内建立了的相互协调、积极配合的互动机制，包括对活动监督控制和对资源合理分配等，而且还用较少的资金和资源达到了激发大众创造出更多新的创意的目的。

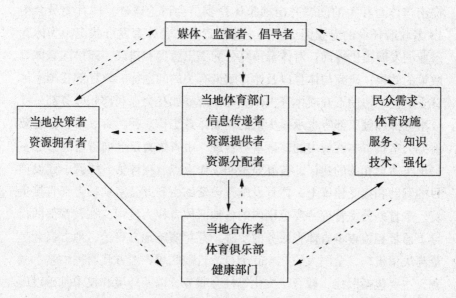

图 1 地方活动参与者各自的职责及关系（Finland on the move）

另一个是"fit for life"计划（2000—2004年）。其目的是促进伏案工作人员积极参加体育锻炼，把中年人经常参加体育锻炼的人口提高10%。计划执行策略和前一个计划基本相同。计划的标准是：项目的创新性；与其他项目参与者的合作；目标群体的规模；保障资金和其他必需资源等。计划的参与合作者一般包括：市级体育与健康管理局、体育俱乐部、经理、职业健康机构、私人健身和健康中心和残疾人协会以及大众媒体等。该计划共支持了全国400多个地方项目，每个项目的经费为1500～3000美元。基于第一个五年计划的成功实施，该项计划又延续了五年。除以前的合作者外，交通信息部、环境保护部和林业委员会也参与进来，并且目标群体涵盖了40岁以上的所有人群。

以上两项计划都有专项启动资金、管理部门、媒体宣传、专家支持、志愿者的服务和严格的评价体系等。

(3) 依靠社会运营管理，调动基层组织开展大众体育活动的积极性

在芬兰，体育事务主要归属于教育部。教育部下设体育事务局，该局下设两个重要机构，一个是芬兰体育与运动研究所（建于1967年），其主要职责是关于体育事业发展的研究；另一个是国家体育委员会，主要是协助教育部处理与体育相关的事务，并设4个下级委员会，由他们提出与体育相关的问题并由国家体育委员会讨论通过。体育委员会由13名政府任命的专家组成。其主要职责是监督体育发展状况；为体育事业的发展提供咨询；对体育预算分配提出意见和建议；评估国家体育政策的效果；研究与体育以及体育政策有关的问题等。教育部在国家体育委员会的协助下开展体育工作。其他部委如社会福利部和内务部、社会事务部和健康部等也承担少量的相关体育工作。芬兰有6个省，省政府办公室负责本区域内的体育事务管理，由省体育议会向省政府办公室提出与体育相关的建议，省办公室的工作重点放在评估、协调、建设项目的资助和接受建议上，体育设施建设资助由省办公室和教育部直接负责。本省办公室管理所属范围内的各地区体育权力机构，在教育部的指导下监督和检查本省体育服务的实施。芬兰实施地方自治，地方议会是最高决策机构，全国大约共430个自治行政区域，地方政府提供基本服务，主要包括医疗、教育、文化等社会服务，以及环境和技术基础设施等。在体育方面，地方当局提供人们参与体育的各项服务，并维护和管

理本区内的体育设施并负责体育设施的使用、维修及建设新的体育设施等。同时，地方管理机构还向体育俱乐部提供物质援助。中央政府为地方当局的体育服务提供政府财政支出，地方当局可以根据当地的标准来提高体育和身体活动的参与水平。芬兰 30000 套体育设施中，约 75% 是由地方当局负责建设和运营的，在提供体育运动条件和提高健康身体活动的各项服务中扮演着重要角色。

芬兰政府主要是制定各项规章制度，鼓励支持地方自治区开展体育运动，因此，芬兰体育运动的运作与发展很大程度上都依靠公民和社会体育组织的广泛参与。1960 年，全国有 96.7% 的地区设有各种社会体育组织，目前已涉及所有地区，1/5 的芬兰人都参加俱乐部组织的活动。芬兰的社会组织主要分全国性社会体育组织、地区性体育组织和体育俱乐部三级结构。全国性社会体育组织主要负责发展体育教育、教练指导和赛事等系统，提高芬兰人的体育参与机会，组织全国和国际性的体育赛事等。大众体育运动的主要协调机构是全国体育联盟，在芬兰是最大的社会体育组织，该组织成立于 1900 年，是代表芬兰参加国际体育活动的唯一机构。它负责统筹安排地方管理机构、各体育俱乐部和与政府部门的协作等工作。芬兰体育联盟的组织机构呈伞状，维护会员组织的利益并为其提供各种服务。它最主要的任务是保障公民参与体育活动的良好社会环境。全国体育联盟有 127 个会员组织，其中有 38 个团体加盟，18 个省（地）级体育组织、2000 多个体育协会、800 多个村级体育协会，全国近 8000 家体育俱乐部和超过 110 万会员。芬兰第二大体育组织是芬兰工人体育联盟，成立于 1919 年，有 34 万多名会员，下属有 15 个地区的体育组织和 1100 多个协会。另外，还有芬兰瑞典族中央体育联盟、芬兰工人体育协会中央联盟等。

地区体育组织主要负责本地区的儿童青少年体育和俱乐部的发展等工作。体育活动的管理主要由体育俱乐部负责。体育俱乐部由政府和各种体育组织领导，这些组织包括体育联盟、中心联合会、足球联合会、工人体育联合会等。俱乐部享受国家的优惠政策，在资金上接受国家补助，但比例较少，其他近 90% 的费用要靠俱乐部自我经营，自负盈亏。

（4）重点建设体育设施，创造大众体育开展的良好条件

体育场地设施是大众健身的必要条件之一。一定量的体育设施和良好的健身环境可以提高大众的体育参与度。芬兰在建设福利制度国家的过程中，随着大众工资收入的增长和休闲时间的增加，大众参加体育锻炼的需求不断提高。为了适应社会的发展，满足大众日益增长的体育活动需求，芬兰政府把建设体育场地设施作为推广和普及大众体育的重要措施之一。1979 年，芬兰出台了第一个国家体育器材设施计划，把体育器材设施的建设作为一项政策确定下来。1980 年颁布的《体育条例》明确指出，国家为建造体育场地设施、体育协会运营、国家体育组织、体育研究和世界级的体育活动提供资金支持。1998 年颁布的第二个《体育条例》规定教育部主要负责建造和维护体育场地设施的资金。用于体育的资金主要来自于博彩，教育部每年要把博彩资金的 45%分配给中央体育组织，这部分资金一部分用于体育研究，一部分用于建造体育设施，还有一部分资金提供给地方政府用于市级体育官员的工资、体育俱乐部的运营以及体育场地设施的建设等。在 1964—2002 年，芬兰的体育设施数量从 14148 个增加到 29280 个。1975—1990 年，地方政府投资于体育设施的资金达到 167 亿芬兰马克。按人口计算，芬兰体育设施的数量是世界上最高的国家之一，几乎每个芬兰人都能进游泳馆、体育馆、田径场和球场活动。目前芬兰共有约 3 万套体育设施，其中75%由地方建设并负责运营，其余主要来自于体育俱乐部和民营企业的投资。地方政府与体育组织还可以申请国家在体育设施建设方面的补贴，1994—1996 年体育场馆的国家补贴每年都达到 5150 万芬兰马克以上（表 3），实际上国家补助只占体育设施开支的一部分。另外，在体育设施的建设和维护方面，教育部非常重视专家提出的意见和建议。

表 3　1994—1996 年用于建设体育场馆的补贴费　　　（单位：万芬兰马克）

	1994 年	1995 年	1996 年
教育部	4960	4350	3750
各省体育理事会	200	1600	1400
总计	5160	5950	5150

(5) 志愿者的无私奉献，推动了大众体育的广泛开展

在芬兰，志愿者是大众体育发展的基础，可以说没有志愿者的无私奉献就没有大众体育的蓬勃发展。芬兰全国共有志愿者 50 多万名，平均每 11 个人就有一名志愿者。志愿者一般是通过体育俱乐部开展各项服务。体育俱乐部在芬兰是大众体育最基本的组织形式，也是大众健身的重要场所。芬兰全国各种俱乐部共有 7800 个，大约每 650 人拥有一个俱乐部；这些众多的俱乐部不仅由志愿者参与经营管理，开展各种群众性体育活动，同时也为大众提供良好的健身条件和健身指导，促进健身者建立良好的人际关系等。志愿者在俱乐部中的工作主要为指导训练、组织管理、裁判、记账、提供设备、看门及其他等。据相关资料显示，芬兰有 20%的人口属于俱乐部会员，有 42%的儿童青少年积极参与俱乐部活动，有 13%的成年人是俱乐部的活跃分子；每年有超过上百万的大众参与由俱乐部组织的各项体育活动。自上世纪 60 年代开始，芬兰逐渐重视大众体育，推动了大众体育在芬兰的蓬勃发展。据相关资料显示，2005—2006 年，有 39%的成年人每周参与 3 次以上高强度的体育锻炼或 5 次以上中等强度体育锻炼。据芬兰奥委会和芬兰体育联盟 2006 年联合进行的一次调查，90%以上的儿童和青少年从事某种体育活动和体育锻炼。这一比例在过去 10 年内增加了 15%。

在芬兰，志愿者一般自愿利用自己的业余时间组织各项体育活动，不收取任何报酬，其工作价值非常大，每年可达 15 亿欧元左右，而俱乐部只有大约 3%是盈利的。成为俱乐部负责训练的志愿者还需要具备一定的条件，一般主要是退役的运动员、孩子的父母等。其主要原因是运动员对某种体育项目具有专业的知识和技能，而父母在育儿和教育方面具有一定知识和能力。人们参加体育俱乐部志愿者的动机各不相同，最常见的有为社会做些有益事情；从实践中学习基本知识；受朋友的影响以及提高能力并从中享受快乐等；还有一些父母是为了保证自己的孩子有机会参与体育锻炼。虽然芬兰志愿者对大众体育的发展起着重要的作用，但是志愿者的数量还无法完全满足大众体育发展的需要。

(6) 发挥大众体育优势，积极应对社会老龄化

芬兰人口虽然只有 500 万左右，但同样面临着人口老龄化这一世界

性问题。据统计，2005 年底，芬兰全国领取养老金者达到 137 万人，占全国总人口的 26%。2005 年，芬兰全国的养老金支出高达 180 亿欧元，占国民生产总值的 11.6%，占芬兰整个社会福利支出的 42.5%。预计到 2030 年，芬兰全国养老金支出在其国民生产总值中所占的比例将上升至 18%左右。芬兰社会学家认为，人口迅速老龄化是芬兰社会发展面临的最大挑战，需要整个社会共同关注和应对。

芬兰政府为了应对社会老龄化，采取了一系列政策措施鼓励老年人参与体育休闲娱乐等大众体育活动。这些措施主要有：1980 年，芬兰政府出台了第一个《体育条例》，明确规定体育活动的组织者、体育组织、社会健康服务部门和体育俱乐部等必须为每一位公民参加体育运动创造必要条件，保障其参加体育运动的权利。1990—1994 年实施的"finland on the move"计划，其中有 13 个活动是针对老年人、残疾人等活动不方便的人而设立的，目的是为他们提供特殊服务和设备，鼓励他们参加体育运动。2001 年，芬兰政府还启动了《健康 2015 计划》，把促进国民参与身体活动作为提高人口健康素质的重要措施之一，并相继出台了针对不同人群和对象的体育计划。主要有"全国生命健康计划"和"特殊身体活动计划"。前一个计划的目的是鼓励 40 岁以上的成年人积极参加身体锻炼，为此，社会事务与健康部还专门成立了提高健康水平的咨询委员会，为成年人提供健康和体育活动方面的咨询服务。后一个计划是针对那些因困难无法得到正常体育服务的特定人群，因为这些人群的身体活动要求特定的方法、设备或特殊技能等。在芬兰，体育特殊群体约 100 万人，占总人口的 20%，目前参与这一计划的残疾人、慢性病人和老年人约有 22 万。活动经费主要来自教育部，其中大部分由地方体育机构和国家残疾人体育机构负责分配实施，部分资金用于本领域的研究、国际合作项目等。

芬兰政府为了推动各项政策计划的贯彻落实，与大众体育组织、老年人组织、地方政府、健康组织等一起制定了实施目标，即到 2010 年，使积极参与体育与休闲活动的老年人的比例上升 4%，积极培育老年人市场。为了实现这一目标，芬兰政府主要采取了以下具体措施：1) 芬兰公共健康研究院（NISB）、芬兰奥委会（NOC）与芬兰体育联合会（NSF）联合成立老年人问题全国工作小组，搭建解决老年人问题的平台；负责管理和协调各组织，处理相关问题，力求在信息交流、教育和

培训、积极参与网络三方面建立网络体系。信息交流网络体系是，设立
"全国老年人运动形象大使"，以他们为榜样，对积极生活方式的优点进
行宣传和交流，提高老年人对体育活动的认识；教育和培训网络体系
是，培养大量健身活动带头人，并与体育教育院校、老年人组织等进行
合作，建立老年人运动带头人档案；积极参与网络体系是，建立老年人
问题全国工作小组的地方分支机构，发展有地方特色的老年人健身方法
等。2) 鼓励大众体育组织、老年人组织等各种组织以及全国、地区和
地方政府共同参与，提供资金、专业知识、技术和人力资源等方面的支
持，促进老年人从事体育活动。地方政府一般由体育部门实施，通常根
据身体状况把老年人分为活跃者、健康者和身体机能日益下降者三种类
型。在开展体育活动时，针对不同类型的老年人，分别给予不同关注。
3) 每隔两年进行一次全国老年人健身活动调查。根据调查结果，制定
针对性政策，重点是低收入、身体有缺陷和单身的老年人。4) 在芬兰
一些地方大学和社区的项目中规定，老年人必须参与他们喜欢的体育和
休闲活动。5) 举办老年人运动会，促进老年人健康需求的不断增长。
6) 建立老年人服务和娱乐中心。目的是克服老人孤独感，丰富老年人
的晚年生活。在中心可以打桥牌、下国际象棋、打台球或乒乓球，还可
以游泳、做健身操。并设有缝纫编织班、外语学习班、绘画学习班、摄
影爱好小组、歌咏合唱团、电影俱乐部等。目前，在芬兰全国共建有数
百个老人服务和娱乐中心。

　　根据相关资料显示，目前在芬兰有36%的老年人经常参加体育活
动，有大约12%的老年人还参加由市政当局、体育俱乐部和退休机构组
织的活动。

(二) 日本社会经济与大众体育发展的特点

1. 战后日本社会经济的发展状况

　　战后，由于日本在政治、军事上受到诸多限制，经济上全面崩溃，
在这种特殊环境条件下，日本政府把发展经济作为立国的基本国策，确
立了以"发展经济"为核心的国家战略。20世纪50年代，日本借助有
利的国际、国内形势，迅速完成了国家的战后恢复重建工作，为全面推

进国民经济现代化进行了必要的准备。从 1956 年开始，日本经济增长一直保持在较高水平。1960 年 12 月，日本政府制定了《1961—1970 年度国民收入倍增计划》。该计划设定年经济增长率为 7.2%，10 年后国民人均收入达到基准水平的 2 倍；计划实施的第七年，便实现了国民收入增长一倍的目标，取得了很大的成功，为日本跨入发达国家行列奠定了良好基础。此后，日本政府相继出台和实施了与国民生活密切相关的经济计划，极大地提高了国民的生活水平和生活质量，在短短的 30 多年的时间里就实现了生活大国的发展目标，确立了世界经济大国的地位。据相关资料统计显示，在 1955—1983 年期间，日本的国民生产总值增长 12.5 倍，人均增长 9.3 倍。进入 80 年代后期，日本经济出现了"泡沫"现象，为此，日本政府出台了相应的经济刺激计划，特别是把改善老年人的社会环境作为创新经济政策的一部分。目前，日本经济处于调整恢复阶段。但据有关资料显示，日本人均 GDP 为 25968 美元，排在世界第 13 位，国民总生产值位于世界第二位。日本的经济实力仍处于较高水准。

从 20 世纪 50 年代开始，由于日本经济的持续高速增长，人民生活水平的不断提高，呈现出消费生活高度化、生活方式多样化的发展趋势，对日本社会的发展产生了较大的影响。主要表现在：（1）产业结构的调整，使第三产业就业人口显著增加，提高了经常从事体育活动的白领阶层人群的数量。（2）农村人口大量流向城市，城市人口急剧增加，形成了关东（以东京为中心）、东海（以名古屋为中心）和近畿(以大阪为中心)三大都市圈，据相关资料显示，1979 年三大都市圈的人口接近日本总人口的一半；都市化的形成增加了参加体育锻炼阶层的人群。（3）随着交通工具的改善，生活圈的扩大，人们参加体育活动的机会不断增多，内容也丰富多样。（4）随着科学技术的进步，生产力的改进，劳动时间逐渐缩短，业余时间不断增加，为大众参加体育锻炼提供了良好的机会。（5）个人收入水平的提高，为大众体育的开展提供了物质条件，不仅使居民的休闲消费发生了很大变化，也促进了体育产业的繁荣发展。（6）随着个人收入的提高，余暇的增多，人们对劳动的意识发生了根本改变，休闲意识悄然出现，即以工作为中心的人生时代向以余暇为中心的人生时代的转变。日本人的生活意识发生转变为休闲体育的开展提供了发展空间。

2. 日本大众体育发展的特点

(1) 制定体育振兴政策，全面发展大众体育

战后，日本在政治上的地位也影响到了体育方面，奥林匹克运动会等国际比赛禁止日本参加；加上战后初期，日本的社会和经济处于重建恢复阶段，为了社会的发展，日本把发展体育和文化娱乐活动作为建设新型文化国家的基础，制定了一系列有利于大众体育发展的体育振兴政策。日本大众体育政策的制定主要分为三个阶段。

1) 以恢复大众体育发展为主的体育政策（1945—1960 年）

战后初期到 1960 年，日本制定和颁布的体育政策主要是以大众体育的恢复发展为主。1946 年制定的《社会体育实施参考》为战后日本群众体育的发展明确了基本方向，其中群众体育运动生活化是主要内容之一。1949 年颁布的《社会教育法》把群众体育定位为社会教育的一部分，在法律上为大众体育的发展提供了有力保障。1951 年，发表的《社会体育指导要领》是战后日本振兴群众体育发展的基本文件，也为日本社会体育发展确定了基本指导方针。主要内容有开展文化体育娱乐活动，丰富业余文化生活；并对社会体育指导员的设置和培训、体育社团组织的组建以及体育设施建设等作出了具体规定。1957 年制定的《体育指导员制度》对体育指导员的任务作了明确规定，这项制度的制定为体育指导员有效地开展和普及群众体育活动起到了很大的作用。

2) 以振兴大众体育发展为主的体育政策（1961—1997 年）

1958 年东京成功举办了亚运会，第二年又成功申办了奥运会，使体育运动在社会发展中的作用和地位得到了很大的提高；加上日本经济高速增长，国民的生活得到了极大的改善，利用余暇休闲参加体育锻炼的人日益增多。在这种社会背景下，为制定体育振兴法创造了良好契机。1961 年颁布的《体育振兴法》共 4 章 23 条。其目的是增进国民身心健康，丰富国民的文化生活，创造国民自发参加体育锻炼的环境等。明确了在各市区村的教委设置体育指导员，同时明确规定体育设施、指导员的培养、国民体育大会以及为了体育振兴的相关体育事业等经费的一部分由国家补贴等。《体育振兴法》的颁布，进一步促进和推动了群众体育的普及和开展。此后，实施的一系列政策把大众体育的发展又向

前推进了一步。1985 年，根据颁布的《日本体育·学校健康中心法》，设置了日本体育·学校健康中心。其主要任务就是振兴体育，增进和保证儿童青少年的身体健康。1989 年，根据保健体育审议会的建议，在《面向 21 世纪体育振兴方案》中提出了终身体育的战略发展目标。

3）以调整大众体育发展为主的体育政策（1998 年至今）

1998 年对《体育振兴法》进行了部分修正，重视群众体育和竞技体育的协调发展是修正的主要内容。2000 年日本厚生省在 1978 年和 1988 年的基础上，公布了《关于增强国民身体健康的对策》，对成年人和老年人日常生活的身体活动意识和运动习惯分别设定了具体目标。1999 年实施了新的国民体质监测标准。内容包括 6～79 岁全年龄段，其中最重要的一点是新增设了 60～79 岁年龄段人群的监测内容，说明老年人的体质健康问题已经引起了社会的高度重视。2000 年，颁布了《体育振兴基本计划》。明确了 2001—2010 年日本体育十年发展的总体目标及其方针政策。大众体育的政策目标是实现所有国民都能够根据自身的体力、年龄、技术、兴趣、目的以及时间，随时随地地参与体育运动的终生体育社会；尽快实现每两个成年人中有一人每周一次以上参加体育运动的体育实施率。大众体育的实施目标是到 2010 年，全国各都道府县至少建立一个泛区域体育中心，各市区村至少建立一个综合型区域体育俱乐部。该计划的主要内容包括增强儿童青少年的体质；改善地方群众体育的健身环境；提高国际竞技体育水平。

（2）确立社会管理体制，促进大众体育的推广与普及

战后，日本的大众体育经过多年的发展，逐步确立了政府监督、社会管理的大众体育管理体制。

1945 年，日本对政府体育管理机构进行了较大幅度的改组，文部省设立了体育局，1946 年由厚生省（相当于我国的卫生部）负责管理的社会体育归属文部省（相当于我国的教育部）。之后，日本文部省体育局经过多次调整，于 2000 年确定为体育·青少年局，一直至今。该局设置三个科，分别是规划·体育科、终生体育科和竞技体育科。主要职能是宏观管理、制定政策法规、对体育事业的发展进行监督、在不同的体育组织之间进行信息沟通与联络以及建设和修整大众体育设施等。都道府县级和市区町村的教委也设立有相对应的机构，并接受文部省的监

督、援助和建议（领导）。日本体育协会在日本是最高级别的、最具权威的大众体育社会团体。从 1948 年开始作为实质性社会团体开展文部省委托（根据日本民法第 34 条的规定）的各项具体工作。主要有举办国民体育大会、培养体育指导员、组织体育少年团、监测国民体质等。由文部省提供补助金，同时接受文部省的监督。都道府县级和市区町村的教委设立有相应的体育协会。其他与大众体育相关的全国性组织有日本休闲协会、全国体育指导员委员联合会等，这些协会也分别在都道府县级和市区町村的教委设立有相应的机构，负责开展与大众体育相关的活动。民间体育组织主要是指财团、企业和私人业主自发成立的体育组织。这类体育组织一般都是以盈利为目的，通过使用者交纳会费等方式获取收入。这类组织在谋取利益的同时也极大地促进了日本大众体育的发展。

俱乐部在日本是一种方便群众、行之有效的开展体育活动的组织形式。在上世纪 60 年代末、70 年代初各种类型的俱乐部在日本逐步发展起来。1976 年，日本文部省规定了建立体育俱乐部的若干条件，其中之一是"该组织的经营具有自主性，由其自行经营和管理"。按活动范围区分，日本的俱乐部类型有综合社区俱乐部、学校俱乐部、民间俱乐部和企业（单位）俱乐部。无论俱乐部的大小和性质，都要在各种体育协会进行登记，接受体育协会的组织和管理。

战后，日本的群众体育在管理方式上形成了一套社会化的管理体制，不仅满足了随着社会的发展所产生的大众日益增长的体育文化需求，也推动了大众体育的普及与发展。

(3) 建立系列制度法规，保障大众体育高效发展

体育法规、制度与体育政策密切相关。法规、制度是政策实施的根本保障，各项政策是在法规制度的基础上制定实施的。完善的制度不仅可以节约成本，还可以提高效率。战后，随着日本社会的快速发展，制定了与大众体育相关的各项具体、详细的制度、法规，保证了大众体育的快速、高效发展。

在经费来源方面，1948 年、1950 年、1951 年、1954 年分别出台了《自行车竞技法》《小型车竞技法》《摩托艇竞赛法》以及《日本中央赛马会法》，根据相关法律设置相应的彩票为各种体育活动的开展和地

方社会团体财政的健全化提供了强有力的保证。1998 年，日本文部省又实施了《体育振兴投票法》，即足球彩票，保证了体育基本计划的实施、终身体育活动的开展以及国际竞技水平的提高等经费来源。

在社会体育指导员培养方面，1961 年的《体育振兴法》对体育指导员的任务和设置作了明确规定；1976 年颁布《公认体育指导员制度》后，通过多年来的不断补充和完善，不仅使日本社会体育指导员的培训和认定规范化，也保证了体育指导员的质量水平，促进了大众健康、有序的发展。

在体育俱乐部的组建和运营方面，日本文部科学省和通产省分别对体育俱乐部组建和运营的条件作了具体规定，要求体育俱乐部必须是为大众健康服务的持续性体育活动组织。

在体育场地设施方面，1987 年颁布的《综合保养地域整备法》，保证了建设体育活动或休闲场所等保养设施所需土地的开发。1972 年《日常生活圈内的体育设施标准》等对日常体育场地设施建设标准、种类、功能等都作了较为详细的规范；对于游泳池的建设，还有《游泳池安全标准指南》。关于体育场地设施的管理和运营，日本专门设有全国性的体育设施协会，负责对《体育设施管理者》和《体育设施运营者》的资格认定工作。只有通过资格认定，才能参与体育设施场馆的管理和工作。同时，该协会针对大众体育锻炼还实施了《体育设施保险制度》，在制度上为大众从事体育运动提供了安全保障。另外，《指定管理者制度》不仅加强了对体育设施的经营和管理，提高了体育设施使用率，而且促使体育设施和综合型体育社区俱乐部的有机相结合，为俱乐部的运营注入了活力。日本体育场地设施的 50% 以上在学校，为充分利用学校的体育设施，《社会教育法》《体育振兴法》《学校教育法》均明文规定，在不影响学校教育的前提下，可以向社会开放。日本文部省为此还专门下发了《开放学校体育设施》的通知，满足广大群众的体育健身需求，开放学校体育设施，提高学校体育设施的利用率。《城市公园法》《城市公园法实行令》《自然公园法》《自然公园法实行令》对公园内的公共体育场地设施都作了具体要求和规定，为广大群众提供安全、可靠的健身场所。

在学生体育活动安全方面，依据 1985 年颁布的《日本体育·学校健康中心法》，1986 年颁布的《日本体育·学校健康中心法施行规则》对学生的伤害按不同程度划分为 14 个等级，每个等级中又规定了若干具体的伤害内容以及支付的保险金额。在此基础上，2003 年颁布了《独立行政法人日本体育振兴中心法》，由此而成立的独立行政法人日本体育振兴中心具体负责体育振兴事业、儿童青少年伤害保证金的支付、儿童青少年身心健康的相关研究、资料收集以及前面提到的彩票方面的相关事宜等。

日本各项制度、法规的制定有以下几方面的特点：一是详细、具体，涵盖了大众体育发展的方方面面；二是为保证体育发展的资金来源制定了专门法律；三是各项制度、法规的制定与时代发展同步进行。战后，日本大众体育随着社会经济的发展，在短短的几十年内，建立一整套完善的制度、法规，为大众体育的规范、高效发展提供了有力保障。

(4) 提高基层队伍素质，发挥社会体育指导员的推动作用

一个国家的体育指导员的数量和质量，对于开展大众体育活动起着举足轻重的作用。在日本，非常重视社会体育指导员的培养与实施。早在 1951 年，日本文部省就颁布了《社会体育指导员要领》，明确指出由市区村的地方组织具体负责对社会体育指导员的培训；1957 年，文部省制定了《社会体育指导员制度》，对社会体育指导员的任务和服务范围作了具体规定，目的是发挥社会体育指导员对地方社会体育的振兴与发展的推动作用。1961 年颁布的《体育振兴法》规定，国家和地方公共团体为培养体育指导员、提高体育指导员的素质，必须举办讲习会、研究会及采取其他必要的措施，同时还规定，体育指导员应该在本人所处的市区村范围内，向市民提供体育运动技能方面的指导和建议。随着社会的发展，大众对社会体育指导员的需求，日本在社会体育指导员的队伍建设上，相继开展了一系列成效显著的工作。主要有为加强社会体育指导员之间的交流与合作，成立了全国体育指导员协会；连续举办社会体育指导员培训班；制定《公认体育指导员制度》；各都道府县成立社会体育指导员协会等。到了 20 世纪 80 年代末，基本形成了完善的社会体育指导员的培训和管理制度。2000 年颁布的《体育振兴基本计划》，还专门制定了今后十年社会体育指导员的培养计划。

根据日本文部科学省 2005 年颁布实施的《公认体育指导员资格认定制度》，社会体育指导共分为社区体育指导员、竞技体育指导员、商

业体育指导员、体育计划指导员、运动医生、健身教练、少年体育指导员、运动营养师和助理教练九类。在日本，文部科学省、厚生省和劳动省都有社会体育指导员培训及资格认定制度，其中，日本文部科学省体育指导员制度最为完善，社会服务最广。体育指导员的培养途经主要有三个方面：一是由各大专院校体育师资培训部完成；二是由日本体育协会完成；三是由厚生省和劳动省及其他各类民间社团体育组织完成。

在日本政府的重视下，经过多年来的发展，日本的社会体育指导员培训已经形成了制度化、规范化、多元化体系，为培养素质高、业务强的大众体育基层队伍奠定了基础。目前，日本的社会体育指导员总数已达到 69633 人，与人口的比例为 1：2000。在日本，无论是哪个机构培训的体育指导员都具有很高的社会地位，尤其在社区体育俱乐部中起着重要的指导作用。除了在民间体育俱乐部中担任工作以外，大多数体育指导员在社区体育俱乐部等场所的工作是属于无偿自愿服务的范畴。因此，日本社会体育指导员在大众体育的发展过程中起着重要的推动作用。

(5) 关注老年人群健康，积极开展老年人体育活动

战后，日本人口的老龄化发展较快，仅用了 40 年就进入了老龄化社会。20 世纪 80 年代初期，日本 60 岁以上的老年人占总人口的 9.6%。其中有 32% 的老年人（60 岁以上）患有脑血栓、癌、心脏病等各种疾病，特别是脑血栓导致的半身不遂尤为严重，占 3%。据最新资料显示，到 2007 年 8 月，日本 65 岁以上的老年人占总人口的 21.4%。老年人在社会上的比重越来越大，社会老龄化现象非常严峻。据 1973 年，日本《余暇开发中心》的一项调查显示，老年人衣食无忧，但业余文化体育生活较为单调。据《老年人问题的报告》显示，老年人的自杀率，男子位居世界第七位，女子位居世界第一位。另外，老龄化社会最大的问题是占国民经济比重较大的医疗费问题。2000 年日本全国的医疗费是 38 兆日元，其中，老年人的医疗费占 34.2%，为 13 兆日元。从根本上解决医疗费问题，首要的问题不是治病，而是预防疾病，增进健康。

为此，开展适合老年人的体育活动不仅是社会发展的需要，也是老年人对身心健康的一种愿望。日本政府在这方面起步较早，并采取了一系列积极有效的措施，关注老年人的身心健康，积极开展老年人体育活

动。厚生省采取的主要措施有：从 1963 年开始，根据《老年人福利法》，用国库资金资助老年人俱乐部，鼓励老年人积极参加俱乐部的各项活动；从 1988 年开始每年由各省轮流举办一次"全国健康福利节"，其中有老年人健康体育节（含有乒乓球、网球、剑道、弓道等）、健康度检查、健康咨询等；随着经济的发展，社会保障制度的确定，对老年人的健康问题也逐步引起了政府的重视。1978 年由日本厚生省第一次公布了《关于增强国民身体健康的对策》文件，对于预防成年人疾病的发生、增进国民健康（营养、运动和休养三方面）提出了具体对策和措施。1988 年日本厚生省第二次公布了《关于增强国民身体健康的对策》即《健康 80 计划》的文件。把普及体育锻炼习惯作为计划的重点。2000 年，作为第三次《国民健康增进对策》公布了《21 世纪国民健康运动》，即《健康日本 21》，其中，以 2010 年为目标分别设定了具体数值。关于身体活动·运动目标值的设定是，增加持积极态度外出人口比例的目标值——60 岁以上的男性 70%，女性 70%；增加参加社区活动人口比例的目标值——60 岁以上的男性 58%，女性 50%；增加日常生活中走路的步数的目标值——70 岁以上的男性 6700 步，女性 5900 步。为此，各地还制定了相应对策具体负责实施，其中，和歌山县提出了老年人日行 1 万步的长期目标。文部科学省的主要措施有：从 1988 年开始，每年由各省轮流举办一次"全国体育运动、休闲娱乐节"，推动每一位国民积极参加体育休闲活动，其中包括场地高尔夫比赛和软式排球比赛等。2001 年颁布了《体育振兴基本计划》，明确提出了把成年人每周参加一次体育锻炼的比例达到 50% 作为重要政策目标之一。各都道府县在制定的本地区的体育振兴计划中，对开展老年人体育活动都提出了具体措施。如神奈川县提出了《促进中老年人积极参加体育活动的夕阳计划》；山口县通过普及老年人、残疾人体育项目，培训、派遣指导员，保证自愿者等措施，推动老年人、残疾人体育活动的开展。市村街也采取了积极的措施，推动老年人积极参加体育锻炼。如横滨市提出了《保持 8 成的老年人身体健康》的本市目标，选定了健康步行路线以及加强对身体虚弱老年人的护理等措施；神户市办起了神户市老年人体育大学；山形市开办了老年人体育活动培训班等。相关社会团体也发表了《老年人保健 10 年发展战略》等，推动实施老年人身心健康的各项活动。

据日本内阁府《体质·体育舆论调查》显示，1982—2006年，每年参加一次以上体育锻炼的老年人（60岁以上）呈上升趋势；每周参加一次以上体育锻炼的老年人（60岁以上）也呈现上升趋势，并且高于其他年龄阶层的人群。据最新资料显示，日本人的平均寿命近几年一直位居世界首位（表4），这些与日本各级政府对老年人采取的各种健康政策以及开展适宜老年人的体育活动是分不开的。

表4　中国、芬兰、日本人口预期寿命增长状况对比

	1970年	1980年	1990年	2000年	2005年
中国	59.6	65.3	67.1	69.7	71.0
日本	71.1	75.5	78.3	80.5	81.6
芬兰	69.6	72.2	74.6	77.2	78.0

(6) 联结学校家庭社区，创建儿童青少年良好的健身环境

开展儿童青少年体育活动，增强儿童青少年体质健康是日本体育发展的基本政策。为了创建儿童青少年良好的健身环境，早在20世纪50年代末，日本政府就把儿童青少年的体育工作作为重点来抓。从1959年开始，文部省每年下拨资金，在指定市区村建立模范试点，开展儿童青少年体育活动。并且在培养青少年体育组织，充实青少年体育活动指导员，完善青少年体育所必需的体育设施、设备及器材等，促进青少年积极参加各种体育比赛、演讲及体育节等方面做了大量的工作。1961年颁布的《体育振兴法》第8条规定，国家及地方公共团体必须特别重视青少年体育的振兴。1964年，日本内阁会议通过的《增强国民健康·体质的对策》指出，加强体育设施的建设、指导员的培养以及集团训练，通过学校、社会和企业，有组织地普及和开展体育活动和各类休闲活动。从1965年开始在小学高年级中实行体育测试，1983年开始在小学校低中学年中实行体育测试。据1975年日本文部省对全国体育设施进行的调查显示，中小学为120098个，占全国的63.8%；公共为19835个，占10.5%。1957—1977年的20年间，7～17岁男女儿童青少年身高平均增长值为7.05cm和5.89cm，生长发育的加速趋势十分明显。说明随着日本社会的快速发展，生活水平的提高，学校、社区健身环境的不断改善，儿童青少年的体质健康状况有了较大幅度的提高。

1989年，日本在《面向21世纪体育振兴方案》中提出了终身体育的战略发展目标，即任何人、任何时间、任何地点都能够进行身体活动。儿童青少年时期建立良好的体育锻炼习惯，不仅是增进健康的必要手段，而且也为进入成年、老年阶段保持良好的锻炼习惯打下基础。为实现终身体育奠定良好的基础，更好地贯彻落实《体育振兴法》，日本采取的主要措施有：（1）制定儿童青少年参加体育锻炼活动的培训计划，主要是以很少有机会参加体育锻炼以及没有兴趣参加体育锻炼的儿童青少年为对象；（2）确立以儿童青少年体育俱乐部为基地的培养计划，主要是以体育俱乐部为基地对青少年进行有计划、有目的的培养；（3）推动家庭体育锻炼促进计划，主要是动员家长与孩子共同参加体育锻炼，达到家长与孩子沟通交流的目的。2000年，随着日本文部省体育局改为体育·青少年局，并设置终身体育科，重视青少年身体健康、实现终身体育已经成为日本体育发展的重点目标之一。同年，日本提出了《体育振兴基本计划》，明确了2001—2010年日本体育发展的总体目标及为实现目标的方针政策。在三项大方针政策中，有两大项是关于儿童青少年体质的增进和社区体育环境的改善。前一项采取的主要措施有：（1）走进家庭，让家长了解增强孩子体质的重要性；（2）连接学校和社区，改善孩子学校内外的健身环境。后一项采取的主要措施有：（1）建立地域综合性健身体育俱乐部（市区村至少建一所）和泛区域体育中心（都道府县至少建一所）；目的是为本社区的任何人（包括从儿童到老年人，从初学者到高水平运动员）提供可以根据自身的年龄、兴趣、技术水平，在任何时候都能够进行身体活动的场所。（2）综合利用本地区的体育资源，开展儿童青少年课外体育活动。主要包括开放学校体育设施；以体育少年团为中心，开展活动；学校体育课外活动与以增强本地区青少年身心健康为主的俱乐部的活动相结合，加强相互间的沟通和交流等。

（7）开展休闲体育活动，实现大众体育生活化

战后，日本提出了建设新型文化国家战略发展目标，把发展大众体育和休闲文化娱乐作为其中的一个重要部分。1946年发表的作为战后振兴大众体育基本文件之一的《社会体育实施参考》明确提出，把体育活动生活化作为其基本方针之一。1948年成立的休闲协会，目的是丰

富人民的业余文化生活（包括体育运动），并且决定每年举办一次。1958 年 4 月设立了国民体育日，把开展和普及体育文化娱乐活动常态化。1961 年颁布的《体育振兴法》第 3 条明确提出，创造使广大人民利用任何机会、在任何场所都能够根据自己的健康状态锻炼身体的良好环境。从 70 年代初到 90 年代初，日本历届政府提出的经济计划都把建设福利社会、提高人民生活水平作为目标之一。生活的富裕极大地提高了国民的消费意识，随着劳动时间的缩短、休闲时间的增加，休闲体育在日本迅速发展起来。从日本人的个人消费支出来看，1960 年为 40.2兆日元，到了 1975 年增加到 145.4 兆日元，增加了 3 倍以上；从休闲消费占总消费的比例来看，1975 年和 1979 年分别是 21.5%和 22.8%，5年间只增加了 1.3%，而与体育相关的各种消费增加了 1.49%。按照日本全国综合开发中心的计划，1977 年日本人用于休闲活动的平均时间为 49 分钟，1985 年为 66 分钟，1990 年为 72 分钟，分别增长 1.34 倍和 1.47 倍。其中，体育活动占的比例非常高。据日本余暇开发中心发布的《1994 年余暇白皮书》显示，日本余暇市场的规模为 76 兆 9370亿日元，其中休闲体育为 6 兆 1360 亿日元。休闲体育的发展，促进了日本大众体育向多元化、大众化、兴趣化方向发展。如今，体育活动已经成为日本大众生活中的一部分。日本人还自己开发出不少新的运动项目（少部分从国外引进），包括新兴运动在内的体育运动项目共有 400多种，如场地高尔夫球、软式网球等，整个体育活动的领域非常广泛，甚至海上、空中都有运动项目。日本人从事体育运动的理由也是多种多样，大多数人从事体育活动是为了"寻找快乐和解闷"（由于各种压力太大），也有人是为了"增进健康和提高身体素质""同朋友和伙伴交流""运动不足"以及"增加同家人接触"等。

三、我国群众体育由大到强的建设目标、任务和措施

（一）大众体育强国的建设目标任务

回顾我国群众体育发展目标的历史演变，经历了两个阶段。第一阶

段（1949—1978年）的发展目标是：主要强调改造民族体质，为建设和保卫国家服务。第二阶段（1978年至今）的发展目标是：不断满足人们日益增长的体育需求。新中国成立以来，我国群众体育确定的正确的发展目标，为我国群众体育的迅速发展奠定了基础。2002年，党的十六次全国代表大会在提出的全面建设小康社会的奋斗目标中明确指出，"我们要在本世纪头二十年，集中力量，全面建设惠及十几亿人口的更高水平的小康社会，使经济更加发展、民主更加健全、科教更加进步、文化更加繁荣、社会更加和谐、人民生活更加殷实"。"全民族的思想道德素质、科学文化素质和健康素质明显提高，形成比较完善的现代国民教育体系、科技和文化创新体系、全民健身和医疗卫生体系。"2008年9月，胡锦涛总书记在北京奥运会、残奥会总结表彰大会上的讲话中进一步要求，要继续发展群众体育事业。体育是人民的事业。要坚持以人为本，把北京奥运会、残奥会激发的群众体育热情保持下去，增强广大人民群众特别是青少年体育健身意识，培养人民健身习惯，开展丰富多彩的群众体育活动和全民健身运动。要着眼于满足人民群众的体育需求，加强城乡体育健身场地和设施建设，健全群众体育组织，完善全民健身体系，为人民提供更多更好的体育公共服务，让人民分享体育发展成果、享受体育带来的健康和快乐，形成健康文明的生活方式。我国的群众体育要由大变强，其建设目标必须以党的十六大提出的全面建设小康社会的奋斗目标和胡锦涛总书记的重要讲话为指导思想，才能实现我国群众体育由大到强的转变。

芬兰和日本是目前世界上大众体育发展具有代表性的两个成功典型。其社会经济的发展过程与我国有许多相似之处。根据我国改革开放30年来的群众体育发展经验以及芬兰和日本大众体育发达国家的成功模式，结合我国群众体育发展的总体思路，未来十年我国群众体育的战略发展目标可以设定为：在2020年左右，基本实现全民健身事业与国民经济和社会事业协调发展的、惠及十几亿人口的多元化全民健身服务体系。

具体发展目标任务如下：

（1）逐步建成政府监督、社会组织管理、企业或个人参与，与社会主义市场经济体制相适应的群众体育管理体制和运行机制。政府部门国家体育总局与教育部或卫生部合作，主要负责促进群众体育事业发展或健康促进的战略规划、政策协调，通过制定和完善群众体育或健康促进政策，对群众体育的发展实施宏观调控、监督和指导，保证群众体育按照国家的发展战略和群众体育的发展规律协调、健康地发展。社会组织充分发挥沟通、协调和服务的职能，具体负责各项活动的管理和运作。企业或个人在国家的法律和制度允许的范围内积极参与群众体育的运作。

（2）进一步完善各项制度法规，形成系列群众体育法规体系。根据群众体育的发展需要，在场地设施、俱乐部的组建及经营管理、社会体育指导员的培训与设置等方面，制定针对性强、操作方便的阶段性制度、法规，形成系列群众体育法规体系，使群众体育在各项制度、法规的框架内，有序、规范、健康地发展。同时规定各级体育行政部门和地方政府在群众体育发展过程中的具体的监督职责，保证各项制度、法规能够顺利得到贯彻实施。

（3）加大基础体育设施建设和开放力度，初步建立完善的群众体育基础健身网络。在加大建设健身路径和必要的场馆设施的同时，在乡村和城市社区普遍建立健身活动室或健身活动站，条件好的城市社区和乡镇可以建立健身俱乐部；在不影响学校教学和企事业单位正常工作的前提下，最大限度地向社会开放学校和企事业单位的体育设施，在现有的基础上，提高 10%~20%，建立完善的群众体育基础健身网络。

（4）城乡、区域、阶层之间群众体育发展差距逐步缩小，群众体育普及程度明显提高。逐步提高欠发达地区体育锻炼人口、人均体育场地面积以及不同人群的体质水平；青少年、老年人的健身环境和条件明显改善；社会体育指导员的数量有较大幅度提高，达到 50 万人以上。

（5）休闲体育逐步展开，全民健身服务业初具规模。国家体育总局及相关部门倡导开展休闲体育活动，创建休闲体育发展的良好环境；同时大力发展全民健身服务业，实行规范化、社会化管理；给予相应优惠和扶持政策；加大服务行业人才的培养，使全民健身服务业具有一定发展规模。

（二）建设大众体育强国的对策措施

1. 深化体育管理体制改革，逐步实行群众体育社会化管理

体育管理体制和运行机制是影响我国群众体育发展的根本原因。主要表现在群众体育官办不分；基层组织队伍发展不健全以及经费来源渠道少，基层财政困难等。根据我国改革开放 30 年来的成功经验以及国外的先进发展模式，以政府监督、社团管理，明确分工、相互协调；地方体育行政部门及相关部门密切配合、科学指导，走社会化管理是群众体育管理体制改革的发展方向。首先，政府应该转变职能，制定群众体育发展宏观规划和政策，把握群众体育的发展方向；以财政拨款、公益彩票金及相关资金，给予资金保障；加强政府的监督、指导、建议职能。其次，加大社会团体管理职能，包括各行业、各部门的群众体育组织应积极组织实施和加强管理各种群众性体育活动，并且在业务指导和专业技术等方面，向体育活动中心、俱乐部、活动站等提供大力支持；在筹集资金上利用各种优惠政策，加大资金的筹集力度和渠道，保证群众体育活动的顺利开展；管理各类技术资格认定与考核等。第三，在税收、市场准入等相关政策上向企业及个人倾斜，使他们积极参与进来。一是采用捐资、赞助、参与活动或建设等使企业参与进来；二是以门票优惠、发放活动卡等形式引导群众积极参加体育活动。地方政府以及各级体育行政部门积极配合制定相关规章制度、做好相应的发展规划以及提高相应公共服务，使我国的群众体育管理体制成为适应社会主义市场机制、充满活力的运行机制。

在我国，群众体育管理体制改革是一个渐进、复杂的过程，涉及方方面面。在借鉴国外先进管理经验的同时，应结合我国的国情分阶段、分步骤逐步推进，也可试点推行，以点带面，全面铺开。

2. 加快群众体育法制化、制度化建设，为群众体育健康发展提供保障

"法规制度建设是群众体育持续、快速、健康发展的重要保障。"改

革开放 30 年来，我国的群众体育的法规建设已经取得了显著的成就，但是与国外相比，我国群众体育相关的法规制度建设还比较薄弱。法制意识淡薄、法制落实不到位、执法难度大、操作性差等问题还比较突出。国外的经验表明，针对性强、完整配套的法规制度是大众体育组织形式、场地规划管理、活动内容和经费的筹集的基本保证。国外立法的特点是：（1）保证大众体育工作与本国的经济发展同步，并日趋完善；（2）制定专项法律，明确大众体育的经费来源；（3）大众体育立法详细、具体，普遍关注各个阶层、各种群体、各种环境条件下的大众对体育的特殊需求。在借鉴国外法规制度建设优点的同时，我们首先要认真落实已有的法律规定，在此基础上，进行法规制度的创新，进一步制定和完善群众体育法规体系。如全民健身服务业税收优惠政策的制定、公益性群众性体育组织资金筹集机制的建立、体育场馆设施的经营管理制度的规范以及体育保险制度的立法等，特别是在体育场地设施的运营管理以及社会体育指导员的培训制度等方面，国外的一些好的经验值得我们借鉴。地方各级体育行政部门要根据本地区的实际情况，依法制定出相应的体育行政管理规定和制度，保证国家的法律法规得到正确的贯彻和执行。

3. 加强体育场地设施建设和管理，夯实群众体育发展基础

体育场馆设施是群众从事体育活动的基本条件，其数量、质量及使用价格等直接影响人们参加体育锻炼的积极性。与国外相比，我国在场馆设施的数量上还有较大的差距，在短时间内还无法满足群众体育的需求，在一定程度上制约了群众体育活动的开展。2003 年 8 月，国务院公布了《公共文化体育设施条例》，《条例》从规划、建设、经费、服务、管理和保护等方面确定了促进公共文化设施发展的基本制度，为我国体育场地设施建设和管理明确了基本发展方针。但是，目前我国的体育场地设施还存在较多的问题，如大型体育场馆闲置和群众性基础体育设施不足的现象并存；学校、企事业单位的体育设施的利用率还较低；健身路径的建设位置还有待于改进；经营性体育健身场所缺乏统筹规划和必要的管理措施等问题还比较突出。群众体育是一项公益事业，政府在加大投入力度的同时，通过多渠道引导社会资金积极参与，建设和改

善群众体育活动的环境和物质条件；同时，优化体育资源的合理配置，提高群众体育资源的效益；加强体育场馆设施的管理措施，为群众参与体育活动创造良好的软件和硬件环境。具体措施主要有：（1）制定有关体育场馆设施的专门政策或规划，对体育场馆的建设数量、标准以及位置进行规划，并且纳入城市、农村发展建设的一部分，以达到合理使用的目的；（2）体育政府部门应该和基层政府合作，共同提供基础性体育设施资金，加强城市社区、乡镇的健身活动室或站的建设，有条件的地方，可以配备一名社会体育指导员（自愿者或兼职），参与活动室或站的运营和管理；（3）具有一定规模的体育场馆与体育健身俱乐部合作，条件成熟的情况下，允许企业参与体育设施的经营和管理；（4）引导社会资金参与，实行谁建设、谁管理、谁经营的原则；（5）加大开放学校和企事业单位的体育设施的力度，明确管理各自职责，提高利用率。（6）设立体育场地设施建设的专门资金等。

4. 开展休闲体育活动，发展全民健身服务产业

随着我国经济的快速发展，开展休闲体育活动，发展全民健身服务产业是我国群众体育向大众化、多样化发展的目标之一。满足不同大众阶层的体育需求，引导群众提高锻炼质量与活动品味是社会发展的需要。随着休假制度的实行，劳动时间的缩短，休闲时间的增加，人民生活的富裕，以体育活动作为休闲方式人群越来越多，如健身美容、增强体质、玩耍、交友以及消遣解闷等。同时，发展体育彩票、体育器材、体育服装、体育赛事等全民健身服务产业有利于提高人民的生活质量和我国体育运动的普及程度；有利于扩大内需，拉动经济增长；也有利于转换发展体育事业的运行机制。休闲体育在我国虽然已经起步，但与国外相比，还有较大的发展空间。为了积极开展休闲体育活动，发展全民健身服务产业，首先，认真贯彻落实国家"十一五"时期文化发展规划纲要的精神，把全民健身服务产业发展成为"十一五"时期我国文化发展的重要组成部分；其次是体育行政部门与其他相关部门一起制定相关政策，特别是在税收等方面给予优惠政策，培育全民健身服务产业的发展环境；第三，建立适合社会主义市场经济发展的社会化管理机制；第四，培育具有市场经营和体育专业知识的复合型人才；第四，把开展休

闲体育作为政府体育发展规划的重要内容之一。

5. 加强学校内外体育互动，培养学生终生体育锻炼习惯

有关资料显示，大部分成年人具有的良好锻炼习惯都是在青少年期间建立的。因此，学校体育工作是从根本上为我国群众体育可持续发展培养体育人口，扩大我国体育人口的数量和提高体育人口的质量，培养学生终生体育锻炼习惯，养成良好生活方式的重要基础。但是，学校体育的内容毕竟是有限的，并且以学生学习为主，因此，在做好校内学生体育工作和锻炼的基础上，积极促进学生参加校外的体育活动及相关活动，不仅可以增强学生的体质，养成良好的体育锻炼习惯，也可以加强学生的活动范围和交流的机会，培养学生健康、活泼的人格。

加强以学校为中心的体育工作，增强学生体质，培养学生终生参加体育锻炼的良好习惯，我们应该做好以下几方面的工作。首先，学校体育应树立"健康第一"的教育思想。走出体育教学内容竞技化、体育教学过程技术化、体育教学组织一体化和体育教育目标达标化的误区，树立学校体育新的健康理念。其次，提高学生对扩大和延伸体育锻炼的功能和作用的认识。把体育锻炼作为沟通和交流的载体，加强家长与孩子间的交流，加深同学间的友谊；以愉悦身心为目的，积极参加各种有益体育活动；以强身健体为手段，按照一定的时间、强度定期进行课外体育锻炼，最大限度地使体育锻炼或身体活动的功能向家庭、社区以及全社会延伸。第三，建立以学校为中心连接家庭、社区的儿童青少年体育锻炼习惯保障机制。主要内容有学校建立体育锻炼习惯综合有效评价体系（主要包括对教师体育课教学质量和课外体育锻炼指导的评估、教师对儿童青少年体育锻炼进行规范性指导制度、学生的体育成绩以及锻炼时间等）；社区提供健身场所或场地；家庭合理安排营养的摄取以及保证睡眠时间等。通过教师与家长的密切配合，积极引导和加强监督，合理安排营养的摄取、科学指导体育锻炼、保证必要的休息或睡眠时间，使三者成为儿童青少年日常生活方式的良好习惯，为终身体育锻炼打下良好的基础。

因此，以学校为中心，在完成体育教学任务的前提下，加强学校内外的体育互动，开展形式多样的课外体育活动，保证学生每天参加体育

活动一小时，是培养儿童青少年终生体育锻炼习惯的有力措施。

6. 缩小城乡、区域、阶层差距，促进群众体育全面发展

由于我国地域辽阔，自然环境差异较大，特别是由于经济原因，以及由此而派生出来的其他社会因素、如受教育程度、价值观念、生活方式等，导致我国不同地域之间、城乡之间以及不同阶层之间的群众体育发展存在着巨大的非均衡现象。因此，促进群众体育的发展，要因人、因地制宜，分类指导，采取不同对策。

在欠发达地区，农村群众体育工作已经成为我国群众体育事业战略发展的重要内容。2003 年胡锦涛在中央农村工作会议上指出，全面建设小康社会最艰巨、最繁重的任务在农村。2004 年国务委员陈至立在全国体育局长会议上的讲话指出，没有农村体育事业的发展，就没有全国体育事业的全面发展。因此，我们应该根据我国欠发达地区的实际情况采取不同措施： （1） 各级地方政府以及体育行政部门应认真落实《农村体育工作暂行规定》，将发展农村体育作为群众体育全面发展的重要步骤，以全面建设小康社会的要求重视和发展农村体育；政府要利用彩票公益金和国家行政拨款，根据不同地区的具体情况，加大"雪中送炭"和全民健身路径的建设力度，并结合当地的实际情况，扶持一批与全民健身相关的企业，在政策上予以扶持和优惠，产生造血功能；以当地政府为主导，结合本地区社会经济发展规划，根据实际情况，通过挖掘传统体育项目，结合旅游、传统节日，开展适合当地实际情况的体育健身活动，一是转变传统观念，二是通过传统节假日，结合旅游开展传统体育活动，作为其当地经济发展的增长点；与卫生医疗相结合，在条件允许的乡镇、村以建立健身活动室、体质监测站（所）为平台，健全政府组织管理机构，强化基层政府的组织管理职能。 （2） 坚持城乡、区域文化的协调发展，按照建设社会主义新农村的要求，加大对农村及中西部地区的文化投入，形成城市带动农村和东中西优势互补、良性互动的发展格局。 （3） 政府在建设"全民健身路径"等公益项目时，应充分进行调查研究，根据当地社区居民的体育需求状况，确定建设地点、规模和形式，确保"全民健身路径"等公益项目的使用率，以免成为虚而不实、授而不惠的形象工程。

在发达地区，（1）应注意满足不同层次的需求和引导群众提高锻炼质量与活动品味，合理布局"全民健身活动中心"和健身路径的建设；逐步推行社会体育指导员职业资格证书制度，建立社会指导员工作队伍和社区群众体育活动网络；以全民健身日、周以及各种健身活动为契机，以社区为舞台开展不同形式的群众体育活动。（2）政府应加大老年人、残疾人、民工群体、低收入人群的公共体育锻炼的管理，特别是老年阶层的人群，采取不同政策，使他们享受体育给他们带来的新享受和快乐。据新华网的报道，我国正开始进入人口老龄化快速发展期，老年人口由年均增加 311 万人发展到年均增加 800 万人。如何应对老龄化社会的到来，发挥群众体育在老年人群中的作用，是群众体育发展的重要课题。根据国外的发展经验，一是体育部门与卫生等部门积极协作，制定适合老年人积极参加体育活动的政策和计划，并设定具体目标；二是鼓励地方政府、群众体育组织以及老年人组织等开展丰富多样的老年人体育文化活动，如运动会等；三是公园、体育场馆、俱乐部等为老年人提供免费或优惠政策；四是继续建设老年大学、学校，加强老年人的教育，提高老年人对体育活动的认识，把体育活动作为老年人一种积极的生活方式；五是建立老年人专门的体育、娱乐活动中心，为老年人提供交际、活动、娱乐的场所，丰富老年人的业余文化体育生活。

未来 10 年中国经济社会发展对体育事业的需求

杨越（执笔）

体育是社会发展和人类文明进步的重要标志，是综合国力和社会文明程度的重要体现，是我国经济社会发展过程中的重要新兴力量。作为以经济建设为中心的发展中国家，经济社会发展需求是我国体育事业未来发展的根本动力，同时也是胡锦涛总书记去年 9·29 讲话中提出"中国体育由体育大国向体育强国迈进"战略的出发点。我国体育事业发展的主要经济社会背景包括：我国体育事业所依托的经济社会制度、不同历史阶段我国体育事业的国家发展战略、我国未来人口变动趋势、我国经济发展前景、社会事业整体发展前景五个方面，其中"以经济建设为中心"的党的基本路线是我国经济社会发展的主线，是决定未来体育事业发展的核心因素。

一、我国经济社会制度对体育事业的要求

我国的基本制度是中国共产党领导的建设中国特色的社会主义制度。从建设社会主义的阶段来看，当前我国正处于社会主义初级阶段，实行以公有制为主体、多种所有制经济共同发展的道路。

从时间上看，至少到 2050 年之前,我国仍将是社会主义初级阶段。因此，我国各项社会事业发展的基本方针仍然是"一个中心、两个基本点"。对于中国体育事业而言，未来 10 年的发展道路应当也必须依从于这个基本方针。

2008 年我国成功举办奥运会，是我国体育事业实现的历史性突破，同时也是我国体育事业进一步深化发展的关键转折点。

笔者认为，下一步中国体育事业的发展方向首先取决于我国的基本

经济社会制度背景。对未来 10 年中国体育事业而言，"一个中心"意味着体育事业既是我国经济建设事业整体中的一项重要内容，同时也为其他经济建设事业提供精神支持和人力保障；体育事业既有其相对独立的建设任务，也与其他各项经济社会事业相互依存，共同发展。"两个基本点"意味着在 2008 年后的新历史阶段，中国体育事业发展必须以深化改革和开放为主要途径，以维护四项基本原则为基本准绳，最终服务于社会主义初级阶段的经济建设。这是我国体育事业由大国向强国迈进战略的根本要求和基本路径。

二、不同历史阶段我国体育事业发展战略比较

体育事业是我国经济社会发展中的重要组成部分，不同的经济发展阶段决定了我国体育事业在特定历史时期的目标与任务。根据不同时期我国经济社会发展战略的要求，从历史沿革角度，我们将中国体育事业发展分为三大阶段。第一阶段是新中国成立到十一届三中全会，这是我国体育事业建立、追赶时期；第二阶段是改革开放以来至 2008 年北京奥运会，这一阶段是我国体育事业与市场接轨的飞速发展时期，并在北京奥运会达到顶点；第三阶段是北京奥运会之后至 2020 年的"新的可持续发展期"，也是胡锦涛总书记对体育事业提出的"由体育大国向体育强国迈进"战略实施期，这一战略的特色是实施"以人为本"的体育"可持续发展战略"。

根据这种划分，我们利用表格的方式对体育事业的运行机制、体育事业各组成部分的发展战略进行比较，重点勾画出未来 10 年我国体育事业发展蓝图（表1）。

表 1　中国不同时期的体育事业发展战略

	追赶时期 (1950—1978 年)	转轨飞速发展期 (1978—2008 年)	新的可持续发展期 (2008—2020 年)
国家发展战略目标	追求高速度，赶超英、美，2000年实现"四化"	以物为中心，追求高增长。GDP 翻两番，达到并完善小康	以人为中心，统筹兼顾，科学发展，新翻两番，全面建设小康
体育事业发展目标	追求竞技体育零突破、推广各项群众体育运动、增强人民体质	以奥运会和树立体育大国形象为目标，优先发展竞技体育；确立群众体育地位；初步建立体育经济各门类，取得"体育大国"国际地位	以人为本，更加有效地提供人民群众需求的体育公共服务，实现体育强国战略。包括发展以"健康、快乐"为主题的群众性体育；保持以运动员为中心的竞技体育优势；完善体育市场经济机制，增强体育经济影响力
投入	国家转移支付投入为主	国家转移支付投入为主，系统内部创收投入为辅，发挥体育彩票特殊的公共投融资作用	调整国家投入结构，提高资源使用效率，拓展社会投入渠道，增强社会投入积极性；提高体育产出能力，培植新税源，反哺公共事业
产出	初步建立各类体育项目组织、推广各类群众性体育锻炼活动、培养选拔专业运动人才、初步建立体育基础设施	集约管理体育系统内部组织、强化面向特定人群——运动员的专业服务；开展各类群体性健身服务；大力推进系统内体育基础设施建设	提供面向全社会的体育公共服务，包括竞赛组织服务，群众体育活动的组织、指导、推广服务，体育经济公共管理服务，体育基础设施建设与管理服务
类型	专项事业型	公共事业型	公共服务型
体制	封闭型举国体制	转轨型举国体制	开放型市场体制

	追赶时期 （1950—1978 年）	转轨飞速发展期 （1978—2008 年）	新的可持续发展期 （2008—2020 年）
体育事业内部各组成部分发展战略			
1. 群众体育	1952 年，毛泽东同志题写"发展体育运动，增强人民体质"，奠定了新中国体育事业发展的基调。随后实施了准备劳动与卫国体育制度、国家体育锻炼标准制度、广播体操制度等，群众性体育活动蓬勃展开	1995 年，全国人大颁布《中华人民共和国体育法》；国务院批准下发了《全民健身计划纲要》。2009 年 9 月，国务院公布了《全民健身条例》，建立全民健身长效机制	"健康、快乐"为主题的群众体育是体育强国战略中的核心内容，是"和谐社会"的主要标志之一。未来群众体育的主要任务是：借鉴其他体育强国经验，创新群体活动组织模式，扩大群众体育规模。在人民群众收入不断提高，体育需求呈多样化趋势背景下，以"俱乐部制""社区化"等新形式促进群众体育活动的市场化、社会化、个性化。群众体育管理逐步由"政府投入、政府组织"的传统模式向"群众自觉、政府引导、社会投入"模式转变，维护公民体育权利，满足人民群众多样化体育需求
2. 竞技体育	1956 年，陈镜开打破了轻量级挺举世界纪录，成为我国第一个创造世界纪录的运动员；1959 年，容国团在第 25 届世界乒乓球锦标赛中成为中国历史上第一个世界冠军	1984 年，中国在洛杉矶奥运会上实现了奥运金牌"零"的突破。在北京奥运会上，中国获得 51 枚金牌、100 枚奖牌、位列金牌榜第一，创造了中国竞技体育新辉煌	竞技体育是我国实施体育强国战略的基础，是国家综合实力的表现，也是当前我国体育事业的比较优势。未来竞技体育的主要任务是：继续保持中国竞技体育领先优势，完善以运动员为核心的中国体育人力资源培养、开发、保护机制；探索竞技体育资源向群众体育和体育产业转化机制，发挥竞技体育对体育事业整体的引领作用；增加体育科技投入，加大竞技体育科技含量

（续表）

	追赶时期 （1950—1978 年）	转轨飞速发展期 （1978—2008 年）	新的可持续发展期 （2008—2020 年）
技术路线	自主开发型	资本密集型	技术密集型
3. 体育 产业		初步建立职业体育市场，在特定项目上形成了具备一定规模的国内联赛；综合性运动会的市场开发取得了良好的效益；已成为世界最大体育用品制造基地	体育产业是体育强国战略的经济基础，也是我国体育事业与其他体育强国相比在总量、结构、运行效率等方面表现最薄弱的环节。未来我国体育产业的主要任务是：以职业体育市场化改造为突破，转变政府角色，建立基于市场机制的中国特色职业体育运行机制；增强政府产业管理职能，完善提高我国体育产业竞争力的公共政策体系；提高体育系统内部经济资源的利用效率和开放速度，促进社会转化。最终形成以体育产业发展带动群众体育、竞技体育发展的新格局

三、我国人口发展对体育事业的要求

（一）我国人口发展现状与趋势

1. 庞大的人口数量

庞大的人口数量一直是中国国情最显著的特点之一。虽然中国已经进入了低生育率国家行列，但由于人口增长的惯性作用，当前和今后十几年，中国人口仍将以年均 800 万～1000 万的速度增长。按照 2005 全国人口抽样调查预测，2010 年和 2020 年，中国人口总量将分别达到13.7 亿和 14.6 亿；人口总量高峰将出现在 2033 年前后，达 15 亿左右。

2. 进入老龄社会的人口结构

2000 年, 65 岁以上老年人口比重达 7%以上, 根据国际标准, 中国已经进入老龄社会。当前, 中国老龄化呈现速度快、规模大、"未富先老" 等特点。根据目前人口增长速度, 到 2020 年, 65 岁以上老年人口将达 1.64 亿, 占总人口比重 16.1%。也就是说, 未来 10 年是我国享受 "人口红利" (即 15~64 岁劳动力人口占总人口的比重上升到 70% 左右) 收益的最后 10 年。在这一时期, 只有妥善解决就业, 增加人力资本, 并完善社会保障制度, 才可以保障在 2020 年之后我国人口的老龄化加深时期的经济社会可持续发展。

3. 医疗支出形势严峻

从当前已经进入老龄化的其他体育强国来看, 老龄化社会的首要经济社会特征是国家的公共医疗支出占据了国民经济的突出位置。比如 2008 年美国医疗费用支出占据了 GDP 的 16%, 人均医疗支出 5000 美元以上, 其他发达国家如日本、英国、法国等这一比例也在 8%以上, 并不断攀升。从支出结构来看, 无论是实行社会统筹为主还是社会保险为主的医疗体制, 医疗费用膨胀最终给所有进入老龄化的国家都带来了前所未有的财政压力。当前, 我国医疗体制改革尚未完毕, 而医疗支出增长速度却远超 GDP 增长并呈加剧上升态势, 考虑到当前我国人均 GDP 水平和未来老龄化的速度, 可以说, 我们的形势更为严峻。

面对复杂的人口问题, 尤其是老龄化问题, 中国政府从全面建设小康社会和构建社会主义和谐社会的战略高度出发, 高瞻远瞩地提出坚持 "以人为本"、全面协调可持续的科学发展观, 通过不断完善人口政策与方案, 用人的全面发展统筹解决人口问题的国家人口发展战略。在此战略下, 体育的作用尤其重要。

(二) 体育促进我国人口发展的特殊作用

根据人口理论和我国人口变动趋势, 未来我国人口发展必须面临两个层面的问题。一是宏观层面上的老龄化社会中实现我国经济社会可持续发展的问题；二是微观层面上的个人如何在未来生存条件下实现自身全面发展的问题。在这两方面，体育都以其本身所固有的特性发挥着重要作用。

1. 体育是老龄化社会构建国民健康基础、缓解医疗支出压力的重要调节器

造成当前世界主要发达国家面临的医疗困境的原因主要来自两方面。第一，随着人类科技水平、生活质量的提高，人类对抗自然疾病的手段不断提高，医疗需求的标准不断上升，但成本却居高不下，在医疗支出结构中非就业人群（老年人为主）占据 70% 以上比例的客观条件下，无论是实行现收现付制或者是基金制的保障体制，医疗资源（包括人力资源与物质资源）的实际供给却只能由当期就业人群利用有限的资源生产提供，供给与需求的矛盾突出。第二，现代人类生活方式转变给所有年龄层的人群都带来了新的健康风险，比如根据联合国卫生组织统计，进入新世纪以来，发达国家心血管疾病占据了医疗费用的近 40%，呼吸系统疾病也不断上升，这两大疾病不仅影响到老年人的健康，更有大肆侵蚀中青年就业人群的趋势，成为当前医疗支出上升的主要原因。

体育在上述两方面都能发挥重要的调节作用。第一，从人类生命周期看，医疗与体育两者在不同的生命阶段发挥着不同的健康保障作用：老年退休阶段，医疗为主，体育健身为辅；年轻从业阶段，则是体育预防为主，医疗为辅。因此，在人类生命前期的体育健身投入不仅是保持当期就业人群生产能力、生产效率的基础，更是未来目标人群老龄化之后继续保持健康体制、缓解医疗支出压力的重要手段。第二，以心血管疾病为主要病因的新疾病威胁归根到底是由于人类的生产生活方式发生的根本性转变造成的。体育虽然不能直接解决这些疾病，然而却是最有效的预防和改善手段。体育改变的不仅仅是身体机能对抗疾病的能力，更是建立现代健康生活方式从而克服现代文明对人本身造成的身心压力和相关健康威胁的主要手段。

正因如此，当前以美国为首的发达国家，已经越来越重视发挥体育健身活动对构筑国民健康的综合作用，社会医疗保障体系的模式正在由

单纯的医疗投入向医疗与体育并重的"国民健康计划"模式转变。

2. 体育是实现人自身全面发展的内在要求

体育是人类进入文明社会后人本身发展需求的特殊反映。它是人类在体育生活和体育实践中创造,并通过有形的身体形态、动作技能、运动器材、物质以及无形的意志、观念、时代精神反映出来,完成自我发现、自我实现目标的本体化需求。尤其在当今市场经济体制下的竞争环境中,人们通过自身身体的对抗和借助体育载体的对抗所获得的竞争、公平、公正、进取、释放等精神满足,是其他任何社会文化活动所无法替代的。这也正是当今世界发达国家普遍重视国民体育素质的根本原因所在。在我国经济社会发展的新历史阶段,体育不但是我国公民在未来经济社会条件下实现自身全面、协调发展的重要权利,同时也是以人为本的"和谐社会"的重要标志。

(三) 与其他体育强国比较我国体育事业促进人口发展方面的主要差距

当前,虽然我国体育事业(特别是竞技体育)已经取得了举世瞩目的辉煌成就,然而就体育事业在促进我国人口发展的作用来看,我国与其他体育强国相比还存在着很大差距。

1.我国"体育人口"[①]大而不强

对体育事业而言,我国的体育大国地位建立在中国是人口大国基础上。根据 2002 年公布的数据,我国"体育人口"的绝对数量位居世界前列,但体育人口的比例并不高,仅为 33.9%,远低于其他体育强国

---

①体育人口,指经常从事身体锻炼、身体娱乐,接受体育教育、参加运动训练和竞赛,具有统计意义的一种社会群体。各国判定体育人口的标准有所差别,我国体育人口的判定标准为"每周有目的、有规律地锻炼三次,每次锻炼时间为 30 分钟以上,每次锻炼达到中等运动强度"。在测度指标强度上我国标准处于中等水平。

60%以上的水平。另一方面，我国体育人口的结构非常不合理，呈现明显的"U"型分布。主要表现为非就业人口的少年儿童（尤其是在校生）和老年人体育人口比例高，正在或者即将就业的中青年（尤其是离校就业人群）体育人口比例很低。

2. 就业人口的体质下降最令人担忧

从上述我国人口发展趋势来看，未来 10 年是我国分享"人口红利"的最后 10 年，这段时间内我国人口素质，尤其是就业和即将就业人口的国民体质能否得到有效提升将直接影响到未来中华民族的竞争力和可持续发展能力。

然而，实际情况却令人吃惊。

一方面，从即将就业人口来看，在"体育人口"中比例最高，锻炼机会较多的"在校生"，其体质健康状况呈连年下降趋势。根据 2005 年全国学生体制与健康调查结果看，2005 年与 2000 年相比，我国大、中、小学生的肺活量、速度、爆发力、力量、耐力等指标持续下降，肥胖检出率和视力不良检出率居高不下。另一方面，从目前已经就业人口的情况来看，这部分中青年人群处于我国体育人口"U"型分布的最底端，是人数最多、体育锻炼却最少的人群，其身体素质下降更加严重。与其他同样处于人口红利阶段的非移民①体育强国相比（比如 1950—1990 年的日本），当前我国"经济增长"与"国民体质提高"两项指标未能形成良性互动，说明我国体育事业在提高国民体质方面的作用远远未能发挥。

3. 体育供给机制严重滞后于人口结构变化

当前，学术界已经对我国体育供给与需求矛盾展开了多项深入探讨，基本的结论是：无论是体育硬件基础（如体育场馆规模、人均体育

---

① 与美国、澳大利亚等移民国家不同，中国、日本的人口老龄化问题只能依靠自身解决。而且从趋势上看，未来 10 年中国仍然是劳动力输出大国，因此未来我国老龄化的经济社会压力更大。

面积等），还是体育软件基础（如群众性体育活动的组织化程度，体育服务的种类、规模等），我国现有的体育供给已经满足不了未来老龄社会的"压力主体"——"中青年"对体育的多样化、专业化、个性化、娱乐化的体育需求。造成这种供需矛盾的根本原因在于，我国当前体育产品的供给体制依然遵循传统体制下由国家组织安排体育产品的模式，体育市场化进程未能跟上人口结构发展趋势。其他体育强国的发展实践证明，体育活动完全是居民个人选择的结果，体育产品与其他公共事业（如文化、医疗）的公共产品属性不同，更加接近于私人用品，只有通过市场机制配置资源才最有效率。传统体制虽然对于体育系统内部的资源循环与利用效率较高，但是一旦这种体制面对社会需求，尤其是面对市场化环境中消费者的多样化私人需求，其资源配置的效率远远不如市场机制。笔者认为，当前，我国体育事业发展市场化不充分的突出表现就是：公共部门动用了大量公共资源，提供了相当规模的传统体育产品，但这种产品却并非市场选择的结果，客观上造成了体育事业供给与社会需求之间的反差，并引发了种种社会争论。

4. 我国体育观念、体育文化落后于西方发达国家

一方面，东西方体育观念不同。在我国传统体育观念中，体育需求不同于衣食住行、医疗等人的"生存需求"，而是属于人的"发展需求"，只有在生存条件改善、闲暇增多的社会条件下才能进入兴旺发展期。而西方体育观念在形成之初就是按照"生存需求"发展的（如古希腊时期的雅典、斯巴达文化），并且通过政治、经济、法律等社会制度建设加以完善，当代西方体育强国在体育文化建设上实际是融合了体育在人类生存、发展两方面的内涵。我国传统体育观的这种差距最直接的经济表现就是体育商品的需求价格弹性较高，非常容易被其他非体育行为所替代，并由此导致了我国国民体育活动的种类、家庭体育消费的比重、体育观念普及与重视程度都与西方体育强国存在巨大差距，制约了我国体育事业的进一步发展。

另一方面，我们必须看到，体育观念差异根源于文化底蕴的不同，体育的东西方文化差距很大。西方体育文化源于古希腊，并通过奥运会发扬光大直至现代。这种体育文化根植于西方文明基础，并通过西方经

济社会制度的演进不断得到强化。比如以竞争为基础的市场经济体制就是现代西方体育文化最充分的表达。反过来这种体育文化又进一步促进了西方经济社会的不断进步。而东方体育文化虽然也有竞争性的内容，但更强调人与自然的和谐统一。两种文化体系各有优势，但重点不同。笔者认为，在我党确定了"以经济建设为中心"发展社会主义市场经济目标的今天，要发挥体育对经济社会的积极作用，就必须打破我国传统体育观念中的障碍，吸收西方体育文化中的优秀成分，最终创造出中国特色的新型体育文化。可以说，新型体育文化建设是直接关系到我国未来能否实现体育强国战略的根本任务。

5. 体育事业与其他公共事业部门的配合机制有待完善

体育由于其文化内涵和社会功能的特殊性决定了它是与其他社会事业联系最为广泛的事业。比如，体育与教育、体育与医疗卫生、体育与文化、体育与旅游等。当前我国其他公共事业也大多处于改革的关键时期，但包括体育事业在内的各项社会公共事业又都处于自我封闭、相互独立的管理系统之内，因此客观上导致了我国体育事业难以像其他体育强国那样有效发挥体育对其他公共事业的配合推动作用，体育的功能得不到充分发挥。这也是我国公共事业下一步整体改革的难点和关键所在。

四、我国经济发展对体育事业的要求

（一）体育经济发展是我国经济发展的内在要求

1. 体育经济发展是各主要经济大国和体育强国的共同特征

经过 30 年的改革开放，中国经济的增长速度一直保持在世界领先水平，截至 2008 年，我国国民生产总值已经达到了世界第三的水平。从我们选取的代表性经济大国和体育强国比较来看（表 2），除中国外其他国家体育产业的规模平均达到了 GDP 比重的 2.13%。2008 年我国体育产业的比重仅为 GDP 的 0.68%，远落后于其他经济大国和体育强国。这一方面说明我国体育产业的规模小，对经济增长的贡献不足；但另一方面也表明未来我国体育经济提升发展的空间很大。

表2　世界各国2008年GDP排名及体育产业比重

排名	国家	GDP 总值（万亿美元）	增长速度（%）	人均 GDP（美元）	体育产业占 GDP 比重（%）
1	美国	14.33	1.4	46859	2.86(2009 年)
2	日本	4.844	0.7	38559	2.24（2007 年）
3	中国	4.222	9.0	3315	0.68（2008 年）
4	德国	3.818	1.7	44660	1.99（2008 年）
5	法国	2.978	0.9	46015	2.85（2008 年）
6	英国	2.787	1.1	43785	1.830（2005 年）
7	意大利	2.399	0.0	38996	——
8	俄罗斯	1.757	6.0	11806	——
9	西班牙	1.683	1.3	35331	1.6（2005 年）
10	巴西	1.665	5.2	8197	2.1（2008 年）
14	澳大利亚	1.069	4.0	47400	1.5（2008 年）
15	韩国	0.9535	4.9	19504	2.23(2005 年)

注：表中排名顺序按照 GDP 总量大小排列。

资料来源：GDP 总量和增长速度数据来源于《The World Factbook》，2008 年 2 月；体育产业数据来源于各国专业统计渠道①。

2. 体育经济发展是当前我国经济发展阶段的必然要求

2008 年我国人均 GDP 为 3315 美元，在 2008 年和 2005 年美元指

①体育产业所占比重依据各国体育产业规模相关数据（有些国家数据未能统计到 2008 年）与该国当年国民生产总值数据计算得到。其中，我国体育产业规模根据第一次全国经济普查招标课题《中国体育产业发展规模、现状与存在问题研究》（杨越等）公布数据计算；英国、法国、西班牙、巴西、澳大利亚数据来源于所在国国家统计部门；美国数据来源于美国 Plunkett 研究公司 2010 年专题报告；韩国、日本数据由所在国奥委会提供。

数平均值浮动不大的假设前提下，根据目前公认的工业化与经济增长理论，可以对当前我国经济发展阶段作基本判断：中国当前处于工业化中期阶段，即成熟工业化阶段。从特点上，成熟阶段是一个工业化的扩散期。在这个阶段，投资拉动经济的增长模式依然持续，但是投资可能会在一个区间内窄幅波动，与之相伴的是城市化的加速和产业结构剧变，尤其是包括体育服务业在内的第三产业的迅速扩张。作为消费型产业中最有魅力的朝阳产业，体育产业是我国当前进入成熟工业化阶段后可以获得长足发展的新兴产业。

（二）奥运会是我国体育经济发展的历史性机遇

从 1984 年洛杉矶奥运会以来，奥运会主办城市都更加注重本国体育经济的发展，尤其重视奥运会后期体育经济对城市文化、经济的带动作用。奥运会对体育产业的影响主要体现在扩大体育消费需求、扩张体育投资、优化体育产业结构、创新政府体育经济管理四个方面，其中政府部门对体育经济的促进至关重要。作为 2008 年奥运会的主办国，奥运会是我国发展以体育为代表的消费性服务业的历史性机遇。随着我国经济发展，体育产业在扩大消费、稳定投资，进而拉动经济增长中的作用愈显重要。

奥运会作为全球规模最大的体育赛事，其产业影响最直接也是最长远的就是对主办国家体育文化产业和城市体育功能完善的影响。奥运会对主办国体育经济的影响在汉城、巴塞罗那奥运会表现尤为突出，另一方面，这两个城市在主办奥运会时所处的经济发展阶段也与北京最为相似。通过举办奥运会，这些主办国家的体育竞技水平和体育产业规模都得到了扩张，体育、文化、旅游等产业成为这些主办城市和国家新的支柱性产业，极大地促进了主办城市的产业升级，尤其是确立了其国际体育中心城市的地位。今天的汉城和巴塞罗那都已成为世界著名的体育文化中心，韩国和西班牙的体育经济已经成为两国重要的经济增长源泉。图 1 显示了巴塞罗那、汉城奥运会后 5 年中奥运相关服务业的比重，两者的共同特征是：随着奥运会短期经济刺激效果的减弱，前期增长最快的建筑业、运输业等产业的发展速度放缓，而体育、文化产业却可以获得巨大的提升。

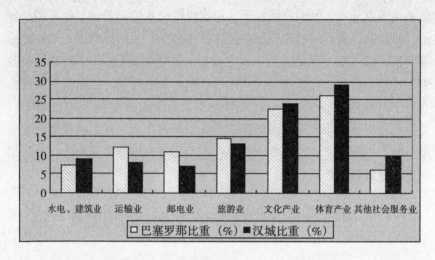

图 1 奥运会后主办城市相关服务业增长比较图

资料来源：working paper, 2006

2008 年北京奥运会的成功主办一方面使我国获得了展示大国形象、扩大中华文化传播的实际效果，另一方面也加速了中国的体育基础设施建设、体育投融资模式创新、体育市场开放与开发、体育偏好形成，尤其是体育管理模式与国际接轨等一系列体育经济层面的重大利好。可以说，2008—2020 年正是我国利用这些奥运会带来的前所未有机遇创立发展起具有中国特色体育经济的历史性阶段。

（三）体育经济是应对金融危机的特殊产业经济

2008 年，美国次贷危机引发的国际金融危机迅速向全世界蔓延，并已经突破虚拟经济的范围，严重影响到世界实体经济的稳定和发展。当前，虽然国际金融形势局部有所缓和，但对中国而言，这场国际金融危机还将在较长一段时期内对我国的投资结构、经济结构调整、管理体制改革等方面产生影响。面对全球金融危机，寻找新的增长点、扩大就业并保持社会稳定成为各国结构调整的重点。从国外经验看，体育经济已经成为金融危机背景下提高改善经济结构、提升社会人气、促进经济由短期回暖向中长期转化的亮点产业。

1. 体育是当代世界范围内的活跃产业

首先，体育产业是跨部门型产业，以体育为媒介的体育产业涵盖了体育用品制造与销售业、体育场馆建筑业、竞赛表演与健身娱乐等主导产业，同时带动了体育传媒、体育旅游、体育中介、体育信息服务等相关产业，是跨越第二、第三产业的综合性产业体，因此，体育产业的兴旺和带动作用远远超过其他单一型服务业。根据对以北京为代表的我国发达地区投入产出测算，我国发达地区的体育产业综合波及效果已经超过旅游业、住宿餐饮业等传统带动行业，其中以大型赛事产业的波及效果最为显著。

其次，体育产业同时又是社会关注极高的"焦点产业"。体育产业能够成为一项焦点性战略产业，并不仅仅表现在经济总量指标上，更表现在其对国民生活状态的文化影响力上。在体育经济活跃的发达国家，体育休闲占据了居民闲暇的很大比例，成为居民健康消费和精神享受不可或缺的项目，从而改变了人们的生活方式和生活理念。尤其值得我们关注的是，进入 21 世纪以来，体育作为全球关注的"魅力产业"已经成为发达国家继信息、金融等生产性服务业之后，向发展中国家积极输出的又一项重要文化产业，构成了发达国家全球新文化战略的重要组成部分。

2. 体育是危机时期扩大内需的重要产业

金融危机对我国经济影响突出表现为民间投资不足、出口急剧下降。因此，面对金融危机，我国决策层已经陆续出台了一系列大规模投资计划，并已经取得了预期效果。体育扩大内需的作用主要来源于三个方面。

第一，投资。我国是世界范围内最大的新兴体育市场，有消费能力的中青年体育人群已经形成并正在逐步分化进入各种细分市场，体育产业的投资吸引力很高，这也是新世纪以来国际、国内民间投资大举进入中国的根本原因。

第二，消费。从长期看，面对金融危机，我国在保持投资带动的同时，如何启动消费是内需保持持续增长的关键。作为需求价格弹性高，替代性强，个性化、多样化特点明显的消费品，体育产品能够满足各种收入阶层的多样化需求，当前的主要问题是如何提高体育消费在居民可支配收入的比重。

第三，出口。我国是世界体育用品主要出口基地，是金融危机打击最严重的行业，然而从调查结果看，体育用品业情况特殊。比如 2009 年，我国主要体育用品国内品牌的销售额并未出现大幅下降，被调查样本企业的平均库存率更远低于其他制造业。其原因主要在于国内很多体育用品厂商已经初步建立起比较完善的国内营销网络，在国外体育用品品牌（如耐克、阿迪达斯）受金融危机打击的同时，国内品牌的内销产品反而增长，这进一步说明了我国体育内需的增长潜力。

3. 体育是克服经济衰退的明星产业

金融危机引发的全球经济衰退带来两大主要社会问题：人气下降与就业下降。从此次金融危机的发源地——美国的体育经济运行来看，在金融危机最严重的 2009 年，尽管在危机前期各大体育赛事均受到企业赞助大幅下降的打击，但除 Nascar(美国国家赛车联合会)之外，美国传统四大职业联赛（NFL,NBA,MLB,NHL）的总收入反而增长了 8.1%，体育赛事的观众数目增长了 14.8%。尤其值得关注的一个现象是，在美国直接由企业出资鼓励员工参与健身运动的项目不断增多。

纵观 2008—2009 年美国体育产业，除体育服装销售出现小幅下降之外，竞赛表演业、体育健身娱乐业、体育健身设备制造与销售、体育传媒、体育中介等均保持稳定增长势头，与当年美国其他部门经济的衰退形成了强烈对比。

从全球体育市场来看，金融危机虽然在开始阶段造成了全球体育服务贸易和体育商品贸易额的下降，但很快就进入了恢复增长期，目前体育产业已经成为全球贸易体系中率先恢复增长的明星行业。造成体育产业这种反衰退现象的原因在于，一方面，在经济低迷时期人们的闲暇增多，对体育消费的参与度提高；另一方面更重要的是，体育产业作为与人们精神状态和健康状态直接相关的"人气产业"，是人们释放生活压力、寻求积极向上动力、保持自身健康就业状态的特色产业，已经获得了世界各国政府、企业和就业人群的高度重视和政策支持。

4. 体育产业是当前扩大就业的新渠道

从扩大就业角度来看，体育产业中的竞赛表演业属于资本、劳动双密集型产业，而休闲建设业和体育用品制造与销售业等完全属于劳动密集型产业。根据第一次全国经济普查调查结果显示，在我国，作为制造业部分的体育产业，每亿元投资就业人数为 2832 人，远远高于制造业整体的吸纳就业能力（1363 人）；而作为体育产业中服务业内容的竞赛表演业和健身娱乐业，其吸纳就业的能力高于信息服务和租赁商务服务业等生产性服务业,是危机期间扩大就业的新源泉。

5. 体育是直接关系民生状态的产业

长期以来，我国经济发展战略的核心基调是"效率优先，兼顾公平"，即以"物"为中心，追求经济快速增长。然而，此次全球金融危机一方面造成了外部经济环境恶化，另一方面也给中国经济的结构性调整带来了机遇。这种调整的基本要求就是：经济增长过程中不仅要关注人民群众的物质需求，同时也必须重视居民的文化、精神需求。事实证明，体育、文化、娱乐、旅游等产业不仅自身具有很大的增长潜力，可有效抵御经济波动，而且这些产业与居民生活质量和精神状态、社会氛围直接相关，直接影响到国家的民生状态。特别值得注意的是，在这些居民闲暇消费产业当中，以体育为代表的健康产业可以成为当前不断增多的不良消费行为（如青少年网瘾、网络色情等）的替换品，解决闲暇消费中的消极因素，树立积极向上的社会风气。体育的这种独特功能已经在美国、日本等发达国家得到深度推广和实施，并且在未来将变得更加重要。

（四）当前我国体育经济发展亟待解决的问题

虽然体育经济有上述若干优势，但另一方面我们也必须看到，体育经济带动作用的发挥取决于体育经济总体的规模和结构，尤其取决于所在国体育经济运行机制是否顺畅。这方面我国体育经济还有很大差距，削弱了体育对我国经济社会的正面作用。

现代体育经济体系是横跨第一、第二产业的庞大体系，包含的产业内容很多，而且体育产业内部的各个分支产业都有其自身的特点。这里作者仅就当前我国体育经济发展亟待解决的几个关键性问题进行说明。

第一，重塑职业体育在体育经济中的战略地位。不可否认，当前我国职业体育，尤其是职业足球处于一个相对艰难的改革攻坚期，然而从长远看，一个国家体育经济的繁荣与否直接取决于职业体育市场的好与坏。职业体育是任何国家发展体育经济的核心和支柱。从其他体育强国的实际经验来看，职业体育并不一定是所在国体育经济整体中规模最大的产业体，但却是最具影响力的产业。比如 2008 年美国四大职业联赛的全部收入为 195 亿美元，只占美国体育经济产出总量的 4.75%，然而，这四大赛事却吸引了美国近千万的观众，并带动了包括体育用品制造与销售、体育健身服务、体育媒体服务等上千亿美元的相关产业增长。职业体育的这种产业影响力是其他任何产业所无法比拟的。缺少成熟职业体育的体育经济，充其量只是"堂会经济"，而不是"体育经济"。

第二，重筑我国职业体育组织模式。当前针对我国职业体育组织模式的社会争论很多，而且大多数是围绕"是否应该由政府亲自管理"展开讨论。这里，我们不直接讨论这个命题，而只就"职业体育的经济属性"进行国际比较。我们认为，职业体育在经济属性上属于一种非常特殊的产业组织形态，有其自身特定的经济运行规律。比如，从其他体育强国的经验来看，职业体育的联赛组织必定是经济上的卡特尔（在美国，反托拉斯法通常认为企业通过形成卡特尔垄断某个行业是不合法的，但职业体育却是唯一的例外）；职业体育的市场结构必定是不完全市场；其产量控制与要素市场的定价机制与普通商品有很大区别；俱乐部与运动员之间属于买方独家垄断市场关系等。这些国际职业体育共同的经济属性决定了对职业体育的管理会面临很多与其他行业完全不同的专业化经济问题。比如，为什么职业联赛能够享受这种特殊的法律豁免？政府通过什么手段对其进行约束和管理？体育联盟与体育公共部门是什么样的关系？职业体育的市场准入制度由谁确定？球队数量、比赛次数取决于哪些因素？球员与教练的薪酬标准如何确定？……任何管理者，无论是政府出面还是企业联合组织都无法回避这些职业体育特定的经济问题，而政府对该行业的管理方法也必须富有针对性。只有从管理和操作上梳理好这些职业体育本身所固有的产业组织问题，才能有利于克服我国当前职业体育管理中暴露出的各种衍生性问题，为未来我国职业体育的发展打下坚实的基础。

第三，加强政府对体育行业管理的力度与措施。从其他体育强国的实践来看，体育经济的发展离不开政府的引导与支持，尤其对体育经济处于起飞阶段的我国来说，政府对新兴行业的管理尤其重要。从前面的分析我们看到，比较其他公共事业产品，如教育、医疗、文化等，绝大部分体育商品从经济属性上更加接近于私用品，需要政府通过市场手段进行引导和鼓励。当然，在我国特定历史阶段，我国政府还承担了若干公共体育职能，比如大型公共赛事的组织管理、群众体育的推广与开展、体育教育普及、体育科技发展等。然而对体育用品与销售、职业体育业、体育健身服务业、体育场馆管理服务业、体育咨询与中介服务业等产业却可以完全通过市场机制解决。当前我国体育产业的发展处于起步阶段，政府的支持与引导措施非常必要。比如对体育健身服务业来说，存在投资规模大、周期长、回报率低、商品需求价格弹性高、消费者体育消费习惯尚未固定等困扰，需要政府从新兴产业孵化的角度加大对行业的扶持力度。总体上看，政府经济政策的主要目标是：促进体育产业体系建设进一步完善；促进产业内部各个板块之间的产业联动；完善行业的定价、标准等方面的管理措施；加大税收、投资等经济杠杆的产业刺激作用。此外，值得注意的是，当前我国本土体育产业与其他体育强国比较在文化影响、经济实力上处于明显劣势，对于体育这种特殊的文化产业政府需要采取一定范围的国内市场保护措施，培植发展民族性体育文化产业。

总之，体育经济是体育强国战略的经济基础，也是我国体育事业与其他体育强国相比在总量、结构、运行效率等方面表现最薄弱的环节。体育本身所特有的经济特性决定了体育经济具有成为我国新兴产业力量的潜质，奥运会给了我们发展体育经济的历史性机遇，而当前金融危机从外部环境上使我们必须重新审视和重视体育经济功能。因此可以说，体育经济的振兴是未来我国能否实现由体育大国向体育强国迈进的关键步骤。

五、我国其他社会事业发展对体育事业的要求

社会事业是指国家为了社会公益目的，由国家机关或其他组织举办的从事教育、科技、文化、卫生等活动的社会服务。改革开放以来，包括体育事业在内的我国各项社会事业蓬勃发展，取得了举世瞩目的成就。

在我国社会事业主要包括教育事业、医疗卫生、劳动就业、社会保障、科技事业、文化事业、体育事业、社区建设、旅游事业、人口与计划生育 10 个方面。其中，体育事业具有非常独特的战略地位和特点。

首先，体育事业是与其他社会事业联系最为广泛的事业。体育事业主要为我国社会发展提供精神动力和身体素质保障，它跟其他 9 项事业都有紧密的联系。比如，体育事业既是教育事业的一个重要组成部分，又自成体系，具有自身发展规律的相对独立的社会事业；体育事业既能为医疗卫生事业提供大量辅助性贡献，同时又是社区建设事业的重要组成部分。从我国公共部门承担的这 10 项社会事业来看，体育事业既有其相对独立的建设任务，又为其他各项社会事业提供重要的补充，是联系其他各项公共事业的一条纽带，是我国未来发展社会公共事业发展体系中的重要环节。

其次，与其他事业相比，体育事业是最接近市场的社会事业。总体上看，我国社会事业兼具公益、准公益和盈利的性质，所以，在我国社会事业改革中，政府需逐步转换既是投资者又是管理者、经营者的多重身份，推进社会事业举办的多元化、社会化、市场化，并按照管办分离的原则，对社会事业实行分类管理。在这 10 项社会事业当中，各项事业都有其特定的市场边界，从而决定了各项事业未来的改革方向。通过比较和借鉴其他发达国家经验，我们认为，与医疗卫生、社会保障等强公益性产品相比，体育事业提供的商品和服务更具多样性和市场性，体育事业中相当大的一部分准公共性产品可以通过市场机制提供，因此体育事业有条件成为未来我国社会事业改革的突破点。

体育强国指标体系的创建

邱雪

一、"体育强国"提出的历史沿革

把我国建设成为一个世界体育强国是新中国几代体育人梦寐以求的迫切愿望，也是改革开放以来，我国体育界一直为之奋斗的理想。值得注意的是，体育强国的理念在 20 世纪 80 年代提得格外强烈，可以说，体育强国的提出充分体现出那个年代的时代背景。首先，"六五计划"的圆满完成为体育强国战略目标的制定创造了一个大的环境，体育强国战略目标的制定和出台，是建立在我国圆满完成第六个五年计划的基础上的，这一时期是我国经济增长最快的 5 年，国民生产总值平均每年增长 10%，高于其他几个五年计划时期，也高于世界许多国家同期的增长速度；其次，竞技体育成就的取得是制定体育强国战略目标的主要原因，体育强国战略目标产生的最为主要的因素是竞技体育，特别是 20 世纪 80 年代初，我国竞技体育开始进入了一个蓬勃发展的时期，在 1982 年举行的亚运会上，中国首次战胜日本，成为亚洲体坛新的霸主，同时，以女子排球为代表的中国体育军团在世界体育舞台上取得了辉煌的成就；最后，亚运会的申办成功和世界媒体对中国体育的赞扬促使体育强国战略的产生，1984 年 9 月 28 日，亚奥理事会通过了一项决议，决定由中华人民共和国举办第 11 届亚洲运动会，北京亚运会的申办成功，成为产生体育领域实现强国战略目标的又一催化剂。

1980 年，国家体委在体育工作会议上提出了"把我国建设成世界上体育最发达国家之一"的口号。1983 年，国家体委根据形势发展的需要，第一次提出了"要在本世纪末把我国建设成为世界体育强国"的战略目标。同年 10 月 28 日，国务院批转国家体委《关于进一步开创体育新局面的请示》，指出"各级政府对体育工作是重视的，希望进一步加强对体育工作的领导，经常督促检查，指导体育部门采取得力措施，早日实现成为世界体育强国的宏伟目标"。

1984 年 8 月，国家体委在北京召开了全国体育发展战略、体育改革会议，与会者交流了各地的改革经验，研究了改革中遇到的问题，并提出了对我国未来体育发展的一些设想。同年 10 月 5 日，中共中央下发《关于进一步发展体育运动的通知》，《通知》中明确提出，"中央相信，在体育战线全体同志和全党、全国各族人民共同努力下，中华民族一定能跻身于世界体育强国之林"。随后，国家体委就成立了体育发展战略研究会，并组织编写了《2000 年中国的体育》专题报告，体育强国的战略目标写入了这个专题报告中，并拟订了把我国建设成体育强国的几个主要标志，即全国近 5 亿人参加体育锻炼；青年一代的身体形态、机能、素质有明显提高；在奥运会上名列前茅（第三、第四、第五名），大多数运动项目达到和接近世界水平；出现一批具有世界水平的体育科研成果，在重要领域里有所创新和突破；普遍增加体育活动场所，建成一批现代化的场地设施，拥有一支又红又专的体育队伍。

1985 年 8 月，我国第一次规模盛大的体育发展战略讨论会在青海省西宁市举行。这次会议就《2000 年中国的体育》战略构想进行了广泛的论证和研讨，对在本世纪内把我国建成世界体育强国问题进行了可行性研究，并提出了若干战略性对策建议。通过论证确立了"在本世纪内把我国建设成体育强国"的战略目标。至此，指导我国 2000 年前体育发展的战略目标由此产生。同时，"体育强国战略"目标，在经历了几年的酝酿、论证和确立后，写进了 20 世纪我国体育发展的宏伟规划中，成为《2000 年中国的体育》报告的主旋律。

应该看到，进入 21 世纪，随着我国改革开放的发展，国家在各个领域均取得了举世瞩目的成就，人民生活基本解决了温饱问题，达到了小康水平，GDP 连续快速增长，我国自主研发的科技项目达到了世界水平，在国际事务中扮演的角色越来越重要等，由此，我国在各个领域均逐步树立了世界一流、大国强国的发展目标，如人才强国、科技强国、教育强国、经济强国，体育界当然也不例外。2001 年 7 月 13 日，北京获得了 2008 年夏季奥运会的主办权，这是国际社会对中国的肯定，如果说，第一次申办失利还归于整体实力欠缺的话，那么 2001 年的高票通过，则表明了世界对中国的认可。特别是北京奥运会的成功举办，在世界人民面前展现了中国的整体实力。中国，充分展示了自己一流的赛事组织能力、管理水平；中国体育代表团获得了 51 枚金牌、100 枚奖牌的骄人战绩，首次荣登金牌榜首位；更为重要的是，通过本届奥运会，中国向世界展示了自己热情、友好的精神风貌，体现了强国的风范。

在我国竞技体育取得重大突破之际，胡锦涛总书记在北京奥运会、残奥会总结表彰大会上的讲话中，明确发出了"要进一步推动我国由体育大国向体育强国迈进"的号召，这是新时期体育工作加速发展的进军号和动员令，既为新时期体育工作指明了方向，也为体育发展提供了强大的精神动力。与此同时，学界就体育强国这一问题再次展开了激烈的探讨，经过多方的研讨论证，达成了有关"体育强国"的以下几点共识。①

首先，肯定了竞技体育是体育强国的重要组成部分。毫无疑问，竞技体育的勃勃生机正是我国体育强国建设中的巨大推动力。竞技体育以竞赛为主要特征，以培养优秀的运动员、创造优异的运动成绩为主要任务。创造新纪录、练就新技艺是竞技选手们永无止境的追求，也是竞技体育蓬勃的生命力之所在。因此，竞技体育发展指标仍是体育强国指标体系的核心，早在 1985 年举行的全国体育发展战略讨论会上，国家体委就提出了竞技体育指标是实现体育强国的主要指标，20 多年过去了，竞技体育仍是我国体育强国建设中的重要组成部分。

其次，明确了体育强国建设是一个漫长的历史过程。对于"体育强国"的建设，或许如同中国特色社会主义现代化建设一样，必将是一个长期的过程。中国是一个世界大国，因而中国的诸多领域都可以称为大国，都面临着由大到强的转变，如从人口大国到人才大国、人力资源强国、教育强国，从科技大国到科技强国等。要实现由大到强的转变，需要科学制定目标，明确把握方向，有效寻求路径，合理确定重点，平衡各种利益。而这，显然是一个漫长而艰苦的进程。

最后，阐明了体育强国研究应体现定性与定量的结合。体育强国，包括体育大国，都是一个相对的概念、比较的概念，是与其他国家的比较中作出的判断，是对一个国家体育发展总体规模和实力的定性化评价。但是，对于国家体育实力的强弱，需要有一个基本的衡量体系和维

---

① 体育大国向体育强国迈进论文选编 [J]. 体育文化导刊，2009.

度，需要有个定性的切入点和大致的判别尺度。因此，体育强国的指标需要有一个大致的量化体系。

二、体育强国指标的创建历程

体育强国指标体系，作为体育强国战略的核心，一直是国人关注的焦点。在经历了近 30 年的摸索与探讨之后，"体育强国"及其概念体系一直没有得到全面、系统的阐述，由于体育强国指标体系是体育强国内涵的重要组成部分，在这种情况下，针对这一具有丰富含义的研究内容，我们只能根据现有的评价方法进行再思考，在正确把握体育发展的科学内涵和原则的基础上，探寻体育强国的指标体系。从查阅的文献资料来看，从 20 世纪 80 年代起，学界就已经开始了对体育强国及其概念体系的研究与创建，通过定性与定量的方法，力图完整地梳理出体育强国概念体系的全部内容，就其指标体系而言，体育强国的指标创建大致经历了参照论、排名论、动态论三个过程。

（一）参照论

20 世纪 80 年代，学界对体育强国并无法统一的概念，因此，其指标体系也没有公认权威性的解释，但通常有两种说法，一是把苏联、民主德国、美国这些体育相当发达，尤其是竞技体育实力强、在国际体坛名列前茅的国家称为体育强国；二是把瑞士、瑞典等群众体育参与广泛但竞技体育水平却并不很高的国家称为体育发达国家。[①]这种参照论的观点客观的反映了中国探索体育强国所经历的曲折历程。

一直以来，中国把能在奥运会奖牌榜前三名作为体育强国的参照。自 1979 年中国重返奥林匹克大家庭以来，第一次参加的奥运会是在美国普莱西德湖举行的冬奥会，在那届奥运会上，中国没有获得任何奖牌；1984 年，中国参加了在美国洛杉矶举行的奥运会，获得了 15 枚金牌，在奖牌榜上位列第四，因此，在随后举行的全国体育发展战略讨论

---

① 熊斗寅. 世界体育强国浅析.

会上，提出了竞技体育指标是实现体育强国的主要指标；而 1988 年"兵败汉城"之后，5 枚金牌的现实让中国清楚地认识到了自己与世界体育强国存在的差距。可以看出，在整个 80 年代，参照苏联等体育强国发展本国体育体现了中国当时的现实状况。2008 年北京奥运会上，中国代表团获得了 51 枚金牌、100 枚奖牌的骄人的成绩，此时，当中国真正进入奥运会奖牌榜第一名，真正赶超美国、俄罗斯这些传统体育强国的时候，反而一下子失去了参照的目标，对自己是否已经迈入体育强国的行列产生了怀疑。事实上，这些年来，由于国情、体情的原因，中国从来没有完全参照这些体育强国发展自己的体育事业，而是抱着"他山之石，可以攻玉""取其精华，去其糟粕"的态度，创建具有中国特色的体育发展事业，因此，在创建体育强国指标的时候，参照国外模式显然是站不住脚的。

同样，在群众体育领域，中国也没有完全存在参照他国建立体育的设想。可以说，在北京奥运会中处于第一集团的中国、美国和俄罗斯，应该说都可以称为"竞技体育强国"，以这三国在大众体育领域的主要指标，如体育人口率、人均土地体育场馆数、人均体育场地面积、人均体育经费等大众体育强国的综合指标评价上大相径庭。[①]大众体育强国往往都是那些经济发达、人均收入高、人口不多的小国，如瑞士等国，他们在竞技体育上是很难超过经济实力雄厚和人口众多的大国，要他们在竞技体育和大众体育等方面都达到所谓"强国"的高水平，从而实现"体育强国"的目标，几乎是不可能的，但他们却完全可以称为"大众体育强国"。可见，在群众体育领域，继续参照别的国家发展模式，继续用别的国家的评判标准评判自己是否已达到强国的水平，显然是不切合实际的。综上所述，体育强国指标体系首先应该体现中国体育的特色，不能完全以别国的评判标准为参照。

（二）排名论

20 世纪 80 年代，受"冷战"思维的影响，体育的政治功能得到了

---

①徐本力. 体育强国、竞技体育强国、大众体育强国内涵的诠释与评析［J］. 天津体育学院学报，2009（2）.

极度强化，这种国家与国家之间，在某一特定时期的强弱之分，通过体育的竞争得到了淋漓尽致的体现。因此，排名论成为了衡量一个国家整体实力的最直观的理论依据。在这种思潮的影响下，世界体育强国可以理解为世界重大的综合性运动竞赛中名列前茅的国家。

纵观现代体育的发展轨迹，以竞技体育为代表的排名从来就没有停止过。竞技体育由于其部分内容、形式可以通过奖牌的数量得到量化，因此，奖牌榜往往成为衡量竞技体育水平的一个最直接的标志。如2008年12月25日，全球知名的体育咨询公司汉威士（Havas Sports）发布了2008年体育强国排行榜（表1），美国以195金连续第四年占据榜首，中国则未能继续此前3年"每年递进一位"的良好势头，以155金的成绩依旧排名第二，也许，这份第三方出炉的年终总结榜单，能更客观地反映中国竞技体育的世界定位，同时，这份报告对于清楚地了解世界及中国竞技体育的发展水平，对于认清我国竞技体育所存在的不足（即弥补的方向），对于竞技体育强国某些指标的制定将具有极大的意义。

表1　汉威士（Havas Sports）2008年度世界体育强国排名一览表

名次	国家	金牌	银牌	铜牌	总数
1	美国	195	184	187	566
2	中国	155	88	83	326
3	俄罗斯	120	102	115	337
4	德国	104	105	108	317
5	法国	82	101	104	287
6	意大利	74	69	92	235
7	英国	68	47	59	174
8	澳大利亚	61	53	61	175
9	加拿大	47	60	40	147
10	日本	45	39	60	144

资料来源：www.havas.com.cn

同时，我们也应该看到，体育强国是一个综合的概念，除涉及竞技体育以外，还应该涉及体育的其他方面，这点在20世纪80年代体育界就已经达成了共识。在1984年国家体委体育战略和改革的研讨会上，提出了奥运会、全民体育、体育科研三大战略，而在 1987 年的战略讨论会上又提出了"全民健身战略和奥运战略协调发展"战略。因此，群众体育、体育产业等也应该成为体育强国的重要组成，而群众体育、体育产业，由于涵盖的内容十分复杂，无法取得向竞技体育那样的直观的量化标准和排名结果。以英国、法国这两个国家为例，英国是现代体育的发源地，它以其现代体育规则制定者的身份在世界体坛具有十分重要的位置；法国是现代奥林匹克运动的发源地，法国人顾拜旦于 1896 复兴了奥运会，使这项赛事成为了目前世界上最为重要的文化活动，法语成为了国际奥委会和国际单项体育联合会的官方语言。可以说，这两个国家对现代体育的发展都发挥了重要的作用，做出了重要的贡献。在某种程度上讲，他们也可以算是"体育强国"，而这种模式不可能用简单的排名概括。再如大型活动的组织能力、管理水平也应该成为体育强国的一个重要的指标，这些不易量化的指标，用排名这个相对简单的方法去评价一个国家的体育整体实力显然是有待于进一步商榷的。因此，在创建体育强国指标的过程中，群众体育、体育产业等我国体育事业发展的其他组成部分也应该受到同样的重视。

（三）动态论

"体育强国"自 20 世纪 80 年代初期提出以来，经历了近 30 年的探讨，体育强国及其评价体系一直是学界探讨的一个重点、难点。胡锦涛总书记"体育大国向体育强国迈进"的讲话后，众多学者针对这一课题又积极地提出了自己的设想并达成了基本共识，即应该用动态的角度去理解体育强国及其指标体系，应该在充分了解现实背景、国情、体情下研究体育强国的相关问题。

如 1985 年国家体委组织专家，根据当时的国情，在开展了"2000 年的中国体育"的专题研究中，从 5 个方面提出了到 2000 年建设体育强国的核心指标，即全国近 5 亿人参加体育锻炼；青少年一代身体形态、机能、素质有明显提高；在奥运会上名列前茅（第三、第四、第五名）；出现一批具有世界水平的体育科研成果，在重要领域里有所创新和突破；普遍增加体育活动场所，建成一批现代化的体育设施，拥有一支又红又专的体育队伍。这客观地体现了改革开放初期，体育界人士为挽回文革造成的损失的某种良好的心愿，但是指标体系依稀可见时代的烙印。

从 1990 年亚运会开始，伴随着中国在北京亚运会成绩上的提升，同时伴随着中国体育代表团在 1992 年巴塞罗那奥运会的突破，以及准备申办 2000 年奥运会这些重大的社会事件，"体育强国"这一名词再度热起来。因此，在北京亚运会结束后，在原国家体委副主任张彩珍同志的讲话中再次提出了建设体育强国的内涵，即包括普及城乡体育运动，增强人民体质，运动技术水平达到世界第一流，拥有现代化的体育设施和建成一支又红又专的体育队伍，并在科研方面有所突破，要有一批世界水平的成果。"体育强国"这一提法体现出"兵败汉城"后新时期中国体育奋发向上的精神风貌。

进入新世纪，中国在近 3 届奥运会的表现取得了惊人的进步。在 2000 年悉尼奥运会上获得了 28 枚金牌，在 2004 年雅典奥运会上获得了 32 枚金牌。在雅典奥运会表彰大会上，国家体育总局局长袁伟民指出："体育强国表现在国民的素质、体质、运动场所等很多方面，另外还有老百姓的体育意识，以及他们参与体育的程度，个人在体育消费上的水平，还有体育产业，当然也包括竞技体育的水平。"此时的强国概念体现了"十五"期间社会的总体发展水平及"全民健身与奥运同行"的我国体育事业发展方向。

"体育强国"是一个相对的、动态的、综合的概念。在不同的历史时期，"体育强国"的内涵也是有所差异的。它会随着世界的经济和社会发展产生变迁，而它所包含的指标体系具有较大的差异。在各个历史时期，体育强国及其评价体系都应该以我国政治、经济、社会、文化的总体发展水平为背景，以体现出我国体育事业客观发展水平为宗旨。因此，在现阶段，指标体系应以竞技体育、群众体育、体育产业为先导，要体现出现阶段体育事业发展的各个领域的总体发展水平，包括体育科技、体育教育、体育文化、体育场地等方面。

三、"体育强国"指标的创建内容

我国是一个幅员辽阔、人口众多、经济和社会发展很不平衡、体育事业发展也很不平衡的国家。因此，建立一个适合如此国情的体育强国评价指标体系是相当复杂困难的，体育强国评价指标体系是动态的，在经济、社会发展过程中还需要不断完善。在筛选体育强国评价指标时，要充分考虑到国际视野、我国社会的发展水平及我国体育的实际发展情况，同时，本着"以人为本""实现竞技体育和群众体育协调发展""促进体育事业和体育产业协调发展"这三条原则，有针对性地选取适合我国体育事业发展现实情况的评价指标。

在研究"体育强国"评价指标体系的过程中，课题组在学者提出的评价门类细分原则的基础上，对体育强国评价指标首先进行了综合指标和单项指标分类，并以国家体育总局政法司函的形式，向国家体育总局各司、局、运动项目管理中心的管理者下发了30份问卷，回收问卷25份，回收率为83.3%；在研究中，通过专家问卷形式，按照定性和定量筛选原则，计算出体育强国评价指标体系各具体指标的百分比数值（图1，表2、表3），即排名前6和≥80%这两个筛选比例作为筛选指标有效的原则，在此基础上，逐一列出问卷的各项具体指标内容。

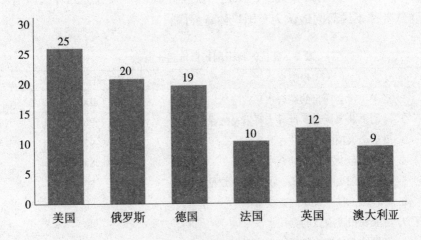

图 1 世界体育强国排名一览表

从统计数据来看，25份被调查问卷都明确认为美国是世界体育强国，因此，美国以25票高居榜首；而有20份问卷也认为俄罗斯是体育强国，占到总问卷的80%；19份问卷认为德国是体育强国，占到总问卷的78%。可见，传统竞技体育强国依然在此次问卷中体现出来，这种情况也从一个侧面再一次验证了竞技体育强国是体育强国的重要组成部分。

表 2　体育强国综合指标排名一览表

指标名称	百分比（%）
1. 世界大赛（奥运会、世界杯、世锦赛）成绩	96
2. 承办世界综合运动会的能力	88
3. 鲜明的本国体育文化特色	80
4. 承办各种国际重大赛事的数量	80

从体育的综合指标来看，世界大赛的成绩、承办世界赛事的能力和数量以及鲜明的本国文化特色成为了体育强国综合排名的主要指标。结合美国的实例，我们不难发现，商业化运作已经成为了美国体育的一个最鲜明的文化特色；同时，美国还拥有较高水准的世界大赛的组织承办能力。从 20 世纪 80 年代开始，美国先后举办了 4 届奥运会，分别为 1980 年普莱西德湖冬奥会、1984 年洛杉矶奥运会、1996 年亚特兰大奥运会和 2002 年盐湖城冬奥会，从这一点上，我们不难解释为什么所有的受试者都不约而同地认为美国是体育强国。

表 3　竞技体育强国指标排名一览表

指标名称	百分比（%）
1. 夏季奥运会项目的综合水平	100
2. 运动员获奥运会、世界大赛冠军数量	96
3. 奥运会大项的总体技术水平	92
4. 冬季奥运会项目的综合水平	84
5. 运动员创奥运会纪录、世界纪录数量	80
6. 足、篮、排三大球的竞技水平	80
7. 游泳和田径项目的竞技水平	80
8. 竞技体育的整体科研能力	80

从竞技体育的统计结果来看，竞技体育强国的一大重要表现，就是要在夏、冬季奥运会上取得良好的成绩，整个国家的综合水平较高，具体表现在运动员获得奖牌的数量多，还有就是足、篮、排、田径和游泳项目上应具备一定的实例，因为这些项目在世界的影响很大。以德国为

例，统一后的德国，虽然在体育方面一度受到影响，但是在近几届奥运会上，德国体育正呈现着复苏的趋势，北京奥运会上，德国在游泳这个传统优势项目上又找到了新的突破口；在 2006 年冬奥会上，德国的冬季两项、越野滑雪仍处于世界领先地位。同时，最为重要的是，德国非常注重体育科研方面的应用与研究，因此，以德国的实例来衡量竞技体育的指标具有一定的代表性。

表 4　群众体育强国指标排名一览表

指标名称	百分比（%）
1. 每 10 万人拥有体育场馆数量	84
2. 体育人口占总人数的百分比	84
3. 年人均体育消费资金与年人均收入的比例	84
4. 群众体育工作法规和发展规划	80
5. 每千人拥有公共体育场地的面积	80
6. 体育人口的数量	80
7. 居民对体育的需求程度	80

从群众体育的统计结果来看，一些容易量化的指标，如每万人拥有的体育场地面积、体育人口占总人口的百分比及年人均体育消费资金与年人均收入比例等，已经成为衡量体育强国在群众体育方面衡量的科学指标。同时，体育人口的数量、居民对体育的需求程度这些常用的指标也已经深入人心，指标中，我们看到了群众体育工作法规和发展规划占到了 80%，可以看出，由于全民健身的不断发展，群众体育的规章制度成为了其实现可持续性发展的一个保证，如经国务院正式批准，自 2009 年起每年的 8 月 8 日为"全民健身日"，今年国务院总理温家宝又签署了国务院第 560 号令，颁布了《全民健身条例》，这些都为群众体育实现可持续发展提供了重要保证。

表 5　体育产业强国指标排名一览表

指标名称	百分比（%）
1. 体育产业生产总值占 GDP 的比重	92
2. 个人体育消费支出占总支出的比重	84
3. 体育健身休闲俱乐部的数量	80

从体育产业的统计结果来看，体育产业的强国指标主要体现在一些宏观的指标上，如体育产业生产总值占 GDP 的比重；个人体育消费支出占总支出的比重。同时，体育健身休闲俱乐部的数量也反映了随着人们健身意识的不断提高，人们对自身完善的重视程度，同时，从一个侧面也可以反映健身娱乐业在整个体育产业中所占据的重要位置。

应该看到，体育强国评价指标的 4 个评价方面是一个完整的体系，其中的各项指标具有交叉性、互补性。以群众体育的评价指标为例，体育人口与体育健身休闲俱乐部具有重要的联系，因此，两个指标才能同时成为评价的标准。通过对上述评价指标的处理，课题组勾画出了当今符合我国体育事业发展特点的体育强国评价指标（表6）。

表6　体育强国指标体系一览表

指标名称	指标内容
总体指标	1. 世界大赛（奥运会、世界杯、世锦赛）成绩
	2. 承办世界综合运动会的能力
	3. 鲜明的本国体育文化特色
	4. 承办各种国际重大赛事的数量
竞技体育	1. 夏季奥运会项目的综合水平
	2. 运动员获奥运会、世界冠军数量
	3. 奥运会大项的总体技术水平
	4. 冬季奥运会项目的综合水平
	5. 运动员创奥运会、世界纪录数量
	6. 足、篮、排三大球的竞技水平
	7. 游泳和田径项目的竞技水平
	8. 竞技体育的整体科研能力
群众体育	1. 每10万人拥有体育场馆数量
	2. 体育人口占总人数的百分比
	3. 年人均体育消费资金与年人均收入的比例
	4. 群众体育工作法规和发展规划
	5. 每千人拥有公共体育场地的面积
	6. 体育人口的数量
	7. 居民对体育的需求程度
体育产业	1. 体育产业生产总值占 GDP 的比重
	2. 个人体育消费支出占总支出的比重
	3. 体育健身休闲俱乐部的数量

结论

1. "体育强国"是一个相对的、动态的、综合的概念，它会随着世界经济和社会发展产生变迁，而它所包含的指标体系具有较大的差异。

2. 在各个历史时期，体育强国及其评价体系都应该以我国政治、经济、社会、文化的总体发展水平为背景，以体现我国体育事业客观发展水平为宗旨。

3. 体育强国评价指标体系是以体育强国综合指标为主的，包含竞技体育、群众体育、体育产业三项指标的综合指标体系。

附件：尊敬的女士 / 先生：您好！

国家体育总局体育科学研究所目前正在承担一项总局软科学课题——《从体育大国向体育强国的迈进》，课题组拟就你心目中的体育强国的相关判定标准进行调查，请在百忙中惠予支持，谢谢！

国家体育总局体育科学研究所

2009 年 9 月 20 日

一、下列这些国家哪些是您认为的体育强国，请在相应的栏目中打"√"

国家	程度判定（单选）				体育强国侧重方面（可多选）		
	是	有明显迹象	有部分迹象	不是	竞技体育	群众体育	体育产业
中国							
日本							
韩国							
美国							
加拿大							
墨西哥							
巴西							
阿根廷							
俄罗斯							
乌克兰							
德国							
法国							
意大利							
西班牙							
英国							
瑞士							
奥地利							
荷兰							
丹麦							
瑞典							
挪威							

（续表）

国家	程度判定（单选）				体育强国侧重方面（可多选）		
	是	有明显迹象	有部分迹象	不是	竞技体育	群众体育	体育产业
芬兰							
澳大利亚							
新西兰							
除上述国家，您认为还有哪些国家是体育强国，请列出？							
国家	理由						

二、下面所列的理由是不是你判断体育强国的标准，如是，请在条目后的□中打"√"

（一）综合实力

世界大赛（奥运会、世界杯、世锦赛）成绩　□

国际体育机构任职的人数　□

体育事业从业人数　□

鲜明的本国体育文化　□

承办世界综合运动会的能力　□

承办各种国际重大赛事的数量　□

（二）竞技体育

运动员获奥运、世界冠军数量　□

运动员创奥运、世界纪录数量　□

等级运动员、等级裁判员数量　□

奥运会大项的总体技术水平　□

足、篮、排三大球的竞技水平　□

游泳和田径项目的竞技水平　□

夏季奥运会项目的综合水平　□

冬季奥运会项目的综合水平　□

竞技体育的整体科研能力　□

国家反兴奋剂的科研能力　□

与国外体育活动的交往次数　□

竞技体育社会化和市场化的水平 □

各个单项运动协会的发展状况 □

职业体育发展水平 □

（三）群众体育

群众体育领导机构数量 □

群众体育工作法规和发展规划 □

群众体育执法机构或人员 □

群众体育考核办法 □

群众对国家全民健身计划的了解程度 □

每 10 万人中拥有社会体育指导员的人数 □

每 10 万人拥有体育场馆数量 □

每千人拥有公共体育场地的面积 □

学校体育场馆向社会开放的比例 □

体育人口的数量 □

体育人口占总人数的百分比 □

群众参加体育协会、社团的情况 □

年人均体育消费资金与年人均收入的比例 □

家庭年均体育消费资金与家庭年均收入的比例 □

居民对体育的需求程度 □

国民体质测试合格率 □

（四）体育产业

体育产业生产总值占 GDP 的比重 □

体育产业就业总人数 □

体育产业投资增长率 □

体育产业市场化程度 □

体育产业总税收占 GDP 的比重 □

个人体育消费支出占总支出的比重 □

体育产业对外直接投资额 □

体育产业国内外市场占有率 □

体育用品、服装鞋帽制造、销售数量 □

体育场馆数量 □

体育健身休闲俱乐部的数量 □

体育局系统从业人员合计数　　　　　　　　　☐

体育事业经费收入合计　　　　　　　　　　　☐

体育事业经费支出合计　　　　　　　　　　　☑

体育行政事业性支出　　　　　　　　　　　　☐

体育彩票销售额　　　　　　　　　　　　　　☐

除上述标准外，您认为还有哪些标准，请补充

谢谢您的参与！

当前世界主要体育大国的现状及趋势

田　慧　孙曙光　宋玉梅　赵　雪　王卓君

刘　佳　王秋雨　袁　哲　于海岩　胡　旭

中国体育代表团在北京奥运会上取得了优异成绩，共获得51枚金牌、100枚奖牌，不仅金牌榜排名第一，而且创造了历届奥运会东道主最佳成绩，实现历史性突破，引起了世界各国的普遍关注。胡锦涛总书记在北京奥运会、残奥会总结表彰大会上提出中国由体育大国向体育强国迈进，明确了今后一个时期中国体育事业的发展方向，确定了中国体育事业的奋斗目标。

如何对体育大国和体育强国进行界定？哪些指标可以客观地反映体育事业发展的综合状况？国际视野中的体育大国和体育强国发展战略是什么？中国如何利用国际经验建设体育强国？要回答这些问题，首先要求我们全面了解世界体育发达国家的基本状况，据此，本项目以美国、俄罗斯、英国、德国、法国、西班牙、日本、澳大利亚等国家为研究对象，查阅了345篇国内外文献，从体育管理体制与发展战略、竞技体育、大众体育、体育产业等方面，围绕构建体育强国的相关问题展开研究，以期为我国体育强国发展战略提供相关信息和参考依据。

一、体育大国和体育强国

对于"体育大国""体育强国"的判断标准，体育界和学术界尚没有统一定论。但一些体育发达国家提出的判断标准和做法，为我们提供了参考依据。

（一）体育大国的必要条件或判断标准

1. 全民健身、全民参与和体育普及

英格兰体育委员会 1997 年便制定计划，为使英国成为体育大国，要为每个人参与体育运动创造均等机会：人人发展体育技能，享受体育锻炼；人人积极参加体育锻炼和休闲活动；使人们达到其体育运动预期目标；培养体育精英，争创比赛佳绩。

2008 年 6 月，英国文化、媒体和体育部发布了伦敦 2012 年奥运会遗产行动计划，其中的一个承诺便是使英国成为世界级体育大国。其重要内容之一就是让各年龄段的人更多参与更多类型的体育锻炼；比以往更加积极地运动。

2. 各国人民对体育的认识

Bairner 以瑞典为例，说明瑞典是体育国家的原因，其一就是瑞典人对体育的认识。如相对于其他现象而言，许多年轻人更多地把体育和国家联系起来。

3. 体育比赛成绩/奥运奖牌

(1) 总成绩

Bairner 认为瑞典是体育国家，原因之二就是瑞典多年来在体育上取得了优异成绩。Houlihan 认为，本世纪（20 世纪）中期，澳大利亚已成为体育大国之一。其依据是澳大利亚在 1956 年墨尔本奥运会上取得的成绩、1960 年承办的多项赛事。澳大利亚"把参与体育项目之多和持续的优异成绩"相结合。Thomas A. and Kovach 谈及"体育大国"时，以奥运会上获得的奖牌为依据；英国文化、媒体和体育部的体育大国行动方案内容之一即让英国有更多世界级运动员赢得金牌。

(2) 总成绩和人口的比例

一些澳大利亚和美国评论家常常以获得的奖牌总数和人口总数的比

例来衡量最成功的体育国家。

(3) 总成绩和经济指标的比例

Bertram 认为，以总成绩和人口总数的比例来评价不全面，因为奖牌价值是不一样的，所以应该加入相关经济增长因素。他建议给各类奖牌赋值，金牌 7 分，银牌 3 分，铜牌 1 分，各国按得分总数与国民总收入（Gross National Income）的比例来排名。

4. 参与国际体育组织/赛事的程度

Bairner 认为瑞典是体育国家，原因之三是瑞典积极参与国际体育组织，向世界介绍瑞典的体育运动方式，一直乐意举办国际体育赛事。

5. 体育和社会的关系

Bairner 认为瑞典是体育国家，原因之四是瑞典的体育政策和社会息息相关。"体育为人们所推崇，不仅是由于体育对于提高人们身体素质上所作的贡献，并且认为对于瑞典的社会结构也有重要作用。"

6. 体育运动系统的建立

英国文化、媒体和体育部的体育大国行动方案也意味着"建立一个世界级高效能的体育运动系统"。

7. 运动员回报社会

鼓励运动员退休后发挥余热回报社会，比如做教练、参观学校、俱乐部讲课等。

为实现成为世界领先体育大国的具体目标，英国文化、媒体和体育部在其 2008 年 6 月发布的《为胜利而战——体育新纪元》宣传册中作了具体阐述：（1）在现有基础上，再鼓励一百万人定期参与体育锻炼；（2）形成从学校到精英的人才通道，通道的每一步都有更多竞争机会，都能得到有效指导；（3）确保运动家庭成员和政府部门都各尽其责。

（二）体育强国的必要条件或判断标准

除了要使本国全体国民的身体素质和运动能力达到一定高度外，国外判断"体育强国"的主要观点还是以竞技体育（主要为国际赛事奖牌）为主。如 Havas Sports，Sport magazine 和 Radio Monte Carlo 在评论哪些国家是"世界领先体育国家"时的依据是：世界正规比赛（包括近期的奥运会、世界锦标赛）中获得的所有奖牌（金、银、铜），以及某些项目的世界排名（如网球的 ATP 排名）；匈牙利被看做体育强国，因为"迄今为止，该国已经获得 149 枚奥运金牌，名列第八"；澳大利亚长久以来是一个"体育强国"，2000 年悉尼主办奥运会及澳大利亚获得的金牌数更是加强了澳大利亚体育强国的地位；Close，Askew and Xu 认为，中国逐渐崛起为体育强国，接着列举了从 1984 年中国代表队参加在洛杉矶举办的第 23 届奥运会到 2004 年在雅典举办的第 28 届奥运会中获得的金牌及在金牌榜的排名；Toohey，Veal 列举了中国在历届奥运会中的排名，得出中国是"奥运超级强国"的结论。

除了奥运奖牌，其他国际比赛也作为人们判断一国是否为"体育强国"的标准。Tarik's（一家著名体育排名机构）在排名体育强国的时候，选出了十项主要国际团体赛事，按各国表现打分，最后评出得分最高的国家。

另外，一个国家承办世界综合运动会的能力、竞技体育社会化和市场化的程度，都是人们考虑的因素。

二、体育管理体制与发展战略

世界各国体育管理体制不同，根据不同国家的体育管理模式，可以将国外体育管理方式分为政府管理、社团管理和政府社团型管理三种管理模式。

政府管理体制是由政府设置专门的行政管理机构，对全国体育事业进行全面管理，在体育政策制定、实施及体育资源配备上起主导作用。

在本文的八个国家中，俄罗斯、法国和日本属于政府管理方式。

社团管理是指政府不设立专门的体育管理工作，而由体育社会团体负责管理体育工作，配备体育资源等，美国、德国基本属于体育社团管理。

英国、澳大利亚、西班牙等都有相应的体育行政管理部门或准行政管理部门，但他们并不直接管理体育工作，而是通过体育社团负责全国体育工作的管理与发展，因而可被视为政府社团结合型管理方式。

美国

美国政府不设专门体育管理机构，政府不制定体育政策，而且很少直接资助体育。美国奥委会（USOC）、职业体育联盟分别负责竞技体育，大众广泛参与体育活动推动了美国竞技体育的发展。

USOC 总部设在科罗拉多州，负责奥运会的相关事务，组织美国体育代表团参加奥运会，其宗旨是努力"帮助每一位美国人，无论性别、种族、年龄、地区或身体能力，获得参加体育活动的机会"。

USOC 不享有政府的固定补贴，主要经费来源是捐款、赞助和特许使用费，还通过邮寄目录和网上商店销售特许服装和其他物品来筹集资金。USOC 另一个重要经费来源是美国奥运基金会（US Olympic Foundation）。

美国高度重视社区体育，使社区体育成为美国大众体育的主要载体。在美国，社区体育一般由公园与休闲委员会负责。这是一个社区休闲的综合管理机构，社区体育是其主要的管理领域。它的主要任务如下。

——动员社区中一切可利用的体育资源，向社区内所有的成员提供平等的体育活动机会；

——了解社区居民的各种体育需求，与有关体育社会团体合作，制定社区体育活动计划，组织和引导社区体育活动；

——建立社区政府各部门、各种体育协会和俱乐部等社会团体及其他有关组织之间的联系，促进合作和信息沟通，并通过财力、人力、物力等多种管理手段，最大限度地满足社区居民的各种体育需求。

美国政府还十分重视体育社会团体的培养，充分发挥社区体育协会和俱乐部的作用，具体组织社区的各种体育活动。地方协会代表俱乐部的利益，集思广益，指导和规范俱乐部的体育活动，与俱乐部共同制定活动计划。同时，还对俱乐部的指导人员和志愿人员进行培训，与政府合作开发大众体育设施。

美国是公认的竞技体育强国，其竞技体育人才培养模式可以通过竞技体育水平极高的美国体操发展模式表述。美国体操是社会办学体制，美国的体操馆和体操训练中心非常普遍，只要孩子喜欢，都能从事体操运动，这为体操运动员的选材奠定了扎实基础。美国体操振兴计划的基础是大力发展体操俱乐部和群众性体操运动，这是美国体操成功的一个最根本的原因。

美国体操协会的主要精力用于各种体操运动员的选拔和培养，这种举措确保了美国体操运动员良好的训练基础和出色的身体素质，极大促进了体操运动的发展。由于他们长期重视青少年体操运动员的培养，使得美国长期保持体操竞技运动的世界水平。此外，世界众多高水平教练员在美国各俱乐部执教，也在客观上推动了美国体操运动的发展。

美国有三项联邦政府政策影响到竞技体育的发展。第一项政策是1922年针对职业棒球的反垄断法的豁免制度。该制度的出现是针对发生在职业体育中（包括发展自己的精英运动员）的垄断状态与垄断行为，是一种不依据反垄断法追究责任的特别法律制度，是反垄断法律制度的一个重要组成部分。尽管这项政策没有明显延伸到其他职业体育项目，但是已经成为一项普遍政策。第二项影响精英体育发展的联邦政府政策是美国1972年出台的《教育法修正案》。本项立法的初衷是防止接受联邦政府经费的教育机构在教育计划和活动中出现种族歧视现象。《教育法修正案》规定，若学校希望得到联邦政府的经费资助，需要达到以下三条标准中的一条：一是男、女运动员的比例与其入学时的比例应尽量保持一致。二是学校必须曾经并将继续发展女性体育。三是教育机构必须完全、有效地满足女性的兴趣和能力。《教育法修正案》对于体育的发展起到积极的作用。第三项针对竞技体育发展的联邦政府政策是1978年美国国会通过的《业余体育法》，并于1996年进行修订。该法授予美国奥委会（USOC）发展竞技体育的全部权利和责任。

俄罗斯

俄罗斯继承了前苏联竞技体育和体育教育体制传统，使俄罗斯仍然保持着世界主要体育强国地位。2004年俄罗斯政府机构进行了改革，取消了全面负责体育事务的俄罗斯国家体育运动委员会，取而代之的是俄罗斯联邦体育、运动与旅游署。

俄罗斯联邦体育、运动与旅游署下属 30 个教育机构（高等教育和基础教育）。同时还有全俄罗斯体育教育和体育科学研究所、国家体育运动医学机构等。体育科学研究是国家政策的一部分，政府出资支持体育科研。俄罗斯联邦体育、运动与旅游署的反兴奋剂中心是世界上最好的反兴奋剂中心之一。

俄罗斯一直高度重视体育工作。普京总统决定在振兴俄罗斯经济之前，首先振兴俄罗斯体育。俄罗斯"总统体育委员会"是世界上独一无二的政府级体育管理机构，"总统体育委员会"由 39 位成员组成，主席由普京总统亲自担任，副主席是费季索夫。他们中既有国家政府高官，也有地方官员，既有世界知名的运动员，也有享誉全球的教练员。

俄罗斯另一个全国性的体育领导机构是俄罗斯奥委会，全方位负责奥运会的准备工作，包括组建教练组、选拔和确定参赛运动员、奥运会国内外备战、购买参赛装备以及奥运会队伍参赛的一切事务。

俄罗斯《宪法》对体育教育和体育有立法规定。相关法律包括《关于俄罗斯体育教育和体育》等。2005 年俄联邦体育、运动与旅游署公布了《俄罗斯 2006—2015 年体育发展纲要》。这项十年体育发展纲要给人们传递一个信息，即俄罗斯不再把竞技体育放在首位，俄政府将为全国人民提供更多、更好的锻炼场所，以提高国民体质和健康水平。

俄罗斯具有提高运动成绩的全国计划，除了选材计划和国家体育运动医学机构，《俄罗斯 2006—2015 年体育发展纲要》中列出了很多分支计划来准备重要国际比赛（欧洲和世界锦标赛、奥运会、残奥会），准备具体项目的发展，如田径，足球，手球等，约有 40 项国家和地方水平计划。另外，还专门成立了"联邦国家队备战机构"。

俄罗斯体育运动仍然得到政府的大力支持，同时俄罗斯的职业体育也在不断发展。商业化管理方式已经开始被接受，足球、篮球、冰球和跆拳道等项目已采用职业体育运作方式。

英国

英国文化、媒体和体育部（Department for Culture Media and Sport）是主管英国体育工作的政府部门。通过与政府其他部门及英国三大体育机构，即英国青年体育信托基金（The Youth Sport Trust）、英格兰体育局（Sport England）和英国体育局（UK Sport）的合作实现对全国体育工作的管理，为英国的体育发展提供重要的资金支持，并着力改善各个领域体育活动的参与度。

英国三大体育机构职责明确。青年体育信托基金（The Youth Sport Trust）是一个国家慈善组织，成立于1994年，负责学校体育工作，致力于通过体育教育支持青少年教育和发展，在体育领域为青少年创造一个更美好的未来；英格兰体育局（Sport England）前身为英国体育理事会（English Sports Council），是一个非政府部门性质的公共机构，负责大众体育工作；英国体育局（UK Sport）也是一个非政府部门性质的公共机构，负责精英体育，即世界级优秀运动员的管理与培养，致力于使英国体育跻身世界强国之列。英国体育局通过英国文化、媒体和体育部直接对议会负责，是国家彩票指定的法定基金发行人，负责管理及分配公共投资，其任务是通过与其他体育组织的合作将英国体育事业推向世界一流的水平。此外，英国奥委会（NOC）也负责竞技体育的开展和管理。

英国奥委会成立于1905年5月，由7个国家体育管理机构组成。时至今日，它的成员已包含被选举出的代表35项奥运项目（包含了夏季与冬季项目）的管理机构和相关的专业职员。英国奥委会的决策机构是由选举出的官员组成的国家奥委会（NOC），一年举行四次例会。每四年，国家奥委会（NOC）会选举出两位主席和两位副主席。国家奥委会中的六位成员也将被选入主管部门来负责英国奥委会更多具体工作的实施与更确切详尽的议案决策的提出。这些不同的部门与国家奥运管理机构、国家奥委会、国际奥委会、政府以及其他组织在精英体育领域共同协调工作。除此之外，英国奥委会还为英国代表队在奥运会中的优异表现提供充分支持。英国奥委会与国家奥运管理机构携手，选拔优秀的男女运动员来组成英国奥运代表团的工作。英国奥委会也负责帮助运动员进行训练，为他们在国家和地区的体育场馆提供优质服务。例如在奥运医学学院（OMI），不论何时，英国奥运代表队运动员都拥有得到最好的医疗建议和支持的机会。由经验丰富的医生、营养学家、运动医学专家以及其他医学人员组成的队伍确保运动员能从伤病中更快地恢复，能处于最佳的状态去参与奥运会的竞争。此外，英国奥运基金（BOF）在发展英国竞技体育方面也发挥了重要作用。作为英国奥委会的慈善目标，英国奥运基金旨在鼓舞激励体育和教育。英国奥运基金同样以鼓励参与体育并且主办多种赛事来促进体育活动和引导健康生活方式。

英格兰体育局（Sport England）在2008年上半年对英国100多个地区体育部门负责人进行了两轮咨询，为英国的社区体育提出了新的发展战略，目标旨在解决英国体育尤其是社区体育面临的挑战，并作出方向性指导。该社区体育系统将确保各个社区参加体育锻炼的人数实现持续性增长；对来自不同背景的体育人才做到早发现、早培养并使其有机会成为优秀运动员；使参加体育锻炼的人都有一次高质量的体育活动经历并充分发挥自己的潜能。总之，新的体育发展战略旨在营造一种充满活力的体育文化，在政府、各地方体育局和国家体育管理机构之间寻求一种新的合作关系，为实现英国体育的全面胜利而共同努力。

在新的战略中，三大体育机构职责明确。英国青年体育信托基金（The Youth Sport Trust）负责学校体育；英格兰体育局（Sport England）重点确保青少年能够在学校以外参与社区体育活动。他们与青年体育信托基金合作开展了"每周运动五小时"项目，旨在建立一个现代体育俱乐部网络，使其与国家体育管理机构达成合作关系，从而成为社区体育向精英体育发展中的一个重要组成部分；英国体育局（UK Sport）负责精英体育，即世界级优秀运动员的管理与培养；英格兰体育局的职责在于确保各国家体育管理机构主管的体育人才系统与精英体育项目挂钩，努力提高体育人才库的质量，扩展其多样性和规模。新战略保证了从学校体育到社区体育再到精英体育的持续发展道路。

在新战略中，国家体育管理机构的工作重心和作用发生了转移。他们受英格兰体育局委托来实现既定的战略目标，同时对所辖范围内公共资金的投资享有更大的自主权。2008年下半年国家体育管理机构提出了自己的"全民健身计划"（Whole-Sport Plans），阐述了各自战略目标的实施方案。计划得到英格兰体育局评审通过后，国家体育管理机构将得到一笔为期四年的专项资金。总之，国家体育管理机构将尽力确保"全民健身计划"惠及社会的各个阶层。

教练员和专业指导在实现三大目标，即发掘人才、提升满意度、鼓励大众参与体育活动方面发挥着至关重要的作用。英格兰体育局将与英国体育教练员协会合作，通过国家体育管理机构把资金重点投向体育锻炼一线的训练和指导。而单项体育协会的"全民健身计划"也将发掘系统资源以支持教练员的就业。同时，英格兰体育局还与青年体育信托基金和国家体育管理机构合作开展"训练青少年计划"，为少年儿童参加

"每周运动五小时"项目提供高质量的训练和指导。

在英国，志愿服务是社区体育中一支特别的力量。每周大约有190万人至少参与1小时的体育志愿服务，相当于8万多个全职劳动力。通过与国家体育管理机构的合作，英格兰体育局将努力使这种自然资源的效用最大化，以吸引和挽留更多的志愿者，减少志愿者面临的负担并确保专业支持能够提升志愿服务体系。同时，英格兰体育局也将与更广泛的志愿服务部门结成合作伙伴，如"志愿英格兰"组织，以确保体育志愿服务以最佳的方式实施。此外，还有其他一些具体的举措，如"教练员招募计划"，该计划将增加志愿教练4000人，通过与青年体育信托基金的合作，教练人数还将再增加4000人。

体育俱乐部是人们参与体育活动的核心，因为训练指导、场馆设备和各种比赛都是围绕俱乐部的结构展开的。英格兰体育局将与国家体育管理机构合作，确保每一项体育运动都能有一个开放的、现代化的体育俱乐部结构，由此，可推动体育活动的参与率，提高人们对体育活动的满意度，并使体育人才得到充分的发展。

对国家体育管理机构来说，为大众参与体育活动提供广泛的机会，尤其是发展女性体育项目，推进残疾人体育，以及使体育活动深入到不同的社区是其工作中一个重要组成部分。如果任何运动项目不愿接受这样的挑战，政府资金就会转投给那些在该领域中取得成绩的体育项目。

英格兰体育局承诺在2012—2013年将达到下列发展目标：超过一百万的人参与到更多的体育运动中；至少在5个体育项目上，使16岁以上青少年参加体育活动的人数增长25%；改善至少25个体育项目优秀运动员的培养体系；使人们参与体育活动的满意度指标实现显著提高，英格兰体育局将首次对此进行定性测评；为儿童和青少年（5~19岁）"每周运动五小时"项目做出贡献。

英格兰体育局的这一新兴体育发展战略，旨在让更多的人参与和享受体育运动，帮助那些有才华的选手达到自己的顶峰。新战略重点强调了2012年伦敦奥运会和残奥会这个千载难逢的机会，利用一切力量鼓励更多的人参与到体育运动中并取得成功。新战略是各路专家和体育爱好者共同构建的适应新时代要求的合作伙伴体系。

法国

法国实行政府与社会体育组织相结合的体育管理模式。法国健康、青年事务与体育部（简称青体部）、法国奥委会、单项协会共同管理体育工作。

法国青体部：青体部的工作职能包括体育公务员资格认定、高水平教练员、运动员的培养政策与制度建设、体育发展规划制定与运动员保障体系建设、发挥体育文化教育作用、青年事务、全国体育场馆管理、高水平运动员大赛备战计划、保护运动参与者并且在体育中反兴奋剂、在公众中宣传体育（主要针对大众体育）等。

为促进竞技体育运动发展，法国成立了"高水平竞技体育委员会"，主要任务为制定高水平竞技体育发展政策、优秀运动员培养计划、运动员选拔标准等。

法国奥委会：法国奥委会为各单项体育协会组成的联合体，各单项体育协会主席均为奥委会成员。奥委会一方面对政府负责，协助政府进行宏观调控，发展体育事业；另一方面也代表各单项协会的利益。

职业体育管理机构：法国的体育组织机构是统一的，职业体育和业余体育并无严格区分。职业体育可视为体育联盟的组成部分，在一些集体项目，如足球、篮球、英式橄榄球、手球、排球和冰球等，多数运动员可以拿到薪水。而一些个人运动项目，如田径、自行车、柔道、游泳、乒乓球等，高水平运动员可以通过参赛获得奖金。

德国

联邦政府内政部是德国体育行政管理部门，负责提高国家竞技体育运动水平、举办各种大型国际赛事等。州政府则负责各州体育活动的开展。

2006年德国体育联合会与德国奥林匹克运动委员会合并，成立德国奥林匹克体育联盟（German Olympic Sport Confederation），成为德国的最高体育管理机构。

作为一个体育发达国家，德国体育俱乐部机制颇为健全，自1816年德国成立第一个体育俱乐部以来，经过将近200年的发展，至今在全国范围内已经有9万多个体育俱乐部，会员达2700多万人。德国的竞技体育、大众体育和学校体育都是建立在俱乐部体制基础之上的，尤其在大众体育和全民健身方面，德国体育俱乐部更是发挥了至关重要的作用。

西班牙

西班牙体育也是结合型管理体制。西班牙教育文化体育部是全国的体育行政领导机构，负责宏观管理全国体育工作，包括政策制定、经费预算等方面。西班牙另外两个重要的体育机构分别是国家体育理事会和国家奥委会。西班牙国家奥委会主要负责西班牙奥运选手的选拔、训练、比赛工作。西班牙有 54 个职业体育联盟，国家奥委会只是在相关奥林匹克事务中与职业体育联盟发生联系，其他相关事务均是职业体育联盟独立运行。

国家体育理事会（Consejo Superior de Deportes）主要负责西班牙体育公共行政领域事宜，并对体育俱乐部的运营有主要发言权。西班牙 1990 年通过的《体育法》明确规定：“体育是全体国民的权利，它影响着国民的健康水平和生活质量。”“体育是一项公共服务，应将它理解为既是一种社会福利，又是一种文化的价值。各级政府都须考虑到公众对它的需求。”由此可见，西班牙对大众体育工作的高度重视。

日本

日本是典型的政府型体育管理体制，文部科学省体育局主管全国的竞技体育工作，在日本体育协会与民间体育组织的配合下，管理学校和大众体育运动。

日本一贯重视体育法规的建设。在 1964 年东京奥运会之前，日本政府颁布了日本历史上最重要的一部体育法规——《体育振兴法》，明确了振兴日本体育的基本框架和发展战略，为日本体育事业的振兴和成功地举办东京奥运会提供了法律保障。2000 年日本政府又颁布了《体育振兴基本计划》，明确了从 2001 年到 2010 年日本体育发展的总体目标和方针政策，是一部依据 21 世纪日本社会政治、经济、文化发展而出台的具有战略意义的体育法规。

日本国家奥委会具有很大的独立性。它在政府资助下，负责选派优秀运动员参加奥运会、亚运会和世界大学生运动会等综合性国际比赛，并推动奥林匹克运动的开展。竞技体育的目标是有组织、有计划地培养高水平运动员，在奥运会等重大国际比赛中以出色的成绩给予广大国民无限的梦想与感动。20 世纪 80 年代以后，日本竞技体育水平持续下降，奥运会奖牌数量锐减,针对这种状况,《体育振兴基本计划》提出了综合、有计划地培养高水平运动员的各项措施,提出了奥运会奖牌获得率 3.5%的目标。建立了一条龙的训练指导体系,并制定了一系列保障措施。

澳大利亚

澳大利亚国家体育机构共有三个,即澳大利亚国家体育委员会、澳大利亚反兴奋剂管理局、澳大利亚健康与老龄部。20 世纪 80 年代以来,澳大利亚制订并实施了以培养参加奥运会为最高目标的运动员"精英计划"。

澳大利亚国家体育委员会是在蒙特利尔奥运会之后成立的,专门负责精英体育的发展。在澳大利亚体育与国土部大量削减体育行政人员后,体育行政管理职能几乎全部转交给澳大利亚国家体育委员会,包括竞技体育和大众体育。

国家精英体育协会 (NESC) 负责参加奥运会、残奥会及英联邦运动会精英运动员的日常训练并提供训练设施,其指导方针为:以运动成绩为动力,重点保证运动员在重大国际比赛中创造最佳运动成绩;以运动员为中心,以教练员为主导,重点保证教练员、运动员的训练工作。

澳大利亚国家体育委员会下属的澳大利亚体育学院是世界公认的最成功的高水平运动训练基地之一。该院拥有世界一流的体育设施、杰出的运动员和优秀的教练员,可为运动训练提供最先进的体育科技与运动医学保障。

澳大利亚反兴奋剂管理局负责澳大利亚竞技体育反兴奋剂工作,也是世界上反兴奋剂工作最有成效的国家之一。

澳大利亚健康与老龄部主要负责大众体育工作,为政府提供有关休闲体育政策方面的建议。

三、竞技体育

(一) 竞技体育强国排序方式

虽然目前对体育大国和体育强国尚没有明确的界定,也没有关于大众体育或竞技体育谁更能代表体育强国的明确定论，但在国内外文献中通过竞技体育比赛成绩对世界体育强国的排名方式更多一些。

1. 根据奥运会成绩进行体育强国排名

一个国家在奥运会取得的成绩是评价世界体育强国的重要依据。美国之所以被认为是体育强国，与它连续在多届奥运会奖牌榜上名列前茅有密切关系。20 世纪中期，澳大利亚就被认为是世界体育强国，其主要依据是澳大利亚在 1956 年墨尔本奥运会上取得的成绩。特别是自 1992 年巴塞罗那奥运会以来,澳大利亚一直位于奥运会及残奥会奖牌榜的前十位。如果按国家人口数计算奥运会奖牌，澳大利亚可以排在世界前三位，被认为是超级体育强国。匈牙利被看做体育强国，是因为迄今为止，匈牙利已经获得 149 枚奥运会金牌，名列世界第八。

中国体育代表团自 1984 年获得首枚奥运会金牌以来，一直在奥运会上屡创佳绩，被认为是逐渐崛起的体育强国，在雅典奥运会上获得金牌榜第二以后，被国外主要媒体认为是世界体育强国。根据中国在历届奥运会中的排名，国外媒体认为中国是奥运超级强国。

以奥运会成绩对体育强国进行排名时，除了按照金牌总数进行排名外，还有按照奖牌总数、奖牌数得分、考虑国家人口规模、国家 GDP 水平、运动员参赛规模等方式进行排名。以下是以第 29 届奥运会为例，介绍不同排名方式获得的世界前 10 位的国家。

(1) 按照金牌总数排名

在奥运会上获得的金牌总数可以反映一个国家顶尖竞技运动水平，许多国家和学者根据奥运会获得的金牌总数进行体育强国排名。按照这种排列方式，中国在第 29 届奥运会上获金牌数第一，美国第二，俄罗斯排名第三。第 29 届奥运会排名前 10 位的国家见表 1。

表 1　第 29 届夏季奥运会金牌总数位居前 10 名的国家

排名	国家	金牌
1	中国	51
2	美国	36
3	俄罗斯	23

（续表）

排名	国家	金牌
4	英国	19
5	德国	16
6	澳大利亚	14
7	韩国	13
8	日本	9
9	意大利	8
10	法国	7

（2）按照奖牌总数排名

在奥运会上获得的奖牌总数可以反映一个国家竞技体育的综合实力，因此，按照奖牌榜总数衡量竞技体育的实力更有代表性，按照这种排列方式，美国队排名第一。表2是第29届奥运会奖牌榜前10名排列情况。

表2　第29届夏季奥运会奖牌总数位居前10名的国家

排名	国家	奖牌
1	美国	110
2	中国	100
3	俄罗斯	72
4	英国	47
5	澳大利亚	46
6	德国	41
7	法国	40
8	韩国	31
9	意大利	28
10	乌克兰	27

（3）按照奖牌数得分排名

以奥运会比赛获得的金、银、铜牌数为基础，按照金牌3分，银牌2分，铜牌1分的积分方式，计算总分进行排名。按照这种排名方式，中国在第29届奥运会上依然排名第一。前10名得分与排序见表3。

表3 第29届夏季奥运会奖牌积分总数位居前10名的国家

排名	国家	奖牌积分
1	中国	223
2	美国	220
3	俄罗斯	139
4	英国	98
5	澳大利亚	89
6	德国	83
7	法国	70
8	韩国	67
9	意大利	54
10	日本	49

(4) 按照单位奖牌的人口数量排名

在澳大利亚昆士兰大学人口健康学院工作的福赛斯（Simon Forsyth）自1996年亚特兰大奥运会起每届奥运会在互联网上公布自己计算的"人口奖牌榜"，以这个国家或地区每百万人口产生的金牌数、奖牌数和奖牌加权分排名。这种排名方法主要反映国家人口数量与奥运奖牌之间的关系，进行奥运会奖牌排名，计算方式为在奥运会上获得的奖牌数量除以国家的人口总数，即单位奖牌的人口数量。这种排名方式在一定程度上可以反映国家竞技体育的相对实力，而无法反映国家竞技体育总体实力。福赛斯承认，以这种"人口奖牌数"衡量一国体育水平，的确存在缺陷，但纯粹以奖牌榜看待一国在奥运会上的表现也有问题。按照这种排名方式，加勒比岛国牙买加独占鳌头，中国、美国、英国和俄罗斯均未进入前10名。排名前10位的国家见表4。

表4 第29届夏季奥运会"人口奖牌数"位居前10名的国家

排名	国家	每百万人口获得的奖牌数
1	牙买加	3.237
2	巴哈马	3.019
3	冰岛	2.141
4	斯洛文尼亚	1.486
5	挪威	1.486

（续表）

排名	国家	每百万人口获得的奖牌数
6	澳大利亚	1.411
7	巴林	1.328
8	蒙古	1.276
9	新西兰	1.261
10	爱沙尼亚	1.241

数据来源为：http://www.billmitchell.org/sport/medal_tally_2008

（5）按照单位奖牌的国家 GDP 值（"奖牌效率"）排名

这种排名方式主要反映国家经济发展水平与奥运会奖牌之间的关系，即每枚金牌大约等同的 GDP 值，计算方式为一个国家的 GDP 总值除以该国获得的奖牌数，数值越小，排名越靠前。如果根据国内生产总值（GDP）看奖牌榜，朝鲜是在最恶劣的经济环境中发挥最好的国家。前 10 名的排列情况见表 5。

表 5　第 29 届夏季奥运会 "奖牌效率" 位居前 10 名的国家

排名	国家	单位奖牌的 GDP 值（百万美元）
1	朝鲜	608
2	津巴布韦	1147
3	蒙古	1173
4	牙买加	1243
5	格鲁吉亚	2550
6	肯尼亚	3067
7	古巴	3499
8	吉尔吉斯斯坦	3540
9	埃塞俄比亚	3646
10	塔吉克斯坦	3749

（6）按照参赛运动员人数与获得奖牌的比值进行排名

这种排名方式可以反映奥运代表团中的运动员人数与获得奖牌之间的关系，计算方法为获得的奖牌数量除以代表团运动员人数。按照这种排名方式，乌兹别克斯坦排名第一，前 10 名的排列情况见表 6。

表6　按单位奖牌的参赛运动员数量排名位居前10名的国家

（第29届夏季奥运会结束前2天的统计数据）

排名	国家	单位奖牌的参赛运动员数量
1	乌兹别克斯坦	2
2	牙买加	2.95
3	巴拿马	3
4	多哥	3
5	津巴布韦	3.25
6	阿富汗	4
7	印度尼西亚	4.8
8	格鲁吉亚	5.83
9	美国	5.95
10	塔吉克斯坦	6.5

数据来源为：http://news.bbc.co.uk/2/hi/7576446.stm，英国时间2008年8月22日13:34。

2. 按照世界大赛获得的成绩进行体育强国排名

根据当年在世界重大比赛中获得的金牌数量和奖牌数量进行体育强国排名。其中有影响的排名方式为汉威士（Havas Sports）体育强国排行榜。汉威士为一家著名体育咨询公司，从2005年开始，每年均进行世界体育强国排名，主要以前一年11月15日到当年11月15日间的所有国际性单项及综合性赛事的结果为基础进行统计，包括最近一次夏季奥运会和冬季奥运会、最近一次（单项）世界锦标赛。某些项目参考标准是年终排名，比如网球。根据各个国家金牌、银牌、铜牌获得情况，对所有体育运动进行综合排序。

获得的奖牌数据由各国际单项体育联合会提供，以保证数据的真实性和权威性。例如，进入前六位的国家都被认为是世界体育强国。按照这种排名方式，2006年美国和俄罗斯分列体育强国前两位，中国排名第三；2007年中国以132块金牌排名世界第二，美国、俄罗斯分别以214块和128块金牌排名第一、第三位；2008年，中国虽然在奥运会上获得金牌总数第一，但仍以155枚金牌的成绩排名世界第二，美国以195枚金牌连续第四年占据榜首。2008年世界体育强国排行榜共有126

个国家上榜（即获得奖牌），共计 52 个大项、149 个小项，产生了 1577 块金牌。2007 年世界体育强国排行榜见表 7。

表 7 2007 年世界体育强国排行榜

排名	国家	金牌	银牌	铜牌	奖牌总数
1	美国	214	190	204	608
2	中国	132	80	68	280
3	俄罗斯	128	107	124	359
4	德国	114	111	105	330
5	法国	92	99	107	298
6	意大利	80	88	99	267
7	澳大利亚	64	54	56	174
8	日本	49	46	60	155
9	韩国	44	38	39	121
10	英国	41	41	60	142

3. 按照当年在世界重要赛事所取得的成绩进行体育强国排名

除了奥运会奖牌、综合国际性大型比赛成绩作为评价"体育强国"的标准外，还有一些体育排名机构选择具有影响力的世界重大团体性比赛进行体育强国排名。世界著名体育排名机构 Tarik's 以十项主要国际团体赛事成绩为基础，对世界各国竞技运动成绩进行综合打分。这十项团体赛事为英式橄榄球世界杯、曲棍球世界锦标赛、冰球世界杯、足球世界杯、世界业余高尔夫锦标赛、戴维斯杯网球、世界篮球锦标赛、板球世界杯、世界排球锦标赛和世界棒球锦标赛。计分方式为：第一名，50 分；第二名，24 分；第三名，12 分；第四名，10 分；四分之一决赛队，即第 5~第 8 名，7 分；进入决赛圈队伍，即第 9~第 32 名，1 分。按照这种排名方法，美国居世界第一，排名前 10 名的国家见表 8。

表 8 Tarik's 世界体育强国排名表

名次 国家	1	2	3	4	5~8	9~32	总分
美国	2	0	2	0	1	3	134
澳大利亚	1	1	0	0	2	4	92

（续表）

名次国家	1	2	3	4	5~8	9~32	总分
德国	1	0	1	1	1	4	83
加拿大	1	1	0	0	0	4	78
西班牙	1	0	1	0	1	3	72
荷兰	1	0	0	1	1	2	69
南非	1	0	0	1	1	2	69
意大利	1	0	0	0	1	5	62
巴西	1	0	0	0	0	1	58
法国	0	1	0	1	3	1	56

（二）各国竞技体育实力状况

自 1896 年举办第一次现代夏季奥林匹克运动会始，美国一直雄踞金牌或者奖牌榜的前几位，并且以 2548 枚总奖牌数（包括夏季奥运会和冬季奥运会）位于榜首。美国的竞技体育水平处于世界的领先地位，而俄罗斯、德国、英国、法国和意大利的竞技体育实力与水平在世界范围内也具有广泛影响力。各国的奥运会奖牌总数可以显示其竞技体育实力的一个侧面。1896—2010 年举办的冬季奥运会和夏季奥运会的奖牌总数排名前 20 位的国家见表 9。

表 9　1896—2008 年奥运会奖牌榜排行前 20 位的国家

排名	国家	夏季奥运会奖牌总数	冬季奥运会奖牌总数	奖牌总数
1	美国	2295	253	2548
2	俄罗斯（包括前苏联和独联体）	1327	285	1612
3	德国（包括联邦德国和民主德国）	1142	339	1481
4	英国	715	22	737
5	法国	636	94	730
6	意大利	521	106	627
7	瑞典	475	129	604
8	匈牙利	459	6	465
9	芬兰	299	156	455

排名	国家	夏季奥运会奖牌总数	冬季奥运会奖牌总数	奖牌总数
10	挪威	144	303	447
11	澳大利亚	432	9	441
12	中国	386	44	430
13	加拿大	260	145	405
14	日本	361	37	398
15	荷兰	246	86	332
16	瑞士	181	127	308
17	罗马尼亚	292	1	293
18	奥地利	86	201	287
19	波兰	261	14	275
20	韩国	215	45	264

数据来源：http://en.wikipedia.org/wiki/All-time_Olympic_Games_medal_table
(2010/3/19)

1896—2010 年举办的夏季奥运会的奖牌总数排名前 20 位的国家见表 10。

表 10　1896—2008 年夏季奥运会金牌榜排行前 20 位的国家

排名	国家	金牌
1	美国	929
2	俄罗斯（包括前苏联和独联体）	503
3	德国（包括联邦德国和民主德国）	372
4	英国	207
5	法国	191
6	意大利	190
7	中国	163
8	匈牙利	159
9	瑞典	142
10	澳大利亚	131
11	日本	123
12	芬兰	101
13	罗马尼亚	86

（续表）

排名	国家	金牌
14	荷兰	71
15	韩国	68
16	古巴	67
17	波兰	62
18	加拿大	58
19	挪威	54
20	保加利亚	51

数据来源：http://en.wikipedia.org/wiki/All–time_Olympic_Games_medal_table (2010/3/19)

　　中国自 1984 年重返奥运会以来，显示出较强的竞技体育实力。中国的体育事业发展可以用飞速来形容，取得了从 1984 年的 15 枚金牌到 2008 年的 51 枚金牌的骄人成绩。1984—2008 年夏季奥运会奖牌榜排行前 10 位的国家见表 11。

表 11　1984—2008 年夏季奥运会奖牌榜排行前 10 位的国家

排名	国家	金牌	奖牌
1	美国	307	777
2	俄罗斯	205	551
3	德国	162	493
4	中国	163	386
5	澳大利亚	70	259
6	法国	65	221
7	英国	55	201
8	韩国	67	194
9	日本	50	161
10	加拿大	32	138

　　注：俄罗斯的统计包含了苏联（1988 年）和独联体（1992 年）的金牌和奖牌数（苏联 1984 年未参加奥运会）；德国的统计包括民主德国（1988 年，民主德国 1984 年未参加奥运会）和联邦德国（1984 年、1988 年）的金牌和奖牌数。数据来源：http://www.darmoni.net 以及 http://2008.qq.com/medals/

美国

美国是公认的世界第一体育强国，虽然在 2008 年北京奥运会上，美国代表团仅获得金牌 36 枚，失去金牌榜第一的位置，但仍以 110 枚的奖牌数高居奖牌榜首位，显示了强大的整体实力。同时他们在冬季奥运会上也有出色表现，排在历届冬奥会的前列。

历届奥运会上，美国共获得金牌 934 枚、银牌 730 枚、铜牌 643 枚，奖牌 2307 枚，高居世界榜首。在已经举办的第 29 届夏季奥运会中，美国代表团曾 14 次雄踞金牌榜榜首，9 次列第二位，只有 1976 年蒙特利尔和 1988 年汉城奥运会排名金牌榜第三位。

同时，在冬季奥运会上美国也有出色表现，排在历届冬季奥运会的前列，共获得金牌 87 枚、银牌 95 枚、铜牌 72 枚，奖牌 254 枚。

作为体育大国和体育强国，美国一贯重视其奥运代表团在奥运会上的表现，以期凸显自身的体育实力。美国奥运会项目虽然发展也不平衡，存在历来战绩不佳的项目，但是美国在游泳和田径两个金牌大户项目上的雄厚实力，成为美国奥运代表团多年来一直雄踞金牌榜前列的根本原因。依据国际奥委会对各届夏季奥运会运动员获取奖牌总数的统计（截至 2009 年 1 月），美国运动员获奖牌总数最多的运动项目明显集中在游泳和田径两个项目。

在 2008 年北京奥运会上，尽管美国游泳队和田径队没有发挥出自己的全部实力，却仍然得到了 12 枚游泳金牌和 7 枚田径金牌，在两个单项的奖牌榜上都高居首位。在菲尔普斯的带领下，美国游泳男队得到了总共 16 枚金牌中的 10 枚。世界泳坛的格局进一步变化，美国独占鳌头。令美国人引以为傲的田径短跑项目在 2008 年北京奥运会上输给了牙买加队，却仍囊获了 7 枚田径金牌，仅比雅典奥运会时少了 1 枚，其强大实力不可小觑。

此外，美国在集体项目上更是实力超群。2008 年北京奥运会上，共夺得男女篮、男排、男女沙排、女足 6 枚团体金牌，美国的上述项目在奥运金牌榜上经常榜上有名。

最后，美国有完善的竞技体育训练、比赛机制，如 NBA 联赛、美国橄榄球联赛等，使他们能够长时期保持较高的竞技体育水平。美国人崇尚通过体育运动保持身体的健康,奥运会的很多项目在其国内都有深厚的群众基础。

俄罗斯

俄罗斯是老牌体育强国，其奥运代表队是国家的光荣，本国的运动员总是给祖国带回奖牌，向世界展示其竞技体育实力。但是，苏联解体后，俄罗斯的竞技体育出现了竞争力下降的趋势。2000—2008 年的三届夏季奥运会中，一次获得了第二名，两次获得了第三名，排在了中国之后。在 2008 年北京奥运会上，仅获 23 枚金牌，这无疑是俄罗斯夏季奥运会历史上获得金牌数最少的一届。2002—2010 年冬季奥运会上，金牌总数分别排在了第五（6 枚）、第四（8 枚）和第十一名（3 枚）。2002 年盐湖城冬季奥运会上，俄罗斯曾经创造出史上最差成绩，位居奖牌榜的第五名，奖牌总数是 16 枚。而在 2010 年温哥华冬季奥运会上，俄罗斯代表团则更令其国人失望，排名第十一位，获 3 金、5 银、7 铜，再创参加冬季奥运会以来历史最差成绩。至此，俄罗斯丧失了其近 50 年来在国际冰坛的统治地位。然而，俄罗斯绝不可以在下一届冬季奥运会中仍然表现如此不佳，因为它是下一届 2014 年索契冬季奥运会的东道主。俄罗斯总统梅德韦杰夫在为获得温哥华冬季奥运会奖牌的俄罗斯运动员举行庆功会时要求全体运动员和教练员一定要全力迎战 2014 年索契冬季奥运会。

英国

近年来，英国在竞技体育的出色表现引起了世界普遍关注。在第 29 届北京奥运会上，英国获得了 19 枚金牌、13 枚银牌、15 枚铜牌，共 47 枚奖牌，金牌数仅比排在第三位的俄罗斯少 4 枚金牌，从 2004 年雅典奥运会的金牌第十，一跃成为世界第四。

北京奥运会上英国共派出了 311 名选手（男 168、女 143）参加了 20 个大项的比赛，共在田径、拳击、皮划艇、自行车、赛艇、游泳和帆船 7 大项上获得了金牌。如此出色的成绩是赛前不曾料到的结果，按照英国人自己的分析，虽有超常发挥的因素，但从比赛成绩看，英国基本拿到了赛前预计的金牌。英国在北京奥运会上的成功，使公众和所有体育人都对英国在伦敦奥运会创造优异运动成绩充满期待。

德国

德国是传统的体育强国，无论是民主德国、联邦德国单独存在的年代，还是合并后的德国都在奥运会上有出色表现。在近三届夏季奥运会中，德国共获得 44 枚金牌。在 2000 年悉尼奥运会德国获 14 金、17 银、26 铜，共 57 枚奖牌，位居奖牌榜第五位；在 2004 年雅典奥运会德国获 14 金、16 银、18 铜，共 48 枚奖牌，位居奖牌榜第六；在 2008 年北京奥运会获 16 金、10 银、15 铜，共 41 枚奖牌，位居奖牌榜第五位。德国在夏季奥运会中位置比较稳定，但奖牌总数有下降趋势。

德国素有冰雪强国之称。在冬季项目依然保持世界最高水平。2006 年都灵冬奥会上德国代表团显示出强大实力，共获得 11 枚金牌、29 枚奖牌，金牌和奖牌数都位居世界第一。在德国统一后的五届冬奥会上，德国三次列奖牌榜第一，五次进入前三强。

法国

不论过去，还是现在，法国都是一个名副其实的体育强国。20 世纪 50 年代以前，法国在奥运会上的成绩一直位居世界前列，特别是在 1900 年的奥运会上，曾经获得金牌第一。虽然 20 世纪 50 年代至 80 年代中期，法国的竞技体育成绩有所下降，但从 1988 年汉城奥运会开始，法国又重新进入世界前 10 位的行列。近年来，法国的体育成绩呈上升趋势，亚特兰大奥运会法国金牌数位居中国之后排列第五。在近三届的夏季奥运会上，法国所获金牌都排在前 10 位：悉尼奥运会金牌数第六；雅典奥运会金牌数第七；北京奥运会上获得了 7 枚金牌、16 枚银牌和 17 枚铜牌，共获得 40 枚奖牌，奖牌总数超过了悉尼奥运会的奖牌总数（13 金、14 银、11 铜，共 38 枚奖牌），排名第七。

西班牙

西班牙队首次参加奥运会是在 1900 年。从 1920 年起参加了除 1936 年以外的历届奥运会。除排球和柔道外，其他所有大项均有西班牙运动员参赛。迄今为止，西班牙在历届夏季奥运会中共获得 25 枚金牌、27 枚银牌、22 枚铜牌。其中最出色的是 1992 年在巴塞罗那奥运会上取得的 13 金、7 银、2 铜的成绩，列奖牌榜第 6 位。在 2000 年悉尼奥运会上，西班牙夺得 3 金、3 银、5 铜，排名第 25 位；在 2004 年雅典奥运会上，西班牙夺得 3 金、11 银、5 铜，排名第 20 位；2008 年北京奥运会上，西班牙获得 5 金、10 银、3 铜，排名第 14 位。从近三届奥运会的奖牌榜分析，西班牙的竞技实力逐渐上升。

日本

日本是亚洲传统体育强国，也是第一个承办奥运会的亚洲国家。日本奥运代表团曾在 1964 年的东京奥运会上获得 29 枚奖牌，夺牌率高达 5.8%（夺牌率，即占所有奖牌总数的比例），对提高日本、乃至亚洲的竞技运动水平起到了重要作用。然而，以后随着韩国、中国相继承办奥运会和亚洲竞技运动水平的崛起，日本在国际竞技体育中的竞争力呈下降趋势，在奥运会中所获奖牌数逐渐下降，1996 年亚特兰大奥运会上，仅获得奖牌 14 枚，夺牌率仅为 1.7%。

提高日本在国际竞技体育中的竞争力，对日本来说是一个重要的挑战。与其他一些主要国家在奥运会中获得的奖牌数量相比，由于日本在奥运会获奖牌数逐渐减少，日本文部科学省从 2000 年 9 月开始实施《体育振兴基本计划》，其核心目标之一就是提高日本在国际竞技体育中的竞争力。根据该计划，文部科学省与日本奥组委和竞技体育组织共同采取措施，重振日本竞技体育。采取的措施包括：建立从初级到高水平运动员的系统训练体系、建立日本国立体育科学院（JISS）和国家训练中心、培训体育指导员等。

这些措施开始取得成效，在 2004 年雅典奥运会上，日本从悉尼奥运会的 5 枚金牌猛增到 16 枚金牌，金牌榜排名从第 15 位跃居第 5 位，共夺得 37 枚奖牌，创下历史最高纪录，提前实现了《体育振兴基本计划》中提出的奥运会金牌指标，表明日本竞技体育竞争力的提升。

2008 年北京奥运会上，日本共获得 26 块奖牌，其中金牌 9 枚，列金牌榜第八位，没有达到预定的"金牌达两位数，奖牌超 30 枚"的目标。日本在近几届夏季、冬季奥运会获得奖牌的情况见表 12 和表 13。

表 12　日本运动员在近几届夏季奥运会上获得的奖牌数

年份	举办城市（国家）	奖牌数			
		金牌	银牌	铜牌	总数
1976 年	蒙特利尔（加拿大）	9	6	10	25
1988 年	汉城（韩国）	4	3	7	14
1992 年	巴塞罗那（西班牙）	3	8	11	22
1996 年	亚特兰大（美国）	3	6	5	14
2000 年	悉尼（澳大利亚）	5	8	5	18
2004 年	雅典（希腊）	16	9	12	37
2008 年	北京（中国）	9	6	11	26

表 13　日本运动员在近几届冬季奥运会获得的奖牌数

年份	举办城市（国家）	奖牌数			
		金牌	银牌	铜牌	总数
1972 年	札幌（日本）	1	1	1	3
1988 年	因斯布鲁克（奥地利）	0	0	1	1
1992 年	阿尔贝维尔（法国）	1	2	4	7
1994 年	利勒哈默尔（挪威）	1	2	2	5
1998 年	长野（日本）	5	1	4	10
2002 年	盐湖城（美国）	0	1	1	2
2006 年	都灵（意大利）	1	0	0	1

　　日本将进一步重视竞技体育工作，计划从 2009 年开始实施"国家教练"制度，以增加在奥运会上夺取奖牌的机会。日本奥委会制定的"黄金计划"第二阶段目标是通过举办 2016 年奥运会、摘取 27 枚金牌，以跻身世界排名前三甲。但从目前情况看，承办 2016 年奥运会已无可能。

澳大利亚

　　澳大利亚在竞技体育方面一直保持高水平竞争力，自 1992 年巴塞罗那奥运会以来,澳大利亚一直位于奥运会（包括残奥会）奖牌榜前十名的位置。在悉尼奥运会上，澳大利亚利用东道主的有利位置，共获得 58 枚奖牌，位于排行榜第四。同奖牌榜前三位的美国（97 枚奖牌）、俄罗斯（88 枚奖牌）、中国（59 枚奖牌）相比，澳大利亚引以自豪的是如此稀少的人口获得 58 枚奖牌，足以证明澳大利亚的实力。澳大利亚统计局的统计结果表明，如果按人口比例来计算奥运奖牌，澳大利亚应该位居世界前三位。

2004 年雅典奥运会上，澳大利亚以 49 枚奖牌（其中金牌 17 枚，银牌 16 枚，铜牌 16 枚）名列奖牌榜第四位。

在 2008 年北京奥运会上，澳大利亚获得 14 枚金牌、15 枚银牌和 17 枚铜牌，奖牌总数 46 枚，位居排行榜前六位，表明澳大利亚的竞技运动实力一直稳定在第二集团。

(三) 大型国际竞技体育比赛备战工作

由于竞技体育所具有的多元功能，各国政府都将竞技体育比赛的胜负作为衡量国家综合实力的一个重要因素，特别是竞技体育在政治、外交、振奋民族精神和促进经济发展中的作用，使得世界各国都非常重视大型国际赛事的备战工作，尤其是像奥运会这样综合型的全球规模最大、影响最广的体育赛事，世界各国对奥运会的重视程度和参与热情普遍提高。投入大量的人力、物力、财力进行综合备战，使竞技实力不断加强。在经费方面，各国政府都必须向竞技体育和体育竞赛提供保证，向本国精英运动员、特别是奥运会运动员提供足够的经费支持。如英国政府为了备战 2004 年雅典奥运会，直接财政支持达到 7000 万英镑，在雅典奥运会上，英国总共获得 30 枚奖牌，相当于每枚奖牌 230 万英镑；在 2008 年北京奥运会，英国政府直接财政投入 7500 万英镑。澳大利亚在 1976 年蒙特利尔奥运会上表现欠佳，为了提高竞技运动水平，澳大利亚政府持续投入大量公共基金建设竞技体育训练基地和设施，如澳大利亚体育学院，直接支持运动员和本国奥运项目协会。民主德国曾宣称拿出了国民生产总值的百分之一用于竞技体育。

即使像美国这样非中央集权政治体系的国家，如果认为有必要保证竞技体育的成功，联邦政府也要干预体育的相关事宜。例如，1978 年，美国国会通过立法解决了美国大学体育协会（NCAA）和美国业余体育联合会（AAU）长期存在的分歧，即精英田径运动员的管理权。《业余体育法》将 AAU 边缘化，美国奥委会承担了国家队备战的主要责任。以下是各国对奥运会等大型赛事的备战情况。

美国

美国的竞技体育是典型的商业运作模式，运动员通过系统、科学的训练，参加商业比赛，赢得比赛奖金，获得商业赞助;然后再聘任更高水平的教练，改善训练条件，寻求更好的赞助商，获得更好的成绩。

美国在奥运会前，总是采用集中训练的方式进行赛前备战，使有潜力的运动选手不断提高运动成绩，达到国际水平。美国奥委会的备战主要依靠各大学和当地教练员，并没有资金来实施集中训练。美国竞技体育的基础是强大的高等院校系统。每个教练员都有他自己的训练方法和风格来培养高水平运动员，经过完善的选拔办法组成奥运代表团参加奥运会。而对于一些集体类项目，也要集中进行战术训练，以提高整体竞技水平。以美国排球队备战奥运为例，在奥运会前的 90 天，运动员要集中训练，逐步完善和灌输一些新战术、新打法。

另外，美国的竞技体育就是比赛，运动员通过在竞技赛场的激烈比赛，不断提高竞技运动水平和战术意识，形成顽强的精神意志力，以期在比赛中获得成功，形成了独特的备战方式。

美国备战大型国际赛事的另一个特色是非常注重精英教练员的培训。1988 年，美国奥委会成立了一个针对教练员培训的特别委员会，解决诸如谁是美国国家队精英教练员、教练员岗位培训的背景是什么、这些教练员是否希望获得额外的培训经历等一些基本问题，针对这些问题，进行统计分析，制定教练员培训计划，提高教练员的执教水平。在 2007 年，美国奥委会再次调查了全美精英教练员，比较 1988 年和 2007 年两次调查结果，发现了以下五个方面的变化，可以清晰地反映近 20 年教练员队伍发生的变化。

1) 精英教练员的年龄较大并具有丰富的经验（5 年或以上的执教经验）。

2) 均具有较高的教育背景，1988 年调查时精英教练员具有大学学历的占 78%，2007 年调查时具有大学学历的占 84.9%。

3) 更多的教练员成为以此为生的职业教练员，只有少数教练员在大学谋生。

4) 更多高水平运动员（大学学历或以上）进入职业教练员领域（增长了 11%）。

5）更多教练员通过参加讲习班、讲座和研讨会来增加知识。

又如，一名成功的精英教练员的特点和品质是什么？对精英教练员的调查结果显示以下顺序：1）知识水平；2）交流能力；3）倾听；4）承担的义务、奉献和坚韧性；5）领导能力。

俄罗斯

前苏联备战奥运会等重大国际赛事采用的是典型的举国体制，在苏联解体后的一段时间里，俄罗斯也采用类似商业比赛的模式，造成了俄罗斯竞技运动水平的明显下降。当俄罗斯经济盼望着崛起、国民的凝聚力需要外力推动时，总统普京自然想到了体育，人们会在赛场上升起的国旗中找到奋发的力量。普京决定在振兴俄罗斯经济之前，首先振兴俄罗斯体育。2002年10月15日，普京签署了成立"总统体育委员会"的总统令，一个在世界上独一无二的政府级体育管理机构诞生了。在首届"总统体育委员会"中共有39位成员，主席由普京亲自担任，副主席是费季索夫。他们中既有国家政府高官，也有地方官员，既有世界知名的运动员，也有享誉全球的教练员。

现在的俄罗斯在一定程度上依然继承了前苏联的竞技体育体制，使俄罗斯继续保持着世界主要体育强国的地位。俄罗斯奥运备战体制将在以费季索夫领导下的俄罗斯联邦体育与旅游署为领导核心的基础上向前苏联的举国体制转化。2004年，俄罗斯国家体委被取消，取而代之行使权力的是俄罗斯联邦体育与旅游署，原俄罗斯国家体委主任费季索夫担任了这个机构的第一负责人。随着俄罗斯联邦体育与旅游署的成立，俄罗斯奥委会在未来的俄罗斯体育事务中的地位有所下降。对于竞技体育的管理权，尤其是备战奥运会工作方面，权力重心将逐渐向俄罗斯联邦体育与旅游署转移。

俄罗斯总统梅德韦杰夫于2008年8月30日在莫斯科大克里姆林宫会见第29届北京奥运会冠军及奖牌获得者。梅德韦杰夫在讲话中不仅对为国家获得奖牌的运动员给予了高度评价，并且为2012年伦敦奥运会寄予厚望，因为代表俄罗斯参加北京奥运会的是一支年轻的队伍，他们当中有2/3的运动员第一次参加奥运会，他们的潜力还远远没有发挥出来，他们有极大的发展空间，他们通过参加奥运会获取了宝贵的奥运经验。

透过梅德韦杰夫总统的讲话可以看出俄罗斯政府对竞技体育的高度重视。此外，俄罗斯已经拥有，或者可以说已经出现了一批实力雄厚的地区级体育学校，形成了奥运参赛的后备军，这也是振兴俄罗斯竞技体育的重要基础。

英国

英国奥委会与国家奥运管理机构携手，进行选拔优秀的男女运动员组成英国奥运代表团，对英国奥运代表团的备战工作安排得井井有条。这包括在奥运会前对主办城市组织的访问、准备配有独一无二的最佳装备的训练营供英国奥运代表团在奥运开幕前几周的适应性训练中使用，以帮助英国奥运选手在他们入住奥运村前做好准备并适应比赛环境。英国奥委会也负责帮助运动员长期备战提供服务，而不仅仅是在奥运会开幕前的适应性训练。

英国准备参加奥运会的选手会得到方方面面的照顾。例如奥林匹克医学研究院（OMI）为英国奥运代表团的运动员随时提供各种科技服务。有丰富经验的科研人员、医生、营养学家、运动医疗专家组成的科技专家组会确保运动员的科学训练，并负责运动伤病的治疗与恢复，以最佳竞技状态参加奥运会比赛。

为了培养未来的奥运选手，英国组成代表团参加每两年举行一次的欧洲青年奥运节，以锻炼年轻队伍，为年轻选手提供参赛机会，增加比赛经验。此外，英国奥运基金（BOF）在发展英国竞技体育方面也发挥了重要作用。作为英国奥委会的慈善目标，英国奥运基金旨在鼓舞激励体育和教育。英国奥运基金通过一系列的重要措施，旨在提高奥运准则和理想的影响，以及加深人们对于这些理念的理解；参与国际奥运学院提供了一次千载难逢的探索奥林匹亚的好机会。英国奥运基金同样以鼓励参与体育并且主办多种赛事的方式来促进体育活动和引导健康生活方式。

德国

德国的体育俱乐部和德国体育的发展有着密切的联系。在竞技体育方面，德国国家队不是常年集训，运动员都来自体育俱乐部，他们平时在各自的俱乐部训练，参加比赛时再集中到一起。可以说，体育俱乐部会员数量众多、项目开展普及保证了德国竞技体育的高水平，德国有超过 86000 个与德国奥林匹克体育联盟有联系的体育俱乐部，会员超过2600 万。德国精英运动员主要产生于体育俱乐部。

德国奥林匹克体育联盟负责奥运会的备战工作，多年来，该组织一直努力试图把体育写入德国基本法，并将其作为德国联邦政府的一项基本工作目标来完成，同时，不惜投入巨资推动完善竞技体育培训体制。德国原来并没有国家级的运动训练中心，相反，整个地区的体育俱乐部相互协作，形成一套有组织的网络系统，支持推广竞技体育，加强竞技体育在德国的发展。这一套系统颇见成效。借助 1984 年洛杉矶奥运会的契机，德国建立了奥运筹备中心，旨在为高水平竞技运动员提供支持和帮助。到目前为止，德国国内大概有 20 多个这样的中心，培养着近3800 名高水平竞技运动员。筹备中心的运动员分为三类：A 类为国际高水平运动员，B 类为国内高水平运动员，C 类为高水平青年运动员。

近年来，德国夏季奥运会成绩出现下滑趋势。德国奥林匹克体育联盟（DOSB）针对这一情况，制定夏奥会奋斗目标，意在遏制 1992 年以来的下滑势头，并在 2012 年和 2016 年奥运会上出现转机。巩固目前冬奥会的优势地位。因此，除要加大资金支持外，还要制定着眼于未来的发展计划，细化备战方案，以全面提高德国竞技运动水平。

以德国备战 2006 年冬奥会为例，将集中备战工作从两年扩展到三年。在 2003—2004 赛季就启动了"备战都灵冬奥会高水平运动队计划"，提前选拔参加冬奥会的运动员，并为他们创造最佳的训练条件和生活环境。在备战工作中引入竞争机制，根据运动员的个人比赛成绩、竞技水平发展状况等因素选拔、吸收和淘汰运动员。同时，各单项协会采取科学的训练方式，重视运动员竞技状态变化的周期性，尽量调整时间，让备战运动员能在参加都灵奥运会时处于最佳状态。

法国

为了使法国竞技体育保持在体育强国之列，法国政府对竞技体育的组织与资助高度重视。法国健康、青年事务与体育部制定竞技体育的相关政策，这些政策对法国 6500 名顶尖运动员和约 9000 名后备力量备战奥运会、世界锦标赛和欧洲锦标赛产生至关重要的影响。

国家体育学院位于巴黎郊区，是一个专门为高水平运动员提供服务的训练中心，负责为国家高水平运动员提供运动训练、文化学习和就业培训。学院拥有田径、游泳、球类、赛艇、射击等多种训练场地，同时还有体育科研中心、体育医疗中心和体育信息中心，为运动员的科学训练提供全方位服务。进入国家体育学院训练的运动员，必须是经过国家体育部、国家奥委会和运动项目单项协会审批的高水平运动员。

法国对于在奥运会比赛中获得奖牌的运动员给予奖励，以鼓励他们在比赛中创造优异运动成绩，为法国争光。法国对 2008 年奥运会与残奥会获得奖牌运动员的奖金为金牌 50000 欧元，银牌 20000 欧元，铜牌 13000 欧元。

西班牙

西班牙政府一直高度重视竞技体育，西班牙《体育法》规定，"高水平体育一直是政府关注的焦点。这不仅因为其在体育发展中占重要位置，还由于其准备过程中的技术和科学要求，同时在正式国际性比赛或预选赛中，高水平体育有着代表西班牙的作用。正因如此，它可以刺激体育在大众阶层的发展。"在西班牙，高水平体育由西班牙体育联合会和各自治区政府共同负责，政府出资，其目的是提高西班牙的竞技运动水平，从而在奥运会上创造优异成绩。

奥林匹克体育协会（ADO）具体负责奥运会的备战工作。ADO 由西班牙广播电视公司、西班牙奥委会（COE）和西班牙体育理事会组成。ADO 于 2009 年公布了 ADO 计划，此项计划意味着针对高水平运动员和教练员的备战工作增加经费投入，主要来源为国家体育理事会。此计划还规定了体育比赛积分及其他指标，作为划分运动员和教练员的依据。

ADO 计划是一个支持奥林匹克运动的项目，其主要目标是改善西班牙运动员在奥运会的表现。这一计划主要围绕三部分内容展开：一是为优秀运动员备战奥运会提供资金支持；二是为负责奥运准备工作的技术人员提供奖励；三是制定运动员备战奥运会特别计划。

此外，西班牙奥委会还设定了"西班牙奥委会计划"，主要目的是向有可能在奥运会中取得成绩的运动员和教练员提供经济援助，以补偿他们对高水平体育做出的贡献。同时，西班牙运动员还可能得到诸如俱乐部、体育联盟、地区政府、西班牙奥委会等组织的经费支持。

日本

日本在 1964 年的东京奥运会上取得过优异的成绩，但近 30 年来，由于中国、韩国竞技体育的崛起，日本已失去亚洲竞技体育第一强国的地位，因此，近年来，日本民众对提高竞技体育水平的呼声提高，政府也对竞技体育重新重视。

日本奥运会的备战工作主要由日本奥委会负责。为了提高竞技运动水平，日本甚至借鉴中国、俄罗斯的"举国体制"备战奥运会，效法美国、俄罗斯、中国、澳大利亚、德国、法国和韩国等位于奥运会奖牌榜前列国家的方法，建立国家运动训练中心。为此，文部科学省提出了建设一个集训练、科研、情报于一体的综合性国家训练中心的构想，旨在奥运会上取得佳绩。该中心已于 2007 年建成，已在北京奥运会备战周期使用。该中心包括完善的室内、室外训练场地与设施。

——室内训练设施：包括排球、篮球、手球、羽毛球、乒乓球、艺术体操、柔道和蹦床等项目，而体操、摔跤和花样游泳等项目可在原运动科学训练中心进行。

——室外训练设施：提供田径项目和其他体育项目基本训练所用的400 米跑道；对于需要配备草地体育场的体育项目，如足球和橄榄球等，利用西之丘足球场。

——与日本国立体育科学中心（JISS）合作进行训练，科学监测运动训练，开办训练营，使运动员保持最佳身体状态。

日本国立体育科学中心（JISS）是于 2001 年建立的，其目的是为提高日本在国际竞技体育中的竞争力提供保障，用科学训练方法提高训练效果和成材率，保护运动员身体健康。该中心功能完备，包括运动医学、体育科学和信息情报三个板块，从而可以很好地为提高竞技体育能力服务。具体手段包括训练日本高水平运动员、发掘和培养年轻有潜力的运动员、为高水平运动员的发展提供科学指导。为了实现这些目标，JISS 根据科学分析制定有效的训练方法，为各种运动疾病提供医疗保障，完整地收集、分析、储存并提供相关信息，旨在提高日本在国际体育赛事，包括奥运会中的奖牌获得率。

表 14 是除日本之外的世界其他国家运动训练基地情况。

表14　世界主要国家建立的国家运动训练中心

国家	美国	中国	澳大利亚	法国	韩国	意大利	英国	加拿大	德国
训练基地名称	美国奥林匹克训练中心	奥林匹克训练中心	澳大利亚体育学院	法国国家体育运动学院	泰陵训练中心	帝普尼亚国家训练中心	利勒夏尔国家训练中心	卡尔加里国家体育中心	奥林匹克训练中心
地点	加利福尼亚州圣迭哥郊区	北京郊区	堪培拉郊区	巴黎郊区	首尔郊区	罗马以北300公里处	斯坦福德	卡尔加里（在卡尔加里大学内）	全国有22个奥林匹克训练中心
建立机构及管理实体	建立：美国奥林匹克委员会 管理：美国奥林匹克委员会	建立：一般体育行政部门 管理：一般体育行政部门	建立：联邦政府 管理：体育委员会（一个专门的合作公司）	建立：青年体育部和自愿协会 管理：青年体育部和自愿协会	建立：政府（文化旅游部） 管理：韩国体育理事会	建立：意大利奥林匹克委员会 管理：意大利奥林匹克委员会	建立：英国体育理事会 管理：利勒夏尔体育/会议中心	建立：国家政府 管理：卡尔加里大学	建立：联邦政府 管理：由联邦政府及地方政府的体育协会、公司和其他机构组成的委员会
建立时间	1995年部分建立	1987年	1981年	1975年	1966年	1971年	1951年	1994年	1960年（1984年洛杉矶奥运会后扩建）
面积	60公顷	66公顷	65公顷	34公顷	31公顷	41公顷	81公顷	2.6公顷	—

（续表）

国家	美国	中国	澳大利亚	法国	韩国	意大利	英国	加拿大	德国（以慕尼黑为例）
主要设施	(1) 田径场 (2) 足球设施 (3) 网球场 (4) 射箭设施 (5) 曲棍球设施 (6) 自行车赛道 (7) 赛艇设施 (8) 运动医学及体育科学研究所 (9) 住宿设施（150人）	(1) 田径场 (2) 曲棍球设施 (3) 网球场 (4) 棒球设施 (5) 综合体育馆 (6) 室内游泳池 (7) 柔道设施 (8) 国家体育科研究所 (9) 兴奋剂检测中心	(1) 田径场 (2) 足球设施 (3) 多功能运动场 (4) 室外场地 (5) 室内网球场 (6) 室外球场 (7) 室内游泳池 (8) 体操馆 (9) 体操设施 (10) 科学和医疗中心 (11) 住宿设施（300人）	(1) 田径场 (2) 室内体育馆（为田径比赛及自行车比赛使用场地） (3) 橄榄球类体育设施 (4) 室内游泳池 (5) 射箭设施 (6) 多个室内场地 (7) 室内及室外步枪射击场 (8) 赛艇馆（在马恩河） (9) 生理、心理及其他实验室 (10) 体育信息中心 (11) 体育医疗中心 (12) 住宿设施（631人）	(1) 田径场 (2) 室内田径体育馆（为田径比赛，羽毛球和手球场地） (3) 网球场 (4) 射箭设施 (5) 室内溜冰场（400米） (6) 室内溜冰场（花样滑冰等） (7) 体育教育和体育科学研究所 (8) 住宿设施（600人）	(1) 田径场 (2) 室外场地 (3) 体操设施 (4) 多功能体育馆 (5) 射击场 (6) 住宿设施（150人）	(1) 多个室外球场 (2) 网球场 (3) 体操设施 (4) 多个综合体育馆 (5) 室内板球和射箭设施 (6) 体育疾病中心 (7) 人体性能中心 (8) 住宿设施（230人）	(1) 速滑溜冰场 (2) 短道速滑溜冰场 (3) 冰球设施 (4) 田径场 (5) 运动医学及体育科学设施（大学设施）	(1) 雪橇设施 (2) 冰球设施 (3) 花样滑冰溜冰场 (4) 柔道设施 (5) 溜冰场 (6) 田径跑道 (7) 赛艇设施（独木舟） (8) 步枪射击场 (9) 游泳池 (10) 滑雪设施 (11) 网球场 (12) 体操设施 (13) 排球设施 (14) 赛艇设施（划艇）

澳大利亚

澳大利亚体育运动委员会是负责澳大利亚竞技体育的主要行政管理机构，其下属的澳大利亚体育学院具体负责澳大利亚竞技体育的发展，专门训练高水平精英运动员，最大限度地挖掘他们的运动潜能。据统计，2008 年北京奥运会上，澳大利亚奥运代表团中 60%的运动员来自澳大利亚体育学院。

澳大利亚体育运动委员会与国家各体育机构共同合作，确保澳大利亚运动员在国际大赛上有出色表现。澳大利亚体育运动委员会首先与各体育机构进行磋商，按照各体育机构的规划制定资金拨款计划，并达成协议。精英体育占到整个资金的 90%，主要用于运动员训练、参加国际大赛以及为运动员的发展提供支持。与悉尼奥运会不同，备战雅典奥运会的资金分配方式有了明显的改变，资金不再按功能（如体育科技、国际比赛）分配，而是按运动项目分配，分配的优先权主要取决于该项目在国际比赛上的成绩以及项目的发展结果。分配方式的转变主要是为了促进各机构提高自己对运动项目的管理。澳大利亚体育运动委员会对分配的资金使用进行监督。

澳大利亚是公认的世界游泳强国，拥有众多的世界游泳名将。澳大利亚游泳几经沉浮，其发展过程大致可分为早期的黄金时期、20 世纪 30 年代的衰退阶段和 20 世纪 40 年代的复兴时期，下面以澳大利亚游泳训练为例介绍分析澳大利亚竞技体育训练和备战模式。

澳大利亚游泳训练周期一般分为几个阶段，早期阶段的训练几乎完全集中于耐力与有氧训练，后期进行速度训练，通常这一阶段每回合的游程减短，间歇休息时间加长，但强度加大。为了达到最佳竞技状态，运动员需要进行为期 12～13 周的训练，而大型比赛的选拔赛常常在比赛 12 周前进行，因此，这种训练和选拔的矛盾一直存有争议。

索普这样的顶尖运动员训练都是十分刻苦的，他们除进行长距离耐力训练外（每周游泳训练 9 万米），还要附加陆上训练，如跑步、力量训练、瑜伽、拳击等。在游泳训练中，不断变换节奏与间歇时间，以增强机体的各种供能系统。

澳大利亚游泳协会对于每次国际大赛参赛运动员与教练员的选拔都制定详细的标准，进行严格的选拔，以下为澳大利亚参加 2009 年世界游泳锦标赛的选拔标准。

教练员选拔要求。（1）担任主要教练时（负责一名选手训练中85%的计划与监督工作）所指导的选手至少有一名曾获奥运会单项比赛入场券（不含接力）；（2）必须为最高级别教练员之一，要求为教练员团队的规模，即（不含国家主教练）教练员与运动员的比例为1：4；（3）教练员的排名按照其所指导的运动员在国际泳联2008年奥运会世界排名来决定等。

运动员选拔要求。自动入选标准：（1）达到或好于"A"标准或者在单项决赛中名列前两名；（2）在100米和200米自由泳决赛中名列第三或第四，且计算后的接力时间达到或好于合格标准中的A级。

没有达到自动入选的运动员，满足以下条件后方可入选：（1）在100米和200米自由泳决赛中名列第五或第六，且计算后的接力时间达到或好于合格标准中的A级；（2）达到或好于B级标准，且在奥运会中名列前两名。

（四）竞技体育后备人才培养

如果说奥运会成绩在一定程度上可以代表一个国家竞技体育综合实力的话，那么奥运选手后备人才的培养则是体现竞技体育未来发展的重要基石。因此，世界各体育强国都高度重视优秀运动员的人才培养，然而由于不同国家的社会制度、社会背景不同，竞技体育后备人才的培养方式也不同。

美国

如前所述，美国政府没有专门负责高水平竞技体育的部门，美国奥委会、美国大学体育协会和职业联盟分别对不同的竞技体育赛事进行管理。美国竞技体育后备人才的培养是以学校为中心的，美国青少年从幼儿园开始，就保证每一个喜欢体育活动的人享有参加体育活动的权利。

美国竞技体育人才培养是采用中小学——大学——职业队或俱乐部的途径，在中小学和大学阶段，体育活动非常普遍，人才济济，具有雄厚的运动选拔基础，大多数运动员最终多经过高等教育，除了掌握运动技术外，都有其他专业基础和技能，为运动员的就业提供了保障。

美国青少年在中小学阶段，可以接受不同形式、不同项目的体育教育，使他们有机会学习各种运动技能，培养他们的体育兴趣，因此，美国的中学被称为竞技体育后备力量的摇篮。在中小学阶段，教师对培养学生的体育兴趣、掌握运动技能起着非常重要的作用。因此，美国对于学校体育工作高度重视，为了规范体育教育过程，于1995年，美国全国运动与体育协会（NASPE）出版发行了《迈向未来：全国体育教育标准》，从不同方面明确了接受体育教育应达到的标准，其中包括了解运动概念与原理、展示运动能力、熟练掌握几项运动技术、定期参加体育活动、获得和保持基本的体能水平、在体育活动环境中展示具有责任感的个人和社会行为等各个方面。

2007年，美国全国运动与体育协会（NASPE）出版了《体育教师评价指标》。主要包括五方面的内容。（1）教学方面：强调两个重点，一是课程目标一致性，即地方、州和国家标准具有一致性；二是教师要依据学生的能力，设计教材内容，并依据学生的实际情况，调整教材内容。（2）学生学习成绩方面：亦有两个重点，一是学生学习成绩也要保持地方、州和国家标准的一致性；二是真实反映学生的学习成绩，进行多元评估，了解学生多元学习成绩。（3）管理与组织方面：对学校的体育场地设施、教材设备、班级规范等内容进行有效管理，最大限度地发挥学生的学习积极性。（4）学习气氛：提倡积极、正面的学习环境，确保体育课程学习的安全性。（5）专业程度方面：主要强调体育教师要不断进行专业进修，提高专业化程度，并能够与他人进行良好的互动及合作等。通过以上评价指标，确保体育教师的教学水平，从而提高体育课程的教学效果，这也是培养优秀竞技体育人才的重要基础。

美国大学体育的宗旨就是体育融入教育，通过体育达到多方面培养学生的目的。因此，美国大学是培养高水平运动员的最重要的场所，大学生运动员是美国竞技体育队伍的主要力量，不仅是NBA等职业运动员都来自大学，同时美国参加奥运会的运动员绝大多数本身就是大学生运动员，他们在奥运赛场上的出色表现，无疑可以证明这种竞技体育后备力量人才的培养是适合美国国情的。

俄罗斯

前苏联竞技体育后备人才培养采用的是"举国体制"。虽然1991年俄罗斯联邦成立之后，前苏联的中央集权式体育管理模式发生了一些重大变革，非政府体育组织的作用逐步增大。但在后备人才培养方面仍然延续了前苏联青少年体育学校培养模式，即青少年体校的教练员们挑选有运动天赋的青少年，在体校边学习、边进行专项训练。前苏联的青少年体校在世界闻名，前苏联的竞技运动成绩之所以能够保持世界第一集团的位置，甚至在许多项目的整体实力超过美国，与这种后备人才培养模式密切相关。

即使是现在的俄罗斯，在各个项目的国家队中，有90%以上的运动员是由青少年体校培养的。俄罗斯共有4500多所各级体校，俄罗斯的青少年体校可以分为青少年体育俱乐部、青少年运动学校、青少年奥林匹克后备学校、奥林匹克后备力量中等学校和高等运动健将学校等，分别隶属于俄罗斯体委、教育部、单项体育协会、地方体育管理部门等。

由于俄罗斯国内经济状况恶化，青少年体校也面临缺乏必要的训练设备、比赛资金、高水平师资力量和有经验的管理人员等诸多问题和困难。此时，为了振兴俄罗斯竞技体育，俄罗斯人开始重新审视青少年体校的作用，上到总统、下到百姓都对于青少年体育给予关注。俄罗斯前总统普京非常重视体育后备人才培养工作，表示要大力支持体校的改革工作，他认为俄体校的成败关系到俄罗斯体育的未来。他曾指出"很明显，在20世纪90年代中期，针对儿童和青少年的体育学校制度被终止了。我们失去了很多职业教练员，但是我们必须恢复这些项目计划。尽管在过去的几年中，我们取得了一些进步，但还远不够"。

俄政府提出了改革体校的一些措施，主要包括：（1）通过法律来巩固和完善青少年体校的地位。（2）加大青少年体校经费投入，给予相应的财政优惠。（3）由国家拨款的单一形式到积极寻求社会资金和合法商业赞助的经费支持方式。（4）制定青少年体育发展大纲。（5）培养高水平体校管理人员，提高体校教练工资待遇。

俄罗斯体育科学研究所、俄罗斯体育技术装备和材料研究所及圣彼得堡体育科学研究所进行着一系列体育基础研究和应用研究。其成果被应用于培养竞技体育后备人才工作。他们通过运动解剖、运动生理、运动生物化学、运动技术分析、运动医学等方法建立优秀运动员选拔标准、科学训练手段、伤病诊断与防治方法等，使青少年训练更加科学、规范化，有效地提高了后备体育人才的成材率。

俄罗斯的后备人才培养计划是围绕奥运会制定的，4年一个周期，例如"悉尼2000计划""雅典2004计划"。"雅典2004计划"是在"悉尼2000计划"结束后开始实施的。俄罗斯还正在实施一项足球的人才培养方案，其目标是通过在青少年中普及足球运动，提高人们的身体素质，提升俄罗斯足球国际竞争力。其具体目标为：（1）让最多的儿童、青少年参加足球运动。（2）为儿童、青少年建设更多的足球场地。（3）改善国家队体育后备人才训练条件，一是为体育学校提供优秀的后备人才；二是根据需要，创建全高级训练系统；三是向儿童、青少年和年轻人介绍先进、科学的训练方法。

英国

英国竞技体育后备人才的培养离不开中央与地方各体育组织的通力合作。英国文化、媒体和体育部（DCMS）是主管全国体育工作的政府部门，通过与政府其他部门和英国体育局（UK Sport）的合作实现对竞技体育的管理。2008年6月，英国文化、媒体和体育部出台了"获取胜利——体育运动的新纪元"的策略，旨在把英国发展成世界一流的体育大国，力争在2012年的奥运会和残奥会中取得突破性的胜利。首先，英国奥委会在培养和选拔体育后备人才方面发挥了重要作用。英国奥委会意识到青年奥运节在培养未来的奥运选手方面的重要性。青年奥运节向英国奥运代表团提供参与多个体育项目和获得奥运体验的机会。

其次，相关策略的制定也为英国体育后备人才的培养提供了有利条件。英格兰体育局（Sport England）在2008年制定了新的体育策略，旨在建立一条由学校到职业团体、到精英运动员的正确道路。新的策略前所未有地明晰了体育界三个主要机构的角色。青年体育基金（Youth Sport Trust）主要负责学校体育。英格兰体育局主要负责确保学校以外存在较好的机会，以使孩子们和年轻人能顺利从学校环境转移到社区环境。英格兰体育局和青年体育基金在"五小时提议"（Five Hour Offer）上的合作将成为这项转型的主要组成部分。据估计，到2010年，这些试验将使 5 ~ 16 岁孩子参加国家体育管理机构认证的俱乐部人数增加到该年龄段总人数的 1/3。有关精英运动员的工作主要由英国体育局负责。英格兰体育局保持体育成绩方面扮演一个关键性的角色。对于个人来说，这意味着运动员在职业团体中将再次经历他们在学校经历的高水平训练和比赛，他们将有机会挖掘自己的潜力。

再次，为了提高英国体育的国际竞争力，政府出资发展了潜力运动员研究计划（或称 TASS），旨在支持培养年轻的、未来有潜质夺得奖牌的体育后备人才。潜力运动员研究计划将体育与教育有机结合起来，是为了满足教育体系中运动员的需求而产生的。潜力运动员计划旨在通过平衡运动员的学习或工作与训练之间的关系帮助他们实现自身的运动潜能，减少因为学习和经济压力被迫退出体育领域的潜力运动员的数量。潜力运动员计划旨在帮助 16 ~ 25 岁的运动人才充分发挥其潜能，顺利参与世界级的体育赛事。受到潜力运动员计划资助的运动员会享受3000 英镑的运动服务项目，而那些受到潜力运动员计划 2012（TASS 2012）资助的运动员则会享受到 10000 英镑的运动服务项目。国家体育管理机构（NGBs）为那些享受潜力运动员计划支持的运动员设计了一整套的核心运动服务项目，包含教练、运动医学、运动科学、体能训练以及日常生活的规划，同时，这些运动员还会得到高质量的训练设施。

再有，为了提高英国体育的国际竞争力，英国在历次奥运会比赛后都会公布相关工作报告，从教练训练、训练设施、财政与资金保障、运动科学以及运动医学等方面公布调查结果并给予相关建议，从而为更多年轻运动员提供开发潜力的途径，也更有利于改善运动设施的数量与品质、强化教练的数量及品质以及大力发展体育科学与体育医学的研究。这些措施都有助于提升英国体育后备人才的素质。

英国体育局认为，教练是英国出色体育系统的重要一环，同样也是培养高水平后备力量的关键。为此英国体育局正通过以下三方面传递"世界级教练策略"。

（1）"世界级教练"峰会

自 2001 年创办以来，"世界级教练"峰会已经作为一项年度会议召开，同时也成为了高水平（竞技）体育教练必参加的会议之一。它为英国最好的教练提供了一个多项目的教练指导论坛供其会面、辩论并分享最佳经验。它的目标是用知识和技术武装教练并促进运动员训练计划的可持续发展。

(2) "精英教练"课程

本项目启动于 2004 年雅典奥运会之后。作为一个加速教练成长的计划，每年最多可有十位教练被选中参与课程。本项目是专为那些具备杰出天赋、献身精神和决心的教练而设。本项目的目的是在精英体育中建立英国教练工作的影响力；支持给运动员的投资并使其增值；从英国和世界体育、商业以及艺术中获取顶尖的知识和技术。

(3) "胜利教练"

本项目是通过为英国的竞技体育教练开办讲习班，交流教练训练中的热门话题，并介绍竞技体育的新发展。以此来提高教练队伍的全面素质和训练水平，为国家培养更好的体育后备人才。

德国

在 1984 年洛杉矶奥运会之前，德国并没有国家级的运动训练中心，竞技体育工作主要依靠各地区体育俱乐部的相互协作，形成一套有组织的网络系统，促进德国竞技运动的发展。在联邦政府，内政部负责体育运动等事务，包括支持代表国家的高水平竞技运动管理、提高德国竞技体育国际竞争力和举办大型国际赛事。州政府则负责管辖学校体育工作和州体育运动的推广。

德国竞技体育运动员可分为 5 级，其中 D 级、D/C 级和 C 级属于后备人才，B 级和 A 级属精英运动员。德国十分重视竞技体育后备人才培养，从训练、经费、科研等多方面为 D 级和 D/C 级运动员到奥林匹克训练基地训练提供便利条件，制定 D 级和 D/C 级运动员晋级标准，开展"青少年为奥运"等竞赛活动推动竞技体育的发展。德国的竞技体育人才数量呈金字塔结构，其中 D 类运动员约 27000 名，D/C 类运动员约 2200 名，C 类运动员约 1800 名，B 和 A 类运动员约 1900 名。

德国体育后备人才的基础同样是中小学，中小学科学、规范的体育课为竞技体育人才的成长创造了有利条件。德国所有的小学和中学都开设体育课程（即强制性的"运动"课）。小学 1～4 年级体育课学时为每周 3 小时，初中 5~10 年级体育课学时为每周 2~4 小时，高中 11~13 年级体育课为每周 3 小时。在高中阶段，学生除了每周 3 小时的必修体育课之外，还要选修由校方增设的 3 小时体育课作为进入大学的考试科目。体育课的目标和教学内容可以根据年级而定，教育机构要求学校提供尽可能多的体育项目供学生选择，以保证学生在多种多样的体育项目中提高运动能力，发展自我。

德国的精英体育学校是培养竞技体育后备人才的重要基地，据统计，德国 31% 的青少年俱乐部成员都曾就读于精英体育学校。在德国，开办精英体育学校有着严格的规定，必须达到以下标准才能开办：与当地的奥林匹克中心有联系并且是相应的核心体育项目；奥林匹克中心必须为该校配备合格的教练员与场馆设施；学校位置必须临近训练场馆(学校到训练场馆的时间不得超过 20 分钟)；能集中大批全国青少年俱乐部成员一同参与训练；必须是寄宿学校；学校必须聘有体育协调人员；精英体育学校必须按照上述标准运作至少一个奥运周期。由于有明确的标准，并在全国范围内严格管理，德国的精英体育学校在世界范围内都是领先的。德国精英体育学校的主要运动项目和学生数量见表 15。

表 15　德国精英体育学校的运动项目和学生数量

德国精英体育学校的十大体育项目	学生数量（人）
田径	727
游泳	525
足球	510
手球	315
柔道	309
皮划艇	249
滑雪	240
赛艇	232
自行车	203
摔跤	196

德国非常重视竞技体育后备人才培养的研究工作，通过对青少年阶段各主要运动项目和其他运动项目训练年限的调查及分析发现，无论是

世界一级还是国家一级运动员，他们成材的专项运动项目的训练时间可达到 7 年以上。从青少年的总训练量来分析，运动员的专项训练年限越长，其他运动项目训练时间所占的训练时间比例就越低，也就是说，无论是世界一级、国家一级运动员用在专项运动训练的时间更多。从竞技体育人才年龄构成来看，14 岁以下进入竞技体育运动系统的运动员获得奖牌数比例最高。

为保证年轻运动员的身体健康，德国对于训练时间都有严格的法律规定，或者受到相关体育协会的制约。在德国体育联合会（OSC）中，运动员开始训练的时间视不同种类的运动项目而有所不同。一般国家级运动员开始训练的年龄在 10 岁左右，最早在 12 岁以后开始参赛；而之后成为世界级运动员以后再接受训练则一般是在 11 岁以后，开始参赛大约在 13 岁。图 1 是德国青少年主要项目的开始训练及比赛年龄。

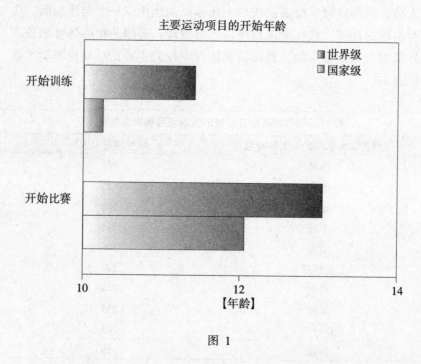

图 1

德国学者甚至调查了不同运动项目参加 2004 年奥运会的年龄分布和这些运动员首次参加体育比赛的年龄特征，对分析体育后备人才的成材规律和加强竞技体育后备人才培养具有十分重要的意义（图 2）。

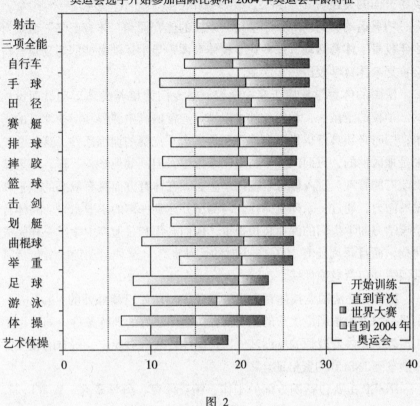

图 2

法国

　　法国一直被认为是奥运强国之一，这在很大程度上归功于戴高乐总统在二战后建立一个崭新法国的远见。法国运动员在 1960 年的奥运会上表现不佳，之后法国便对其体育系统进行了改革。目前法国精英运动员的选拔与培养工作由法国健康、青年事务与体育部负责，并投入了大量经费。

　　法国竞技体育人才的培养模式形成了一个清晰的金字塔体系，最基础部分为学校，中间部分为体育学校，塔尖部分为国家体育学院（IN-SEP，法语 l'Institut National du Sport, de l'Expertise et de la Performance 的缩写）。为了更好地评定、招募、培养高水平运动员，法国制定了"通往高水平体育运动"项目。这些项目考虑周密，被认定为具有高水平运动员潜质的后备力量,一直到他们竞技体育生涯结束,都会得到各方面的关照。

精英运动员的培养始于学校,学校的体育课和"体育下午"激励青少年投身于体育活动,那些在学校体育课中显示运动潜能的运动员有机会被选入体育学校进一步深造。

法国的体育学校属于高中学校,是专门为培养优秀运动员而设立的。学校的定位为:教学条件可以满足通常的高中课程和毕业考试的需求;同时必须具备提供适合体育和顶尖水平竞赛的训练条件。这些学校都是地区性的,只面向一个特定区域招生,但同其他学校一样,都要接受政府的管理。进入体育学校的学生必须在体育方面具有较高的水平和发展潜力,通过一系列身体检查与测试并达到一定的学业水平。在体育学校学习的学生们的课业负担很重,他们必须和普通高中学生一样完成课程,而且每周还有 10~15 小时的运动训练,这种运动训练既包括基础训练又包括专项训练。

INSEP 是法国竞技体育金字塔的顶尖,位于巴黎郊外的 Vincennes。主要目的是为法国最优秀的运动员提供全国最好的训练条件,同时也是法国教练和体育教师的培训基地。法国体育联合会规定,所有的教练都必须拿到 INSEP 的资格证。

INSEP 主要包括四方面的工作:精英体育、科学研究、教育培训、反兴奋剂。这个有着世界一流设施基地的目标很明确——为法国夺取体育比赛金牌。目前法国大约有 3500 名运动员被认定为有资格接受国家资助的顶尖选手,有大约 500 人长期在 INSEP 进行训练。国家通过各项目联合会直接资助精英运动员,他们每月可以得到 1250 英镑的补助。如果赢得了奖牌还可以直接得到现金奖励——冠军 32000 英镑、亚军 15000 英镑、季军 10000 英镑。法国近年来精英运动员的数量见表 16。

表 16　法国 2003–2006 年精英运动员的数量

类别	2003 年	2004 年	2005 年	2006 年
高水平运动员	6573	6662	6808	7181
未来之星	9039	9084	8778	8595
陪练	354	303	321	401

精英运动员的后备力量则附属于地区性的小 INSEP。这些训练中心在法国缩写为 CREPS（教育与体育地区中心），原本是用于培训体育教师的，现在越来越多地培养有发展潜力的年轻精英选手。

另外还有两个训练基地用于精英运动员的培养，一个是位于 Pyrenees 地区的 Font Romeu，它是著名的高海拔训练中心；另一个是位于 Vallon Pont D'Arc 的国家户外运动中心。

西班牙

西班牙竞技体育后备人才培养工作从多方面展开。西班牙国务卿、体育理事会主席 Jaime Lissavetzky Diez 明确指出："广泛地加强体育锻炼、促进青年人的体育教育以及加强中小学及大学体育是为竞技体育成功铺平道路的重要因素。"因此西班牙主要从以下几个方面着手：一是加强学校体育建设；二是增加对高水平场馆等体育领域投资；三是出台各种鼓励并帮助投入高水平竞技体育的计划和政策。

首先，西班牙体育理事会和教育科学部联手促成了"学校计划"的实施，以此促进后备人才的培养。1987 年，教育科学部就公共小学的体育情况展开了详细调查，发现了师资力量和场馆设施两个薄弱环节。因此，教育科学部与西班牙体育理事会在 1988—1992 年内专门拨款 163 亿欧元，致力于改善专业教师、设施及设备。一方面，"学校计划"通过大学课程使中小学体育教师专业化，从而引入教师培训计划。共有 4887 名体育教师接受了这门为期两年的训练课程。其中，第一年主要集中用于理论培训，而第二年则用于在学校内进行的实践训练。1987—1992 年教育科学部对体育教师专业化的资金投入主要分为两个部分，一是专业课程培训（183.1768 万欧元），二是在培训的不同阶段对教师的替换（1380 万欧元），总计 1563.1768 万欧元。该计划共向各自治区和市输送专业教师 3445 人，其中马德里人数最多，占 1215 人，其次是卡斯地利亚 – 里昂（471 人）和卡斯地利亚 – 拉曼恰（370 人）。另一方面，该计划投资 1.01791832 亿欧元用于场馆建设和改良，数量高达 2284 所，能够为 91.36 万名学生服务。该计划进行后，体育教师的平均数量明显上升（小学 2 人，中学 3 人）。若根据居住环境划分学校，体育教师的平均数量城市为 2.4 人，农村为 2 人。受公共机构资金支持的学校比率明显上升。近 80% 的学校表示对现有体育设施满意。

场馆使用率的调查数据显示，98.1%的体育中心将体育设施用于体育课程活动，另外还有63.1%的体育中心将体育设施用于学校体育活动。阿拉贡、马德里和纳瓦拉平均每周用于体育课程活动的时间高达30小时。

另外，西班牙逐年加强对体育领域的投资，从而直接或间接地为竞技体育人才培养提供良好的条件。2007年，西班牙体育理事会的预算达到了历史最高水平，包括公共资金及私人基金在内约为2020亿欧元。公共预算在2004—2007四年内增长了17.41%。同时增长的还有学校基础设施、高水平运动中心和技术中心，以及对地方政府建设体育设施、购进体育器材的资金援助。目前，西班牙已建成高水平运动、技术中心共7所，分别为马德里高水平中心、高水平中心圣库加特（巴塞罗那）、内华达高水平中心、高水平循环专门处理中心（瓦伦西亚）、赛艇和皮划艇高水平中心（塞维利亚）、奥运会射击高水平中心（格林纳达）和水上高水平中心（桑坦德）。这些运动中心被用做国家队和有潜力的精英运动员提供训练场所。被列进国家级计划的运动员可以住在周边地区（距训练中心约5分钟路程），并在训练中心或大学里完成各自学业。

西班牙体育理事会和西班牙奥委会还联合推出了各种计划，鼓励和帮助有潜力的优秀运动员。西班牙奥委会设定了"西班牙奥委会计划"，该项目的主要目的是向有可能在奥运会中取得成绩的运动员和教练员提供经济援助，以补偿他们对高水平体育做出的贡献。当然，西班牙的运动员可能得到各种私营或国家机构的经济资助，例如俱乐部、联盟、地区政府、国家体育局、西班牙奥委会等。这些捐赠是在运动员体育成绩的基础上进行的，主要标准是《西班牙体育局主席决议》。为备战2012年的伦敦奥运会，鼓励优秀体育人才投入竞技体育舞台，西班牙还于2009年6月3日颁布了"ADO伦敦计划"，为高水平运动员及其教练提供财政援助。该计划由奥林匹克体育协会（ADO）①负责。这项计划的开展意味着对竞技体育运动的额外的资金补充，主要款项由国家体育理事会支出。

---

①奥林匹克体育协会（ADO）包括三个协作组织，即西班牙广播电视公司，西班牙奥委会（COE）和西班牙体育理事会组成。

日本

日本在 20 世纪 80 年代以后，竞技运动水平持续下降，引起各界的普遍关注，提出了要有计划重视竞技体育工作，强化高水平运动员的培养，提高竞技运动水平。其中一项重要措施就是建立一条龙的训练体系，狠抓竞技体育后备人才培养。

竞技体育后备人才培养的基础是挑选具有运动天赋的儿童少年从事适合的运动训练，经过科学训练，达到最高运动水平。因此，日本也非常重视优秀运动员选材工作，通过研究不同运动项目的运动特点和规律，分析不同项目精英运动员的形态、机能和心理特点，制定选材标准，充分利用体育科学研究中心、高等院校的研究力量，配合教练员，做好选材工作。

《体育振兴基本计划》指出，为了提高国际竞技水平，必须重视儿童少年的科学训练，要针对儿童少年生长发育特点及个性特征，对有运动天赋的运动员实施训练指导，有组织、有计划地培养。特别是要注意做好青少年儿童不同训练阶段的衔接工作，保证有优秀潜力的儿童少年能够得到良好的、科学的、连续性训练，形成一条龙的训练理念，在不同运动项目建立其优秀青少年运动员一条龙训练体系。

提高竞技水平的国际竞争力，培养高水平后备力量的关键是要有一流的教练员。为此，日本提出要成立教练员学院、加强教练员的指导与培训，使教练员能够科学地选拔运动员，根据运动员的机能特点和技术特点，科学指导运动员训练计划，对高水平运动员等进行专门技术指导，同时还应具有有效运用科技手段、心理特征、伤病防治等相关知识强化训练方法的能力。

澳大利亚

澳大利亚并非没有职业运动员，但许多代表澳大利亚参加国际大赛的运动员都有自己的职业，或者可以说他们都是"业余"的。虽然澳大利亚人非常热爱体育运动，但由于澳大利亚人口偏少，所以澳大利亚也非常重视高水平运动员或精英运动员后备力量的培养。

澳大利亚体育学院是高水平运动员培养基地，同时负责后备人才的培养。澳大利亚体育学院与各州体育学府共同制定了"国家人才发现计划"。该计划共分三个步骤：一是各州体育协调员在体育教师的帮助下，在中学进行一系列的运动员筛选测试，以发现有良好运动天赋和潜质的学生；二是选拔具有运动天赋的学生从事适合他的运动项目，以使学生在该项目上最大限度地发挥自己的优势；三是选拔学生参加由国家体育机构或州立体育学府设立的"天赋运动员"计划。该计划开始于1988年，目前，已经应用到包括田径、自行车、皮划艇、游泳、赛艇、铁人三项、水球、举重等运动项目上。

澳洲体育委员会设有高水平支持项目，该项目包括奖学金、教练扶持、体育科技建议、国家标准设施使用、参加精英体育比赛等。该项目被认为可以提高国际比赛成绩的竞争力。该计划为游泳、田径、自行车等多个项目提供资金支持，其中拨款最多的为游泳。

澳大利亚设立了专门的运动员奖学金，许多在国际大赛中获奖的运动员都是奖学金的扶持对象。为了提高后备人才的吸引力，澳大利亚体委会还为运动员提供一系列的服务咨询项目，主要为运动员提供职业辅导和就业相关技能的辅导等。主要包括以下五个方面。1) 职业咨询与计划。职业咨询与计划服务主要是帮助运动员确认职业发展道路，实施职业计划以实现职业目标。2) 培养指导与信息。该项服务是为运动员提供学校及大学教育、技能训练课程、帮助运动员选择课程。3) 个人发展培训课程。该课程旨在帮助运动员培养演讲、作报告、面试、简历制作、职业规划、时间管理等能力。4) 就业准备。该项服务主要为运动员提供包括简历及申请制作、面试准备等方面的服务。5) 过渡期支持。该项服务主要为处于退役、受伤、恢复等时期的运动员提供服务。

教练员在澳大利亚竞技体育中扮演重要角色，随着体育的竞争性越来越强，运动训练已成为一种产业，教练员的工作压力也随之加大。澳大利亚国家教练员资格认证做得相当成功，该认证已经运行了近30年，培养了近3万名教练。目前，该认证涉及84个运动项目的8.4万名教练员，其中有1200名获得高水平训练教练员的资格认证。该认证体系已经确立了新的教练标准。不断改进的认证体系促进了澳大利亚从基层教练到精英教练的培训与发展。它包括基础内容的教学，如基础知识、技能、技巧和策略，还包括对高质量训练至关重要的科学研究方法。通过认证，澳大利亚教练员的执教水平不断提高。

2006 年澳大利亚增加了预算中的额外资金，主要用于进一步提高澳大利亚在国际竞技体育领域的竞争力。自 2006 年，澳大利亚政府对以后四年竞技体育将增加 5500 万澳元的资金支持，主要用于以下四个方面。1）培养高水平运动员。建立国家人才认证网络，实施人才流动计划；用于土著社区中具有特殊天赋与运动才能的人才培养，田径项目是这个项目的人才培养重点；促进地方重点体育项目以及极有可能提高国际比赛成绩的项目。2）教练员培养。用于培训精英教练员，从而促进高水平竞技运动水平的提高。3）体育科技。加强迫切需要的体育科技建设，主要包括运动技能分析、体育信息搜集与分析等。4）澳大利亚体育学院。用于处于世界领先地位的澳洲体育学院建设，提高体育学院为运动员与教练员提供直接支持服务的能力。当然，这项预算中也包括用于为地方大学学生提供参加体育活动的机会。澳大利亚体育委员会主席称，澳大利亚政府对体育的投资达到了前所未有的水平。

由于 2006—2007 年度澳大利亚政府拨款预算的增加，澳大利亚体育委员会构建了新的高水平教练员发展框架，以改善教练员职业现状。新的方式是在原有的基础上，为高水平教练员的职业发展、管理与福利提供一些新增的、针对性强的服务。新的框架包括两个主要计划：一个是高水平教练员计划，另一个是精英教练发展计划。

四、大众体育

（一）大众参加体育活动状况

大众参加体育活动状况可以从一个侧面反映一个国家大众体育活动水平，其中经常参加体育活动的人数比例是衡量一个国家大众体育活动开展情况的重要指标。由于各国对于经常参加体育活动的界定不同，因此，从学术上并不便于进行国家间的比较，但概述各国经常参加体育活动的基本状况，对于科学制定大众体育发展政策仍然具有重要意义。

美国

美国大众体育的内涵非常丰富，很难对其进行全面界定。按美国学者的有关理论，休闲体育（Leisure and Recreation）被认为是美国大众体育的核心内容。在美国人的观念中，休闲活动主要分为身体锻炼、户外活动、旅行与旅游三大类。

经常参加体育活动状况。美国健康与公共事业部门（Department of Health and Human Services）2003 年 5 月公布了美国人参加体育活动状况的调查，发现美国成年人中有 19% 的人进行"高水平体育活动"（high level of physical activity）。美国健康与公共事业部门对高水平体育活动的界定为每周参加五天以上、每次活动 30 分钟以上的中等强度体育活动，中等强度体育活动标志为轻微出汗，或心跳、呼吸轻度加快；高水平体育活动也指每周运动三天以上、每次运动 20 分钟以上的剧烈体育活动，剧烈活动的标志为大量出汗或心跳、呼吸大幅加快。调查同时显示，1/4 的美国成年人很少参加体育活动，或从不参加体育活动。

在参加体育活动的人群中，男子比女性更有可能从事高水平体育锻炼，年轻人比老年人参加体育活动的比率高。约有 1/4 拥有高等学位的成人从事高水平体育锻炼，高于高中学历的人。不同人种的体育锻炼情况统计表明，白种成年人中有 20% 的人经常参加有规律的体育活动，高于美国平均水平，西班牙裔成年人中 15% 经常参加体育锻炼，而非洲裔美国成年人中仅有 14% 的人经常参加体育活动。已婚妇女比未婚妇女更有可能从事高水平的体育运动。而南方成年人比其他地区的成年人更不愿意参与体育活动。

(1) 美国民众参加体育活动项目情况

据美国体育用品制造商协会统计，2008 年体育锻炼参与者最感兴趣的前十五项运动排序见表 17，其中十一项与健身有关。

表 17　体育锻炼核心参与者最感兴趣的体育运动和健身活动

（6 岁以上的美国居民）

运动项目	2008 年参与人数（万人）	参与天数
1. 健身走	7637.5	50 天以上 / 年
2. 跑步机	2810.9	50 天以上 / 年
3. 拉伸	2761.9	50 天以上 / 年
4. 软哑铃	2692.7	50 天以上 / 年
5. 重量机 / 阻力机	2346.9	50 天以上 / 年

运动项目	2008 年参与人数（万人）	参与天数
6. 跑步 / 慢跑	2340.2	50 天以上 / 年
7. 哑铃	2257.7	50 天以上 / 年
8. 淡水钓鱼	2141.5	8 天以上 / 年
9. 自行车（公路 / 场地）	1995	26 天以上 / 年
10. 台球 / 室外	1717.8	13 天以上 / 年
11. 篮球	767.2	3 天以上 / 年
12. 杠铃	1731.8	50 天以上 / 年
13. 室内健身运动	1491	50 天以上 / 年
14. 椭圆机健身	1355.6	50 天以上 / 年
15. 保龄球	1348.2	13 天以上 / 年

虽然健身类运动项目的参与人数最多，但是许多美国人的体育锻炼都始于集体运动项目，而且也非常喜欢集体项目。列美国集体体育活动前三名的分别是：篮球（2630 万人）、棒球（1500 万人）、美式足球（1420 万人）。而 2007—2008 年球拍类运动项目增长速度最快的是壁球（+18.1%）、网球（+9.6%）、乒乓球（+7.8%）。

表 18　最感兴趣的集体类体育项目（6 岁以上美国居民）

排名 / 体育	核心参与者 （万人）	参与总人数 （万人）	核心参与者比例 （%）
1. 篮球	1667.2（13 天以上 / 年）	2625.4	63.50
2. 棒球	1016.6（13 天以上 / 年）	1502	67.70
3. 室外足球	648.1（13 天以上 / 年）	1422.3	45.60
4. 软垒球	590.6（13 天以上 / 年）	983.5	60.00
5. 触身式橄榄球	429.4（13 天以上 / 年）	1049.3	40.90

室外体育运动名列前茅的是淡水钓鱼（4030 万人）、自行车（3810 万人）、野营（3370 万人）和徒步旅行（3250 万人）。

（2）参加人数变化明显的运动项目

尽管经济持续低迷，但 2007—2008 年美国人参与各项体育活动的热情不减，活动的特点表现为更多地参加花钱较少的体育项目。步行健身依然是美国最受欢迎的锻炼方式，参与人数高达 11170 万人。据统计，在 2007—2008 年间，健身活动中增长显著的是有氧踏板操（21%）、高冲击有氧运动（8.7%）、低冲击有氧运动（7.9%）、椭圆机健身（7.2%）、哑铃（6.2%）以及步行健身（2.7%）。

家庭和社会活动中有明显增长的运动包括极限飞盘（20.8%）、背包旅行（18.5%）、冲浪（18.2%）、壁球（18.1%）、室内排球（17.2%）、野外跑步（15.2%）、室内足球（11.8%）、自行车（10.2%）以及网球（9.6%）。

自 2000 年以来，健身活动、竞技体育运动和休闲活动都有大幅度增长，健身活动尤为活跃（表 19）。许多美国人都把日常锻炼身体放在首位，因为越来越多的美国人都因缺乏锻炼而导致肥胖问题，所以在前十名中有六个运动项目与健身有关。但美国人同样对其他一些运动项目感兴趣，对于那些不喜欢在健身房环境中锻炼的人来说，还有其他各种运动方式。

表 19　2000 年以来体育运动和健身活动的最高增长率
（6 岁以上的美国居民）

排名 / 体育项目	2008 年参与人数（万人）	2000 年以来的增长率（%）
1. 普拉提训练	888.6	471
2. 椭圆机健身	2528.4	243
3. 长曲棍球	112.7	117
4. 拉伸	3628.8	47
5. 网球	1855.8	43
6. 动感单车	669.3	42
7. 乒乓球	1720.1	35
8. 彩蛋射击	485.7	34
9. 跑步机	4937.1	32
10. 跑步 / 慢跑	4113	31

水上运动参与率增长最快的两项分别是：冲浪 260 万人（18.2%）、有氧潜水 1030 万人（10.8%）；在个人项目中，保龄球是自 2000 年来参与人数增长最快的运动（12.9%，达到 5870 万人），桌球和高尔夫球以4900 万人和 2760 万人分列第二和第三。

（3）女性参与体育活动状况

美国体育用品协会 2007 年调查的六项健身活动中，女性在四项活动中占据了大多数。除了瑜伽（女性占 85%）外，女性在有氧锻炼、健步走、俱乐部健身、器械健身等活动中都超过了 50%，分别为 71%、63%、55% 和 51%。表明女性比男性更热衷于健身。健步走是女性参与最多的运动，达到了 5610 万人，其次是游泳 2840 万人，器械锻炼 2700 万人。

表 20　美国女性参与体育活动的人数

项目名称	女性参与者总人数（百万人）	女性所占百分比（%）
瑜伽	9.1	85.3
有氧锻炼	21.5	70.8
健步走	56.1	62.5
排球	6.9	57.5
俱乐部健身	18.6	55.0
直排轮滑	5.8	54.3
游泳	28.4	54.2
网棒球	0.6	53.0
器械锻炼	27.0	51.1
保龄球	21.9	50.4
皮划艇	2.9	49.3
度假或短途露营	23.3	49.0
远足	13.9	48.5
垒球	4.8	48.4
跑步或慢跑	14.5	47.8
越野滑雪	0.8	47.1
自行车	17.5	46.8
网球	5.7	46.8
踏板车	4.8	45.2
摩托艇	13.6	42.6
潜水（公开水域）	1.0	41.3
背包旅行或野外露营	5.4	41.3
飞镖	5.0	41.2
爬山或攀岩	1.9	41.2

(续表)

项目名称	女性参与者总人数（百万人）	女性所占百分比（%）
滑水	2.2	41.0
台球	11.7	39.6
高山滑雪	2.2	39.3
足球	5.3	38.7
举重	11.8	35.7
山地自行车	2.5	33.5
钓鱼	11.4	32.3
篮球	7.5	31.0
滑板	2.7	26.6
单板滑雪	1.3	26.5
棒球	3.2	23.4
标靶射击	4.7	23.1
高尔夫球	5.1	22.6
标靶射箭	1.2	18.3
冰球	0.4	18.1
摔跤	0.3	16.5
橄榄球	1.3	13.8
打猎（枪械）	2.5	13.0
彩蛋射击游戏	0.8	11.1
前膛式枪械射击	0.3	7.8
打猎（弓箭）	0.4	7.7

表 21　2007 年美国女性参与体育情况

（按参与人数排列）

运动项目	总人数（百万人）	百分比（%）
健步走	56.1	62.50
游泳	28.4	54.20
器械锻炼	27	51.10
野营	23.3	49.00
保龄球	21.9	50.40
有氧运动	21.5	70.80
俱乐部健身	18.6	55.00

（续表）

运动项目	总人数（百万人）	百分比（%）
自行车	17.5	46.80
跑步 / 慢跑	14.5	47.80
远足	13.9	48.50
摩托艇 / 汽艇	13.6	42.60
举重	11.8	35.70
台球	11.7	39.60
钓鱼	11.4	32.30
瑜伽	9.1	85.30
篮球	7.5	31.00
排球	6.9	57.50
直排轮滑	5.8	54.30
网球	5.7	46.80
背包旅行 / 野营	5.4	41.30
足球	5.3	38.70
高尔夫	5.1	22.60
飞镖	5	41.20
垒球	4.8	48.40
踏板车	4.8	45.20
标靶射击	4.7	23.10
棒球	3.2	23.40
皮划艇	2.9	49.30
滑板	2.7	26.60
枪支打猎	2.5	13.00
山地自行车（越野）	2.5	33.50
高山滑雪	2.2	39.30
滑水	2.2	41.00
攀岩	1.9	41.20
单板滑雪	1.3	26.50
冲撞橄榄球	1.3	13.80
标靶射箭	1.2	18.30
潜水	1	41.30
彩蛋游戏	0.8	11.10

（续表）

运动项目	总人数（百万人）	百分比（%）
越野滑雪	0.8	47.10
网棒球	0.6	53.00
弓箭打猎	0.4	7.70
冰球	0.4	18.10
摔跤	0.3	16.50
前膛式枪械射击	0.3	7.80

俄罗斯

俄罗斯高度重视大众体育工作，参加体育活动人数不断增加。2001年俄罗斯经常参加体育活动的人数比例为9.1%，2007年增加到14.8%；参与体育活动的绝对人数增长了770万，增幅为56.7%。2004年在体校从事体育活动的残疾儿童数量为6000人，2007年达到了16700人，增加了2.8倍。

2008年北京奥运会前夕，俄罗斯总理普京在回答记者提问时说："如今俄罗斯有2100万人定期参与体育活动，而且这一数字还一直在增长。我们预计到2012年，参加体育活动的人数会增长1/3。"（俄罗斯联邦政府官方网站）另外，俄罗斯联邦积极举办各种传统的大型比赛，如各种"总统杯"赛事（The President's Competitions）、大学生运动会和为儿童以及学生举办的"夏季和冬季奥运会"等。例如，2008年，550万人参加传统的定期举办的俄罗斯全国夏季农村运动会。

同时，俄罗斯非常重视儿童少年体育工作，各种体育学校和参与体育活动的学生人数明显增加。与2003年相比，2007年儿童体育教育机构增加了825个，增幅为13%；体校教练数量增加了13100人，增幅为14.4%。

与2002年相比，2007年在体校学习的年龄在6~15岁的学生数量增加了57.9万，增幅为26.7%；奥林匹克职业技术学校数量增加了11个，增幅为30.5%；2007年培养出的普通级别运动员（一级、二级、三级运动员）、健将级运动员和国际级运动员的数量增加了63300人，增幅为3.1%。

与2001年相比，2007年在儿童体育教育机构参与体育活动的儿童数量增加了 140 万，增幅为 57.2%；2007 年体校数量增加了 625 个，增幅为 15.5%；在各类体校（少儿体育俱乐部、少体校、少儿奥林匹克后备学校）学习的学生人数增加了 88 万，增幅为 36.6%；在体育小组里从事体育活动的残疾人数量增长了 2.7 倍；体育场地数量增加了 32800 个，增幅为 16.4%；2007 年体育组织在编工作人员总数增加了 45000 人，增幅为 18.2%。

2001 年，体校培养一个学生的平均费用为 21600 卢布，2007 年达到 91114 卢布，增长了 4 倍多；2007 年俄罗斯联邦体育署下属的体育院校在校学生数量增加了 8600 人，增幅为 26.4%。

英国

(1) 英格兰

体育人口调查（Active People Survey）是英格兰有史以来规模最大的体育及休闲活动调查。调查对象为 16 岁以上的成年人，采用电话访谈的方式完成。时间从 2005 年 10 月开始，每年进行一次。《调查 1》（2005.10—2006.10），共有 363724 人参与。《调查 2》（2007.10—2008.10），共访谈 191000 人。《调查 3》（2008.10—2009.10），共有 193947 人参与。调查指标包括体育活动参与率、俱乐部会员制、有偿接受体育锻炼指导、志愿活动、参与有组织的比赛、对体育设施的满意度。

英格兰经常参加体育活动的标准是每周至少参与三次，每次 30 分钟中等强度的体育活动。体育活动形式不包括以休闲为目的的散步和偶尔的骑自行车，但是包括每周至少一次、每次至少 30 分钟中等强度的自行车骑行，同时还包括强度较大的走步活动，如快步走（power walking）或是在高山峭壁、峡谷中的行走。

2005—2006 年的调查显示，英格兰 16 岁及以上成年人定期参加休闲体育活动的人口比例为 15.5%，28.4% 的成年人（1150 万）参加一定的体育活动。50.6% 的成年人（2060 万）在最近的一个月内没有参加过中等以上强度、且锻炼时间超过半小时以上的体育锻炼。其中很多人不愿参加体育活动，而另一部分人则是有意参与但迫于客观条件的限制而放弃体育锻炼。

不同社会群体定期参与体育锻炼人数的比例也有所不同。男性体育

活动参与率达 23.7%（470 万人），而女性体育活动参与率只有 18.5%
（380 万人）。16～24 岁年龄段参与率是 32.7%；35～44 岁年龄段参与率
是 24.7%；55～64 岁年龄段参与率是 16.0%；75～84 岁年龄段参与率
是 6.0%。长期带病或残障群体体育活动参与率是 8.8%，而健全人士参
与率达到 23.3%。黑人或其他少数族裔群体体育活动参与率是 18.6%，
而白种人参与率达 21.2%。17.5% 的加勒比黑人定期参与体育活动，而
亚洲人参与率是 17%。社会经济地位较低的人群参与率是 16.3%。社会
经济地位较高的人群参与率是 25.1%。

　　不同地区体育活动参与率亦不相同。英格兰东南部参与率较高，达
到 22.6%；英格兰中西部参与率较低，只有 19.3%。参与体育活动最积
极的地区是泰晤士河畔的里士满地区，最不积极的地区是林肯郡的波士
顿地区。

　　2007—2008 年数据显示，在过去的一周中 40% 的成年人至少参加
了 30 分钟中等强度的体育锻炼，22% 的成年人在过去一周中至少参加
了三次、每次至少 30 分钟中等强度的体育活动。这些级别的参与率与
2005—2006 年的调查结果相比无明显差异。

　　2008—2009 年的体育人口调查显示，参与体育活动的人数有所增
加。有 685 万成年人（16 岁及以上）每周参加三次、每次 30 分钟中等
强度的体育活动，参与率是 16.5%；2005—2006 年度参与体育活动的人
数是 630 万，参与率为 15.5%。由此可见，两年间，成年人体育活动参
与人数增加了 55.2 万人。女性体育活动参与人数由 257 万（12.3%）增
长到 281 万（13.2%），两年间增加了 24 万人；社会经济地位较低的参
与者增加了 10 万人，人数由 181 万（11.8%）增长到 191 万（12.7%）。

　　体育人口调查同样给出了其他关键体育指标，如体育志愿服务、俱
乐部会员制、体育教学培训情况等。超过 200 万成年人每周至少进行体
育志愿服务 1 个小时，参与者由 2005—2006 年的 192 万增加到2007—
2008 年的 204 万，两年间增加了 12.5 万人。而接受有偿体育锻炼指导
的成年人百分比在这两年间并没有变化；参加有组织竞赛成年人的百分
比和俱乐部注册会员人数百分比却在统计上表现出明显的降幅；此外，
两年间人们对当地提供的各种体育设施和活动的满意度也有所下降。

　　体育活动项目：走步是最受欢迎的体育活动项目，紧随其后的是游
泳、健身。排名前十的休闲体育活动还有自行车、足球、跑步和慢跑、

高尔夫球、羽毛球、网球和健美操。

在列入英格兰体育局四年推广计划的 46 个体育活动项目中（选择指标包括是否属于奥运会或残奥会项目、是否已被英格兰体育局列为发展项目、在英格兰地区该项目的参与者是否超过 7.5 万成年人等），有14 个运动项目，每周至少参与一次 30 分钟以上活动的成年人数量明显增加。其中增加人数最多的是田径、自行车和足球，而钓鱼和游泳却显示下降（表 22）。

表 22　部分体育项目的参与情况

（每周至少一次，每次 30 分钟以上的中等强度活动）

项目	2005-2006 年		2007-2008 年		变化
	人数	百分比（%）	人数	百分比（%）	
田径（包括跑步和慢跑）	1344800	3.30	1604900	3.87	260100
自行车	1634900	4.02	1767200	4.26	132300
足球	2021800	4.97	2144700	5.18	122900
钓鱼	146600	0.36	132500	0.32	-14100
游泳	3273900	8.04	3244400	7.83	-29500

如果按照在四周至少参加过一次个人运动或休闲活动（无论强度和时间）的成年人统计，走步仍然是最受英格兰人欢迎的休闲运动，参与人数有所增加的项目还包括休闲自行车和足球等，而游泳、钓鱼等项目的参与人数却显著下降（表 23）。

表 23　部分体育与休闲活动的参与情况

（在过去四周中至少参加一次）

项目	2005-2006 年		2007-2008 年		变化
	人数	百分比（%）	人数	百分比（%）	
走步（中等强度，30 分钟）	8142200	20.0	9096900	22.0	954700
自行车（中等强度，30 分钟）	3175500	7.8	3510200	8.5	334700
足球（室内和室外）	2910600	7.1	3142300	7.6	231700
游泳	5633700	13.8	5570100	13.4	-63600
钓鱼	235600	0.6	207600	0.5	-28000

竞技体育对推广群众性体育活动也产生良好影响。由于 2003 年英国获得橄榄球世界杯赛冠军，人们参加橄榄球俱乐部的热情空前高涨。英国橄榄球协会（Rugby Football Union）投入 100 万英镑开展了 Go-Play 项目，目的在于招募 6000 名 17~30 岁成人运动员。2008 年 3 月初，该目标已实现，共招募 9269 名运动员，其中包括 840 名女运动员。该项目也获得了英格兰体育局 50 万英镑的国家体育基金支持。

由于英国在奥运会赛艇项目上连年取得好成绩，该项目在英国慢慢盛行起来，并深入到了社区体育活动中。自"全民健身计划"实施以来，英国业余赛艇协会（Amateur Rowing Association）成员数已从 21250 增长到了 22112 人。

(2) 苏格兰

2006 年苏格兰旅游、文化和体育部门设计了一套调查问卷，委托 Ipsos MORI 公司进行"苏格兰社会政策调查"，内容包括公众参与体育活动的情况、阻碍参与体育活动的因素以及人们对体育活动的态度等问题。2006 年 1 月和 6 月分两次进行调查，样本量为 2077 人，抽样既考虑了苏格兰人的年龄和性别特征，也考虑了人口地理分布的代表性。

苏格兰经常参加体育活动状况的标准为每周至少参加 4 次、每次 30 分钟以上的体育活动，调查结果表明，大多数苏格兰人（65%）锻炼不足，27% 的人每周参加 1~2 次体育活动，7% 的人每月 1~2 次，9% 的人每月不足 1 次，22% 的人从不参加体育活动。经常参加体育锻炼与不参加体育活动的人之间有明显的人口结构差别，其中年轻人、男性、生活在富裕地区的人和高收入家庭人员经常参加体育活动的人口比例较高。

参与体育活动的原因。每周至少参加一次体育锻炼的人中，健康因素排在参加体育活动原因的第一位，84% 的人在参加体育活动的原因中选择了保持健康、保持体型、减肥或康复。选择心理健康的人占 45%，参加体育锻炼的另一个重要原因是减轻压力或放松心情。还有大部分人参加体育锻炼是为了愉悦身心，73% 的人参加体育锻炼的主要原因之一是获得乐趣（享受体育锻炼的社会效应或享受竞争的感觉）。

不参与体育活动的原因。不积极参加体育活动的人群有三种类型：从不积极参与体育活动（每月锻炼不足一次）；曾经积极、但现在不积极（过去曾经积极，但现在每周锻炼不足一次）；过去不积极、但现在积极（过去不积极，但现在每周至少锻炼一次）。不管属于哪种类型，缺少时间（如太忙、家庭事务、不想受约束、工作职责等）都是阻碍参加体育活动的最主要原因，特别是"过去不积极，但现在积极"组，这一因素更是占有绝对优势。

健康因素（身体不健康、年龄渐老、害怕受伤、运动能力不足等）也是人们参加体育锻炼的重要障碍，尤其是那些"曾经积极、但现在不积极的"人更如此。动机因素（没伙伴、不喜欢、不想被打扰等）、场地设施（家附近没有体育设施、体育设施太贵、交通不便等）都是影响人们参加体育活动的原因。

对体育活动的态度。多数人对体育活动持积极态度，他们赞同体育活动有益于身心健康，积极的身体活动是一种享受。因此，提高积极参加体育活动的人口比例的办法是为公众提供更容易参与体育活动的条件，指导和帮助人们怎样在日常生活中进行适宜的体育活动。关于在今后是否参加体育活动的调查结果显示，16%的人第二个月将要开始体育锻炼（现在处于准备阶段）；20%的人今后6个月将要参加体育锻炼（现在处于计划阶段）；21%的人今后6个月可能参加体育锻炼；同时，仍有36%的人不想参加体育锻炼。

不同年龄人群参加体育活动的情况。各年龄段每周都参加体育活动的人口比例如下：16~24岁的人每周参加一次以上体育活动的人口比例为50%；25~34岁为36.5%；35~44岁为38.5%；45~59岁为32%；60~74岁占34%；75岁以上占20.5%。缺少时间是所有年龄段人参加体育活动的主要障碍。

16~24岁和25~34岁的人由于工作以及家庭责任而使体育活动参与率明显下降；体育设施对16~34岁人群比对34岁以上人群的影响更大，并且他们也更可能受动机因素影响；16~24岁人群最想与同伴一起参加锻炼（占该群体52%）。25~44岁人群比其他年龄段的人更加关心儿童体育设施和儿童体育锻炼计划，能够使儿童参加适合他们的日常体育锻炼。随着年龄的增长，健康问题也日益突出，健康是阻碍65岁以上的人参加体育活动的主要障碍，他们不可能像年轻人那样为了保持健康、减轻压力、保持体型或者减肥参加体育锻炼，他们更可能是享受社会交往的一面或者是因为有助于残疾康复。因此，需要重点支持健康或残疾问题，增加人们对不同体育锻炼水平以及不同锻炼项目的认识和信心，这对提高老年人参与率很有帮助。

不同性别参加体育活动的状况。调查显示，男性每周参加一次以上体育锻炼的人数比女性多（男性 39%，女性 32%），男性从不参加锻炼的比较少（男性 18%，女性 25%）。残疾男性和残疾女性每周 1~2 次体育锻炼的比例都是 27%；每月 1~2 次锻炼的比例都是 7%；每月锻炼不足一次的男性占 8%，女性占 9%。与女性相比，男性随着年龄的增长参加体育锻炼的水平急剧下降（16~24 岁男性为 58%，25~34 岁男性为 36%）。男性随年龄增长参加体育活动的比例下降与他们从事的运动项目有关，如男性喜欢的锻炼项目（例如足球），随着年龄的增长，可能更难以坚持，也可能是受伤，这使得他们不得不放弃他们喜欢的运动。因此，提高男性参与体育活动的比例，就应该在放弃所喜欢的体育活动时，鼓励他们选择其他形式的体育活动。

缺少时间也是女性体育锻炼的最大障碍，但是与男性相比，她们更喜欢把减少体育活动的因素归为家庭责任，她们可能在家务上比男性花费更多心思。因此，提高女性体育活动水平的措施应该主要建议她们怎样进行日常健身活动——包括如何在家中锻炼。

城乡参加体育活动的状况。苏格兰城乡参加体育活动差别不大。与乡村居民相比，城市居民更倾向于获得比较便宜的门票（城市居民 42%，乡村居民 28%），这可能与乡村居民很少使用正规锻炼设施，或更有可能主要在户外参加体育锻炼有关；与乡村居民相比，城市居民更希望体育场馆开放时间长（城市居民占 23%，乡村居民占 12%），这与城市居民工作时间较长有关；居住在小城镇的人更希望体育设施好。

关于贫困差异。生活在富裕地区的人更注重参加体育活动，他们参加体育活动的动机是保持身体健康（非贫困地区占 83%，而贫困地区 65%），其次是减轻压力或放松。贫困地区多数人不参加锻炼，他们不太相信锻炼的益处，很少有人认同"身体活动对身体健康有益""对心理健康有益"等，他们更看中的是安全的邻里关系（最贫困地区 20%，非贫困地区只有 9%）。

此次调查结果与以往的调查结果基本相一致，整体上，大多数苏格兰人体育锻炼不足。经常锻炼的人很大程度上是出于促进身心健康的原因，同时，他们也是在享受体育。几乎所有人都赞同体育活动对身心健康有益，使人充满活力，身心愉悦。很多阻碍因素使那些偶尔参加锻炼的人不能进行体育活动，其中最大阻碍是时间（2/3想参加体育活动的人），25岁以后更是由于工作和家庭原因造成体育活动逐渐下降，而到中年以后，健康问题又开始成为参加体育活动的阻碍。

(3) 威尔士

在威尔士人们认为足够的体育活动可以达到促进和保持健康的要求，他们对足够体育活动的界定是每周锻炼5天或5天以上，每天锻炼半个小时以上。有近30%的65岁以上老年人达到足够体育活动程度。另一方面，有40%以上的成年人在过去一周中的任何一天中都未达到足够体育活动的程度。

2002—2003年的调查显示，威尔士成年人参加体育活动的人口比例为49%，较2000—2001年的调查下降了8个百分点，与90年代中期的水平相近。从地域特征看，北部农村的体育参与水平最高，山区体育参与水平最低。从性别特征看，女性参加体育活动的总体水平仍比男性低，大约低7个百分点。

虽然适合成年人的休闲活动不断增多，体育活动仍然是成年人休闲活动的优先选择。步行、游泳和骑自行车一直是威尔士人参与最多的运动项目。十大男性运动中包括一些集体或竞技性的运动，男性参与户外活动的人数是女性的3倍以上，超过20%的男性享受体育运动的竞争性。而十大女性运动中主要是非竞争性的运动，健康与健身，娱乐和社会交际被认为是女性参与体育活动的主要目的。

年龄是影响体育运动的关键因素。调查显示，随着年龄的增长，参加体育活动的人数减少，而户外运动并未显示这种特征，这主要是由于随年龄增加参与健步走的人数增多。参加体育活动与社会阶层有关，同2000—2001年的调查一样，社会阶层越高，参与体育活动的人数越多。威尔士的乡村地区显示出比城市地区更高的参与和体能活动水平。缺少时间和事务繁忙仍然是多数成年人参与体育活动的主要障碍。

13%的成年人是体育俱乐部或者体育组织的成员，这个比率较2000—2001年的调查下降了2个百分点。男性俱乐部成员是女性的2倍。俱乐部的参与水平随年龄递增而下降。多数参加俱乐部活动的人员更关注俱乐部的辅导训练和管理。

德国

在大众体育和全民健身方面，德国的体育俱乐部更是发挥了积极而有效的作用。因此，要想了解德国民众参与体育锻炼的情况，就必须从德国的体育俱乐部入手。在德国，"体育俱乐部会员"几乎成了"参加体育锻炼"的代名词。因为目前德国大多数体育俱乐部都是大众健身俱乐部，即便是职业俱乐部，其中也有很多普通会员。这些会员只需缴纳一定的会费，就可以利用俱乐部的运动设施来锻炼，并代表俱乐部参加各个级别的联赛，在享受运动乐趣的同时达到了健身的目的。

20世纪60年代，在健身浪潮由美国传到欧洲之前，只有14%的德国人参加健身运动。但从那以后，有超过一半的德国人参与到健身运动中来。根据德国体育联合会的最新统计，2006年德国共有体育俱乐部90467个，会员2732万人，占德国总人口的33.12%。

德国民众对体育锻炼向来都非常关注，而且德国的俱乐部针对不同年龄段的人的特点都有相应的配套体制，可以根据自身的情况找到合适的锻炼场馆与锻炼方法。而且德国俱乐部中的会员也并不仅仅局限于年轻人，各个年龄段的人都占有一定比例。

表24 2006年德国人口与俱乐部会员的年龄分布（单位：百万）

年龄	俱乐部会员数	人口总数	会员占人口的比例（%）
儿童（6岁以下）	1.20	5.18	23.15
青少年（7~18岁）	6.50	10.48	61.97
成人（19~60岁）	12.58	47.10	26.71
老年人（60岁以上）	3.44	19.72	17.44
合计	23.71	82.47	28.75

德国人开始意识到体育健身的重要作用，并将体育活动作为健康生活方式的一部分。最近数据显示，德国8200万的人口中有2/3会参与某项体育运动。德国人口统计显示，1/5的男性体育参与者年龄超过35岁，这一点显示了德国即使是"年龄稍大的男性"也会参加健身活动。德国女性的年龄分布也显示出同样特点。德国体育与体操俱乐部现在会员数量大幅增加。几乎每三个德国人中会有一个是俱乐部会员。根据德国体育联合会一份最近数据显示，2005年新增20万名俱乐部会员。

另外，在所有的会员中，男性会员有 1432 万，占 60.4%，女性会员 939 万，占 39.6%，男性会员的数量明显多于女性会员，但从发展的趋势来看，女性会员的比例从 1980 年的 28.0%、1990 年的 34.0%、2000 年的 38.9% 到 2006 年的 39.6%，一直处于上升的趋势。

根据俱乐部会员参加体育活动的频率又分为积极会员（每周至少到俱乐部参加一次体育活动）和非积极会员。在联邦德国地区俱乐部会员中积极会员占 50% 左右，在民主德国地区俱乐部会员中则有 72% 是积极会员。也就是说，全国范围内超过半数的会员为积极会员。

根据 2009 年《各年龄段人群的健康状况——一份由德国各州进行的调查报告》的数据显示，现在德国平均每 14 个居民中就会有一位定期光顾健身房，但目前的问题是德国健身房的数量在日趋减少。

在最近几年，越来越多的德国人开始定期到健身房锻炼身体。德国经常参加体育锻炼的人口以每年 4% 的比率迅速增长。到 2009 年，德国经常参加体育锻炼的人口数量超过 43 万。但是国内能够提供的健身设施的发展状况却不容乐观。由于健身房及场馆数量减少，健身费用以平均每年 2.9% 的速率增长。

法国

2000 年 4 月，法国青体部提出每四年进行一次大范围的体育活动状况调查。第一次调查在 2000 年 6～7 月进行，取样对象是 15～75 岁之间的人群，调查数量为 6526 人，取样范围包括法国大陆本土、科西嘉群岛和海外属地。调查方式为电话访谈，调查内容包括参与的所有形式的体育活动（包括有组织的活动和以家庭为基础、街头体育、私人俱乐部等形式的没有组织的体育活动），以此作为参与体育活动的基础。结果推测有 2600 万法国人（15～75 岁）每周至少参加一次体育活动。参加体育活动的人数统计见表 25。

表 25　法国参加体育活动的人数统计表

参与人数（万人）	体育活动或家庭体育活动
超过 1000	徒步走（18%）游泳（14.5%）自行车（12.8%）
600～700	慢跑（6.6%）保龄球（6.1%）体操（6.1%）
350～600	滑雪（5.3%）英式足球（4.6%）网球（3.6%）
200～350	钓鱼（3.1%）健美（2.6%）乒乓球（2.3%）

（续表）

参与人数（万人）	体育活动或家庭体育活动
150～200	轮滑（1.9%） 羽毛球和壁球（1.6%）
100～150	篮球（1.4%） 排球（1.2%） 水上/雪地滑板运动（1.2%） 捕猎（1.1%） 舞蹈（1.1%）
70～100	骑马（0.93%） 帆船（0.89%） 武术（0.78%）
50～70	攀岩和登山（0.66%） 手球（0.58%） 田径（0.52%）

根据法国体育用品市场调查，15 岁以上成年人体育活动参与情况如下：

1800 万人（48%的女性）参与自行车运动；

1400 万人（57%的女性）参与游泳、潜水运动；

1260 万人（51%的女性）进行走步、慢跑、徒步行走锻炼；

1050 万人（38%的女性）进行小金属地掷球、滚木球、保龄球锻炼；

800 万人（41%的女性）参与田径运动。

其他主要的体育活动包括体操（630 万人），钓鱼（530 万人），乒乓球、羽毛球、壁球（460 万人），足球（430 万人），健美（420 万人），网球（360 万人），篮球、排球、手球（290 万人）。另外，骑马也是比较受欢迎的体育锻炼活动。

2001 年的调研结果显示，法国大约有 3600 万经常参加体育锻炼的人（active sport participants），占 15～75 岁年龄段总人口的 83%（青年与体育，2001）。然而，在国家体育管理机构注册的锻炼者人数多年来一直稳定在 1370 万。这些数字之间的差异反映出两个事实。第一，在过去的 30 年中，法国传统的体育俱乐部的人数由持续上升到逐渐趋于平稳。第二，相当数量的参与者是在非正式的、自我组织的情形下参与体育锻炼的。

2003 年的调查表明，15 岁以上的成年人群中，有 71%的人参加身体锻炼或体育活动，这包括偶尔参加体育活动的情况，79%的男性参加体育活动，而女性参与比例为 64%。

调查发现，一些社会人口学因素，如年龄、受教育程度、生活水平等与体育活动参与有关。15～24 岁的人最喜欢参加体育活动。生活水平较高、学历较好（无论是在读学生还是已工作的人）参与体育活动的比例都较高。自行车、散步和游泳等项目有广泛的群众基础，是参与人数最多的项目。而参加集体项目以及武术、轮滑等运动的年轻人居多。参与体育活动的项目与经济状况有关，高薪阶层人群更倾向于参加滑雪、帆船等项目；生活比较富裕的人们通过各种协会、俱乐部和比赛形式参加体育活动。而不参加体育活动的人，通常是老年人或者受教育水平较低的人。60 岁以上的老人在解释他们为什么不参加体育运动时，经常提到的原因有健康问题和感觉自己太老。对小于 60 岁的人来说，主要原因是对体育不感兴趣，或者是由于学业、工作以及家庭负担使他们没有时间参加。

与其他国家统计参与体育活动人数的方法不同，法国统计参与体育活动状况的最常用手段是通过统计计算体育联合会颁发体育资质证的数量，这一数据是通过国家统计局的年度普查报告统计的。2000 年颁发的体育资质证书数量达到 1400 万，其中 700 万是由奥运单项体育联合会颁发的，280 万是由非奥运单项体育联合会颁发，280 万则是由多项体育联合会（包括所有的中学和大学体育联合会）颁发。

持有足球资质证书的人数最多，足球体育联合会颁发了大约 200 多万个资质证书，其次是网球项目，大约有 100 多万。学校体育联盟也颁发大量的体育资质证书，其中小学约 86 万，不分等级的体育联盟 85 万，私立学校 76 万。

西班牙

西班牙的大众体育活动作为休闲活动的方式之一，主要是在余暇完成的。西班牙人民充分意识到保持身体健康的重要性和参加体育锻炼对增进健康的重要作用，因而积极参加体育活动。1997 年，西班牙约有 73.5% 的人参加非竞技性的体育活动。1968 年，西班牙参加过体育活动的人数比例仅为 12.3%，到 1990 年，这一指标增加到 35%，2000 年更是达到了 38%。16 ~ 60 岁的人群中，有 39% 的人口参加体育活动（1996）。在这些参与者中，有 22% 的人口在有组织的框架中参与自己选择的体育运动。当然因为性别（26% 男性和 17% 女性在俱乐部中参与体育锻炼）和城镇的人口数量不同，参与数也有差异。另一方面，自发参与（即非组织型）体育运动的人口数量占总运动人口的 69%。

在西班牙，参加体育活动已经变得非常流行。西班牙有 21% 的人参加一种体育活动,16%的人参加多种体育运动,2002 年有 63%的人参加过任何形式的体育活动。西班牙第三大城市——巴伦西亚市,总人口约为 80 万,有 21.4%的人在余暇参与体育活动。更新的调查显示,巴伦西亚市约有 25%的人参加一种体育活动,但仍有 59%的人仍未参加体育活动。

西班牙人最喜欢参加的前十位体育活动项目似乎与参加竞技体育训练的人数没有明显关系。西班牙人最喜爱的运动项目是游泳,其他受喜爱的项目依次是(室内、室外)足球、自行车、体操、篮球、慢跑、网球、健美操、登山和田径(2002 年)。

从时间发展变化特征看,20 世纪 80 年代末,健美操等体育活动项目需求增加,90 年代之后参与攀岩、山地自行车、潜水、漂流体育活动的人数增多。1995 年调查显示,约有 16%的西班牙人参加攀岩、山地自行车、潜水、漂流等自然体育活动。这类体育活动主要是由私营商业企业和旅游社团联合举办的。

2005 年西班牙体育理事会(CSD)委托西班牙社会研究中心(CIS)进行了全国性的运动习惯调查,为我们了解西班牙人的体育锻炼情况提供了依据。

该调查结果显示,虽然愿意参加体育锻炼和户外活动的人群在西班牙人口中的分布广泛,但是仍存在性别、年龄、居住地以及社会地位(社会地位的判断依据包括教育水平、职业、年龄、性别以及居住地址。2005 年的调查显示,西班牙人口社会地位低层 29%,中层 55%,高层 16%)等方面的差异。表 26 是对 2000 年和 2005 年不同性别和年龄(15~74 岁)的人群参加体育锻炼情况的比较。

表 26　愿意参加体育锻炼或户外活动的人口特点

社会人口特征	体育锻炼人数(%)		户外活动人数(%)	
	2005 年	2000 年	2005 年	2000
性别				
男性	36	34	32	27
女性	26	22	35	28
年龄				
15~24 岁	41	38	29	23
25~34 岁	39	34	35	29
35~44 岁	35	32	36	32
45~54 岁	28	23	35	32

（续表）

社会人口特征	体育锻炼人数（%）		户外活动人数（%）	
	2005 年	2000 年	2005 年	2000
55～65 岁	19	17	36	24
65 岁以上	14	11	28	22
城镇规模				
小于 2000 人	26	25	31	23
多于 400000 人	33	31	34	37
社会地位				
低层	23	22	31	23
中层	33	29	34	27
高层	40	35	34	34

从表 26 可见，男性比女性更愿意参加体育锻炼，其比率分别为 36%和 22%，而参加户外运动的调查结果恰恰相反，男、女比率分别为 32%和 35%。这些结果和 2000 年的调查相近。从年龄角度考虑，最年轻的群体（15～21 岁）最愿意参加体育锻炼，而年龄在 25～65 岁之间的人群都较愿意参加户外活动（约为 35%）。大规模城镇的居民比小规模城镇居民更愿意参加体育锻炼和户外活动，这项结果也与 2000 年相似。社会地位在是否愿意参加体育锻炼中起着至关重要的作用。高层人口愿意参加体育锻炼的比例几乎是底层人口的两倍，分别为 40%和 23%。但这种差距在户外活动方面并不十分明显。

此外，比较 1975—2005 年的调查数据，不难发现西班牙人口（15～65 岁）对体育的兴趣度分布似乎已经基本稳定，对体育非常及比较感兴趣的人群比例从 50%上涨到了 65%（表 27）。

表 27 西班牙人体育兴趣演变（%）

兴趣度	2005 年	2000 年	1995 年	1990 年	1985 年	1980 年	1975 年
非常感兴趣	19	18	22	23	20	15	18
比较感兴趣	46	44	41	42	39	33	32
不太感兴趣	26	26	25	23	25	27	22
没有兴趣	10	13	12	11	15	22	28
NC	——	——	——	1	1	2	——
	-7.190	-4.553	-4.271	-4.625	-2.008	-4.493	-2.000

根据调查，趋于稳定的不仅包括西班牙人口体育兴趣，还包括参加体育锻炼的人口。表 28 是西班牙 1975—2005 年 15～65 岁的人群参加体育锻炼的情况。

表 28　西班牙参加体育锻炼人口演变（%）

参加体育锻炼	2005 年	2000 年	1995 年	1900 年	1985 年	1980 年	1975 年
参加一种	24	22	23	18	17	16	15
参加多种	16	16	16	17	17	9	7
不参加	60	62	61	65	66	75	78
	-7.190	-4.550	-4.271	-4.625	-2.008	-4.493	-2.000

参与体育锻炼的频率是人们体育习惯的良好指标。2005 年的调查结果再次肯定了 2000 年调查显示出的良好趋势，因为更多的人口正有规律地参与体育锻炼。这也意味着在西班牙体育活动已经成为了个人生活方式的固定组成部分。2005 年，年龄在 15～74 岁之间并参与体育锻炼的西班牙人口中有 49%（约 1200 万）的人一周锻炼 3 次以上，37% 的人一周锻炼一次或两次（表 29）。这组数据和 2000 年的调查结果相似，而在 1990 年的调查中，仅有 31% 的人一周锻炼 3 次以上。

表 29　西班牙 15～74 岁人群体育锻炼参与频率（%）

参与频率	2005 年	2000 年
一周 3 次以上	49	49
一周一次或两次	37	38
经常	10	10
仅在假期	3	3
未表示	1	——
	-3.094	-1.890

日本

为了掌握日本成年人参加体育活动状况，日本笹川体育财团（SSF）从 1992 年开始，每两年进行一次全国体育活动状况调查。对参加体育活动的状况根据运动频度、时间、强度分为五个水平:水平 0 为过去一年中从未参加任何形式的体育活动；水平 1，为过去一年参加每周一次以上、每周两次以下的体育活动；水平 2，为每周参加两次以上的体育活动，但对运动时间没有明确要求；水平 3，为每周参加两次以上、每次 30 分钟以上的体育活动；水平 4，为每周参加两次以上、每次 30 分钟以上，且运动强度在中等以上的体育活动。按照这种定义，水平 4 与欧美和我国界定的有规律参加体育活动或经常参加体育活动的定义相似。2004 年的调查结果表明，日本经常参加体育活动的人数比例（水平 4）为 16.1%，水平 3 和水平 4 的人数占总人口的 36.1%，比 1992 年的 9.6% 有明显增加。日本参加体育活动的人数变化见图 3。

2004 年日本成年人参加的体育项目排名前十位的是散步、慢跑、体操、保龄球、肌力训练、钓鱼、海水浴、游泳、高尔夫与场地高尔夫。

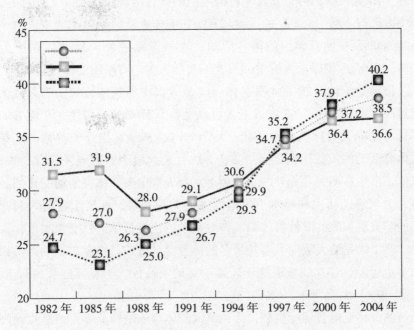

图 3　每周至少进行体育锻炼一次的成年人数比例变化

澳大利亚

澳大利亚国家统计局的统计，把经常参加体育活动界定为在过去的 12 个月内，每周参加两次以上（不含两次）的体育活动，这种界定略低于我国经常参加体育活动的界定。2005—2006年的调查显示，有29%的人（470万人）经常参加体育活动。近80%的澳大利亚人参加体育活动，近66%（约1500万）15岁以上的成年人在过去的12个月内至少参加过一次体育活动。29%的男性和26%的女性参加了由俱乐部、协会或其他机构组织的体育活动。近1/3的15岁以上的成年人每周参加两次以上的体育活动，32%的女性与27%的男性每周参加两次以上体育活动，与其他国家不同，澳大利亚经常参加体育活动的女性人数比例高于男性。有54%的成年人参加自由形式的体育活动，而28%的人参加有组织的体育活动。

据估计，大约有440万15岁以上的澳大利亚人在过去的12个月中参加了由俱乐部、协会或其他机构组织的体育活动，在15~17岁的人群中有超过半数（55%）的人参与有组织的体育活动，18~24岁人群中有41%的人参加有组织的体育活动，这一指标在25~34岁人群中为33%，而在65岁以上人群中，只有18%的人参与有组织的体育活动。

按年龄统计，25~34岁、15~17岁人群中参与体育活动的人数比例最高，均为75%。65岁以上人群最低，只有49%。男性、女性参加体育活动的人数比例基本相同，均为66%。按地区统计，首都特区参加体育活动的人数比例最高，高达80%，而北澳大利亚地区只有58%，最低。出生在澳大利亚外的主要英语国家人群中参加体育活动的比例最高，为72%，澳大利亚本土出生的参与率为68%，而出生在澳大利亚外的非英语国家的女性群体参加体育活动的比例最低，只有48%。

快步走是澳大利亚人参与最多的体育活动方式，约有25%的人参加快步走运动，参与体育锻炼比较多的活动项目依次为有氧健身（13%）、游泳（9%）和自行车（6%）。

澳大利亚体育运行机制，无论是大众体育还是精英体育，都受到许多国家的羡慕，同时澳大利亚是拥有世界上最好体育活动环境的国家之一。然而，近几年的体育统计数字表明，澳大利亚有组织参与体育活动的人口比例下降，专家担忧，如果照此速度发展，到2020年澳大利亚将会有近1/3儿童超重，因而带来一系列的健康问题，将会给澳大利亚的健康体制带来巨大的压力。因此，澳大利亚高度重视大众体育工作，积极推进地方社区工作发展和体育设施建设，并以此作为建设体育大国的支撑力量。

（二）青少年体育与学校体育

美国

50 年前，美国大部分孩子以自由体育活动形式为主，城市里的孩子们会一连几个小时做一些与棒球类似的游戏，或者跳绳、跳房子、投篮，这种方式与当时中国的城镇孩子差不多。乡下的孩子们则通常会利用树林、湖泊、山川和乡间小路选择体育活动。狩猎、钓鱼、划船、徒步旅行、爬山、骑自行车和跑步都是很时尚的户外运动。

1939 年成立的世界少棒联盟（Little League Baseball）开始了美国青少年有组织的体育活动方式，他们以社区为基础，每个队伍由地方企业赞助。除传授棒球技战术外，还可以使男孩子们学习生活的技巧、正确的价值观、遵守纪律和规则，使得参加体育活动的青少年更容易适应成人社会。

1972 年美国《教育法修正案》关于女孩儿体育活动方面的内容引起了美国青少年体育活动的巨大变化。在此修正案颁布前，女孩子在体育活动方面主要是充当拉拉队员、军乐队员的角色，或者参加如体操、花样滑冰、马术、游泳和网球等女性体育运动。而在修正案之后，女孩儿们越来越多地出现在垒球场、篮球场、曲棍球场、网棒球场和足球场上。

美国青少年参加有组织的体育活动增多可能基于四个因素的影响。一是从 20 世纪 70 年代开始，美国家庭中母亲外出工作的人数增多，为了使孩子们放学之后能有可去之处，让孩子参加有组织的体育活动，不仅可以锻炼身体，还可以树立孩子们的自信心和体育道德行为规范；第二是由于儿童被绑架和性侵犯持续增长，家长对孩子安全问题忧心忡忡，孩子们在大人的监管下积极参与体育活动，可以使家长更放心；第三是孩子们参与有组织的体育活动可以使他们远离毒品、性和犯罪，无忧无虑地参与"避风港"里的体育活动，有利于孩子们的健康成长；第四是在小时候接受专业训练，可以提高运动技术水平，有更多的机会展现体育方面的才能，成为优秀的高水平运动员。

在过去的 20 年中，美国青少年参与有组织的运动项目稳步增加，而且近年来女孩参与体育人数迅速增长。同时，随着有组织的青少年体育运动的增长，非正式体育活动和比赛由于交通问题、安全问题以及静态活动的竞争大幅下降。几乎所有 6～12 岁的孩童都有过参与不同体育运动的经历，无论是与同龄人随意做游戏，还是参加有组织的体育活动。

目前，青少年参与体育活动的人数达到了历史最高水平，2000 年美国运动数据（American Sports Data）调查显示，有 2620 万 6～17 岁的青少年参加一个以上有组织的运动队，占全国同一年龄段的 54%。另外 1000 万孩子参加集体体育项目，当然这只是随意组队的娱乐比赛，而不是参加有组织的运动队。男孩参与体育活动的人数为 1470 万，女孩的参与人数为 1130 万。调查显示，11 岁是集体体育项目的高峰期；篮球是最受欢迎的集体项目；女孩体育参与度也达到历史最高水平。

然而，美国没有组织的青少年体育呈急剧下滑的趋势，在 1995—2004 年，自行车运动、游泳、棒球、触身式橄榄球和钓鱼的参与大幅下降。一些权威人士将这种现象归因于父母不愿让孩子们在无人看护的情况下自由玩耍，而其他一些人则指责电子游戏、网络与电视才是罪魁祸首。无论何种原因，美国有组织的青少年体育一直在增长，而没有组织的自由体育活动一直在下降。

《今日美国》（USA Today）在头版位置发表了一篇题为《越来越多的童年消遣活动转入室内》（Childhood Pastimes Are Increasingly Moving Indoors）的新闻，引起了家长、教师和体育管理者的关注。文章提到，与过去相比，孩子们似乎将更多的时间用在室内看电视、打电子游戏或上网。另有调查表明，美国青少年每天花在上述三项事情的时间达到 5 小时 52 分钟，分别为看电视 4 小时 10 分钟，电子游戏 1 小时 5 分钟，上网 37 分钟。以前孩子们早早地去外面玩耍、活动的日子一去不复返了。

青少年参与体育活动减少已经产生了一些健康问题。6～11 岁肥胖儿童比例从 1963 年的约 5% 增长到 2005 年的 16%，而且农村儿童的肥胖率高于城市儿童。

一项针对美国青少年参与体育活动动机的调查随机抽样了大约 4000 名 7～12 年级的学生，调查结果见表 30。

表 30　　美国青少年参与体育活动动机

男生参与体育运动是为了	女生参与体育运动是为了
1. 享受乐趣	1. 享受乐趣
2. 提高技术能力	2. 保持健康
3. 享受比赛的兴奋	3. 锻炼身体
4. 做所擅长的事	4. 提高技术能力
5. 保持健康	5. 做所擅长的事
6. 享受比赛带来的挑战	6. 有团队归属感
7. 有团队归属感	7. 享受比赛的兴奋
8. 赢得比赛	8. 学习新的技能
9. 达到更高的竞技水平	9. 提高团队合作能力
10. 锻炼身体	10. 享受比赛带来的挑战
11. 学习新的技能	11. 达到更高的竞技水平
12. 提高团队合作能力	12. 赢得比赛

在同一项研究中，抽样调查了近期退出学校体育或者非学校体育的5800 名 7～12 年级的学生，他们坦言如果能满足以下条件，他们会继续参与其中：训练更为有趣；有更多的上场时间；教练员更好地了解运动员；与学业不冲突；与社交生活不冲突；教练更称职。

(1) 青少年参加体育活动项目的变化

美国体育用品制造商协会（SGMA）和美国体育用品协会（NSGA）的近期研究显示，青少年参与体育的巨大转变，他们从参与主流体育运动如篮球和橄榄球向参与极限运动转变。自 1990 年始，6～17 岁青少年参与橄榄球、棒球和篮球的人数下降了 30% 以上，而参与单板滑雪、滑板和轮滑的人数增加 600% 以上。

过去 10 年中，青少年所喜爱的体育运动有所改变。如前所述，棒球、橄榄球曾经是最受欢迎的体育项目。尽管它们现在仍然很受欢迎，但其他的体育项目参与人数却猛增。篮球有 100 万的参与者，是如今美国最受欢迎的集体体育项目，足球紧随其后，棒球的参与人数有所减少，特别是在城市里和非裔美国人中。在 20 世纪 90 年代，打棒球的人数下降了 26%。奥运会项目中的花样滑冰、滑雪、网球和体操等参与人数保持稳定，并没有增长迹象。这些运动发展的阻碍是训练和比赛的费用，尽管有的社区青少年体育计划中包含这些项目，可以满足入门需求，但是对那些追求更高水平的运动员，参加精英项目是必不可少的。据许多家庭统计，支持一个孩子参加精英项目每年要花费 20000～25000 美元。这项费用包括教练费用、器材的费用以及家长陪孩子去外地参加比赛的费用。

(2) 学校体育

美国教育系统中的体育的发展方式与其他国家不同。尽管体育在中学或大学是课外活动，但体育可以团结学生、校友和球迷。大学体育有助于大学吸引更多的入学申请者，鼓励校友捐款并为大学做广泛的宣传。

中学或大学校际间的体育因其众多优点而一直受到称赞，尽管许多说法并没有事实依据。美国《教育法修正案》第九条的颁布使女性和男性享有平等机会，这也影响了高中和大学体育，结果是女生参与体育的机会有极大的改善。与此同时，男女学生体育的财政预算分配始终是争论的焦点和痛苦的根源，特别是当费用上涨，学校尽可能为男女学生提供平等的机会。

根据美国州立中学协会全国联合会（NFHS）统计数据，参加高中体育的学生人数连续 15 年出现增长，2003～2004 年度参与体育总学生人数达到历史最高，为 6903552 人。这一数字占参加校队体育比赛学校在校学生总数的 55.4%（NFHS，2004）。

男生最喜欢的四大体育运动（以受欢迎程度排序）依次为篮球、田径、棒球和橄榄球；女生最喜欢的四大体育运动依次为篮球、田径、排球和垒球。足球在男女生中都位列第七，但一直呈上升趋势。

大学体育是指美国大学体育协会（NCAA）成员学校四年制大学院校中的体育项目计划。在过去的 50 年里，大学体育显示出巨大的增长，早期是由学生发起的体育队同当地其他大学竞技，如今，大学体育更加多样化，并为男女学生提供机会。NCAA 是目前为止大学体育最大、最有影响力的组织。NCAA 有 1265 个成员校，大约有 355000 名大学生运动员参加校际间的体育比赛，约 44000 的运动员参与 NCAA 锦标赛 22 个大项、87 个小项的比赛（NCAA，2004）。

全国大学校际体育联合会（NAIA）包括约 300 所小型学院，并组织全国锦标赛。随着 NCAA 为规模小的大学提供越来越多的机会，NA-IA 成员有所减少。另外有 100 所教会学校是全国教会大学体育联合会（NCCAA）的成员，尽管其中大多数也是 NCAA 的成员。两年制专科学院由全国专科学院联盟（NJCAA）主管，NJCAA 有 550 个成员。NCAA 主管全美大学体育事务，同 NCAA 相比，所有这些组织财力、人力和影响力有限。

　　NCAA 大学体育参与人数从 1981—1982 年度的 231445 人增长到 2003—2004 年度的 375000 人。平均每个 NCAA 的参赛学校出资支持约 17 支运动队（8 支男队和 9 支女队）。来自不同种族的运动员参与数量也有所增加（表 31）。值得注意的是，男女黑人运动员篮球参与率稳步增长，男子黑人运动员足球参与率也出现稳步增长。

表 31　2003—2004 年度不同种族的学生体育参与百分比（%）

	白人		黑人		其他	
	男子	女子	男子	女子	男子	女子
所有运动						
	71.4	78.2	18.0	10.6	10.6	11.2
橄榄球						
	61.4		32.3		6.3	
篮球						
	49.6	64.2	42.0	27.0	8.4	8.8

俄罗斯

(1) 俄罗斯青少年体育管理

　　俄罗斯联邦体育署负责俄罗斯青少年体育总体发展工作，其操作方式为地方政府体育管理部门和俄罗斯体育署提供资金，俄罗斯体育署负责制定总体发展政策、法规，组织全国性大型青少年体育活动，地方体育主管部门对自己辖区内的青少年体育进行直接管理。最近几年，俄罗斯经济复苏，带动了俄罗斯体育的整体复苏，俄罗斯青少年体育发展才逐渐走上了正轨，呈现出良好的发展态势。

　　学校体育工作由俄罗斯联邦体育署与俄罗斯教育部合作管理。为了提高俄罗斯学生的身体素质，俄罗斯联邦体育署和教育部在学校体育领域进行了很多卓有成效的合作。除了合作举办全国性学生体育赛事、共同采取措施提高学生在校体育课质量和数量外，还开展了很多其他项目的合作。如为了吸引中小学生参加各类体育活动，最近两年联合推广在学校里建立体育俱乐部计划等。

(2) 每年举办大量青少年体育活动

俄罗斯每年都举办各种青少年体育活动。据统计，在过去的三年里，俄罗斯共为儿童和 18 岁以下青少年举办了 4300 项比赛和各类集训。俄罗斯体育署负责举办全国性青少年及儿童体育活动。以 2007 年为例，俄罗斯联邦体育署举办的大型青少年体育赛事包括俄罗斯学生冬季项目运动会、俄罗斯学生夏季项目运动会、俄罗斯全国中学生体育健身节、全国少年足球比赛、全国少年冰球比赛、全国孤儿院学生冬季项目运动会、全国孤儿院学生夏季项目运动会、全国体育—教育节、未达到服兵役年龄青年运动会等。各种形式的体育活动和比赛，不仅增强了青少年体质，而且为俄罗斯培养了高水平体育后备人才。

此外，在俄罗斯联邦体育署直接参与下，还成功地举办了很多群众性儿童体育比赛，如"白色帆船""儿童钉子鞋""快乐海豚"和俄罗斯全国残障儿童体育比赛等。这些青少年、儿童体育比赛规模大，参与地区广，有很好的宣传示范作用。

(3) 增加青少年体育设施

随着俄罗斯经济的快速发展，俄罗斯政府加大了体育设施的投入，俄罗斯青少年体育发展的条件得到了明显的改善。2005 年，俄罗斯政府出台了"俄罗斯联邦 2006—2015 年体育发展规划"，该规划计划在 2015 年前，主要在中小城市建设大约 4000 个体育场馆，资金由中央和地方按比例分担。联邦财政 2015 年前将划拨 45 亿美元用于该项目场馆建设。这个规划的实施是为了改善大众体育基础设施，吸引更多的人锻炼身体，从而达到提高国民身体素质，降低犯罪率，减少吸毒、酗酒现象的目的。仅 2007 年一年，"俄罗斯联邦 2006—2015 年体育发展规划"项目在俄 33 个地区建成了 84 个体育场馆。如此的体育场馆建设规模在俄罗斯历史上是前所未有的，即使在苏联时代都没有建过这么多体育场馆。1980 年莫斯科奥运会前，苏联大兴土木，建了很多场馆，但当时只是建在举行奥运会的三个城市——莫斯科、列宁格勒和塔林（帆船项目）。而现在场馆建设的重点放在了大众体育上，场馆主要建在地方社区和学校内，这为俄罗斯青少年体育的发展创造了很好的条件。青少年从事体育活动的场所大幅增加，体育设施明显改善，大型体育场馆如雨后春笋般出现，为大型青少年体育活动的举办提供了良好的条件。

英国

(1) 青少年体育发展规划

2005 年，英国政府设立了"公共服务协议"（Public Service Agreements），其中学校部分即要增加 5 ~ 16 岁青少年参加体育活动的机会，以期保证他们每周至少 2 小时的高质量体育课，同时，参与课内外体育活动的学生人数比例明显增加，到 2008 年力争达到 85%。该活动由英格兰体育局和青年体育信托基金合作开展。目前，学校体育活动参与度指标已超额完成。2006 年参与课内外体育活动的学生人数比例达到 80%，2008 年达到了 86%。

2007 年，英国政府出台了"青少年十年发展规划"，调拨 1 亿英镑作为青少年发展基金。这项规划将使青少年体育活动不再局限于青少年俱乐部和体育中心，而是能够在余暇使用最近的体育设施，参加提高运动技能的体育活动。

这项规划得到了英格兰体育局的欢迎，因为它会使所有的青少年从中受益，尤其是贫困地区的青少年。英格兰体育局政策执行部门主管称："青少年的需要和愿望得以优先考虑，这项规划传递了一个非常积极的信号。这项规划将为青少年提供更多参加体育运动的机会，并且帮助他们发现适合自己的运动。我们推出的体育活动和志愿者活动是非常积极的活动，有助于配合政府提出的青少年每周 5 小时体育活动的计划。这项规划与英格兰体育局的理念相一致，体育有助于青少年学习新技能，变得自信、自尊。体育会使青少年的成长之路更加顺利。"

英格兰体育局的目标是：到 2012 年，有 200 万人参加体育运动。十年规划中体育所起到的作用将使政府中的青少年部门和体育部门的合作关系继续发展。英格兰体育局将继续与各方合作，推广青少年需要的体育活动。举例来说，英格兰体育局的俱乐部联络项目表明，在

2004—2005 学年，只有 22% 的学生参加了一个或者几个体育俱乐部，而俱乐部联络项目却在过去的一年中使这个数量增加到 27%，这些俱乐部与学生所在的学校都有合作关系。除此之外，英格兰体育局的"走进体育"（Step into Sport）志愿者项目在 2006—2007 学年中吸引了 78890 名青少年，他们中的 13996 人接受了专项体育培训。

2007—2008 年度，政府继续推行"体育、学校竞赛运动与俱乐部联合国家战略"（PE, School Sport and Club Links Strategy PESSCL），旨在提高社区及体育俱乐部中儿童和青年人运动项目的质量和数量。为此，英格兰提出了两种实施方案，即"走进体育"项目和"学校俱乐部联盟"（School Club Links）项目。其中，"走进体育"项目为青少年提供志愿服务的机会。14～19 岁青少年参与体育志愿服务的比例目前已由 2003—2004 年度的 9% 增长到了 17%；"学校俱乐部联盟"项目为学校和体育俱乐部之间搭建了联系的桥梁。青少年参与俱乐部体育活动的人数已从 2003—2004 年度的 19% 增长到了 29%。此外，目前平均每个学校与 7 个当地的俱乐部建立了联盟关系，而 2004—2005 年度和学校结成联盟的俱乐部平均只有 5 个。2007—2008 年度英格兰在儿童和青少年体育活动上的投入达到 830 万英镑，而到 2008—2009 年度，投资总额将超过 2300 万英镑。

英格兰体育局（Sport England）分别于 1994 年、1999 年以及 2002 年 3 次调查了英国青少年体育状况。2002 年的调查对象包括全英国 200 多个中小学的 3000 多名 6～16 岁的青少年，为英国青少年体育发展提供了权威信息，为科学地开展青少年体育提供理论依据。2002 年的调查结果在一定程度上可以反映英国青少年的体育活动状况。以下将从青少年对体育的认识、青少年参加体育课情况、学校体育设施以及青少年参加课外体育活动情况分别进行总结。

(2) 青少年对体育的认识

越来越多的青少年愿意参加体育活动，愿意在各种环境下运动。在 2002 年，每 10 个青少年中就有 7 个人认为自己是"运动人"，这是各项调查中的最高比例。然而，2002 年的调查显示，青少年中出现了"运动信心矛盾"，即青少年越来越自信地参与体育，但同时他们也总是怀疑自己做得不够好。

与 1994 年相比，2002 年青少年越来越多地参加体育活动。2002年，每个青少年平均每周参加体育活动 8.1 小时，而在 1999 年是 7.5 小时。然而，英国青少年用于看电视的时间平均每周 11.4 小时，远远高于参加体育活动的时间。

(3) 青少年参加体育课情况

青少年在体育课上不参加任何体育运动的人数不断增加。1994 年为 15%，1999 年上升到 17%，而 2002 年达到 18%。每周参加 2 个小时以上体育课的青少年呈波动性变化。1994 年每周参加 2 个小时以上体育课的青少年人数为 46%，1999 年为 33%，2002 年为 49%，在连续八年时间里，每周参加体育课不到 2 个小时的青少年人数都在一半以上。在小学阶段，参加体育课的儿童人数更少。2~4 年级（6~8 岁）学生的数据为：1994 年 32%，1999 年 11%，2002 年 29%；5~6 年级（9~11 岁）学生的数据为：1994 年 46%，1999 年 21%，2002 年 32%。

15~16 岁的青少年参加体育课 2 个小时以上的人数在逐渐减少，1994 年为 36%，1999 年为 34%，2002 年为 33%。

同时，中小学生参加体育活动项目的情况也在发生变化，1994—2002 年，中学生参与体操、板球、网球和无挡板篮球的人数明显增加，参加曲棍球和越野慢跑的人数明显减少。

学校体育设施

越来越多的中学拥有综合田径场，可以用于体育运动的操场和学校场馆也在增多。但是，很少有中学拥有多功能体育馆，其他诸如板球和网球场地逐年减少。拥有多功能体育馆的小学数量在逐年增加，同时小学体育对体育馆的依赖程度也在增强。但是，学校体育设施质量有待提高，中学体育教师认为体育设施不合格的比例在提高，小学体育教师也有同样反映。

(4) 参加课外体育活动情况

在课外时间，青少年参与的体育运动项目越来越多，然而，3 次调查显示，有 13%~14% 的青少年在课外时间不参加任何体育运动。

1994—2002 年间，最受青少年欢迎的三项课外体育活动项目不变，依次为：51% 的青少年参加游泳活动，49% 参加自行车运动，37% 参加橄榄球。1999 年以来，这三项体育运动受欢迎的程度有所变化。游泳取代了自行车成为最受欢迎的运动。

与 1994 年相比，在课外时间参加橄榄球运动的女生越来越多，越来越少的女生在课外时间参加健身操。参加游泳的女生持续增多，1994 年为 51%，1999 年为 53%，2002 年为 55%。1994—1999 年的暑假期间，平均每周参加 5 个小时以上体育活动的青少年比例增加，1994 年为 61%，1999 年为 66%，到 2002 年，这个数字又回落到 63%。

德国

德国奥林匹克体育联合会青少年部负责组织全国的青少年体育工作，是德国最大的青少年体育组织机构，负责全国约 950 万儿童与青少年的体育工作。主要职责为增强现行运动模式与内容、增加体育运动、特别是生活区附近的空间、建议更有效地利用运动空间，将体育运动融入日常生活。该组织曾经组织过德国 16 个州内约 8.9 万个俱乐部的青少年体育活动，还参与 53 个联盟和 10 个体育联盟的具体工作，因此，它是德国最大的青少年体育组织。其他还包括如下青少年体育组织。

——德国青少年体操联盟（儿童体操娱乐部）：对 4～10 岁儿童加入俱乐部免费；对教练提供"特别培训"；发放介绍该组织训练项目的手册。

——青少年 NRW（北莱茵·威斯特法伦州）"胖子动起来"计划：目标是让超重的孩子们参与体育锻炼。

——青少年体育 MV（梅克伦堡·前波莫瑞州）：负责中小学与体育俱乐部、幼儿园与体育俱乐部之间的合作。

——儿童行动：建立体育明星与幼儿园之间的合作；配套锻炼设施；提供教学支持。

德国体育俱乐部也非常注重儿童与青少年的体育，德国青少年体育组织是德国奥林匹克体育联盟的补充，主要是通过与各个俱乐部的合作来促进儿童与青少年运动的发展。该组织下的俱乐部都有赞助商的支持，可以提供完善的服务，可以为孩子们提供独立家庭所无法负担的一些体育项目。特别是在类似场地曲棍球等项目中，其中半数参与者都是 18 岁以下的女孩儿。

在德国，所有中小学都要开设体育课（即强制性的"运动"课）。

小学 1~4 年级学生每周 3 学时体育课，初中 5~10 年级学生每周 2~4 学时，高中 11~13 年级学生每周也为 3 学时。高中生除了每周 3 学时的强制性体育课之外，还要修读由校方增设的另外 3 学时体育课作为进入大学的考试科目。此外，学校还开设学时最多为每周 5 学时的体育选修课。而且，健康教育课是属于体育课的一部分。

体育课的目标和具体教学安排根据年级而定，并且要求学校提供尽可能多的体育项目和机会供学生选择，保证学生可以在多种多样的体育项目中发展自身。目标的确定基于提高智力、积累体育经验、提高身体机能等多方面。

当前，德国青少年存在缺乏锻炼和营养不良的现象，主要表现为：1) 10%~15% 的儿童在学龄阶段都有体重超重的情况，其中另有 4%~8% 的人出现肥胖症；2) 60% 的 6~10 岁儿童会抱怨经常头痛；3) 50% 的人注意力难以集中；4) 40% 的人经常背痛；5) 48% 的人对身材不满。这些现象已引起德国社会的高度关注。经常参加体育运动的儿童中情况则明显不同，表现为：1) 身体健康；2) 学习成绩更好；3) 能更好地融入社会；4) 不会对身心健康有很多抱怨；5) 自尊感更强。根据这些现象，德国更加激励青少年参加体育锻炼。

法国

10 年前，法国的学校体育工作由青年体育部主管，现在统归教育部主管。而青年体育部则专门管理全国大众体育（除学校以外）和竞技体育、高水平运动竞赛工作。学校体育工作管理体制变化的主要原因是青年体育部不主管学校和体育教师，在管理体制上不顺畅，为此，教育部专门设立了体育司，负责全国的学校体育工作。

随后，教育部又撤销了体育司，在中学教育司和小学教育司设学校体育处，分别主管中小学体育教育和运动竞赛。体育教师由师范司负责。体育处主要负责两部分工作，即体育教育和运动竞赛。体育教育是必修的，运动竞赛是通过俱乐部形式学生自愿参加的。为开展学校体育竞赛和训练工作，法国建立了学校体育联合会，这个群众性组织也受法国教育部门领导。教育部长（包含各省、市的教育部门负责人）兼学校体育联合会主席，日常工作委托中学教育司司长主管。每所学校必须成立体育联合会，主席必须由校长担任。可见，学校体育受到了法国各级教育部门的充分重视。

法国教育部规定，体育是升学考试科目，使学校体育工作得到充分重视，学校体育地位得到提高。体育分数是以最后一学年的平时成绩计算的，其中包括体育课成绩、比赛成绩、上课出勤率等。如果竞赛成绩好，在全国大奖赛得前三名，则有可能记满分。但各学校又规定，尽管体育竞赛成绩好的学生，如平时不积极参加体育活动，学校有权给学生的体育成绩计不及格。个别体育成绩突出的学生，可报考体育学院。体育考试项目在田径、体操和游泳这三大项目中任选一项。由于采取了这一强硬措施，学校体育在教育部门和社会上得到普遍重视，学校体育的地位有了显著提高。

西班牙

西班牙政府对于青少年体育工作高度重视，这不仅表现在他们把青少年体育作为国家优秀运动员的后备力量培养上，而且更重要的是通过学校体育工作增进青少年的身体健康。为此，西班牙国家体育理事会制定了西班牙的"学校计划"，其目的是鼓励青少年参加体育运动，从而使他们获得体育技能，发展有潜能的青少年。该计划的目标是：确保所有学生受益于体育教育、体育娱乐，确保体育活动所需要的体育设施；所有学校培训合格的教师；在义务教育阶段，继续发展青少年体育运动；鼓励学校、相关教育部门、体育俱乐部之间建立联系等。

目前许多公立中小学已将这一项目作为一种教育手段推广，体育教育不仅通过体育课，而且通过课外体育活动开展，以有助于在各地区建设体育设施，普及青少年体育。西班牙已采取措施，确保学习计划的执行。这些措施包括：1）在公立学校提供体育设施；2）体育设施建设的双重用途，即在供中小学生使用的同时利于公民环境；3）加强体育教师的培训；4）为学校提供体育器材，重视体育设施建设。

为了使"学校计划"顺利实行，国家、政府和自治市共同参与并建立了联合委员会以监督计划实施。此外，西班牙国家体育理事会还向地区及自治区的体育机构提供资金援助。

西班牙也非常重视儿童体育工作，更好地培养个人素质，教育学生团队合作的精神价值，合理运用闲暇，促进身心和谐、健康发展。国家体育理事会每年举办一次学龄儿童锦标赛。西班牙还是国际学校体育联合会的正式成员，因此，可以按照有关信息，参加一些国际比赛或国际会议。

　　大学生体育指的是由大学生参与或由大学组织开展的体育运动。这类体育运动不仅仅是一种竞技性活动，还有可能演变为一种为了健康地享受休闲时光的休闲体育运动。为更好促进大学体育的发展，西班牙于1988年成立了大学体育理事会（CEDU）。

　　每年国家体育管理部门都有为高水平大学生运动员提供资助的计划，目的是保证他们的学习活动与体育活动协调发展。此外，西班牙还设定了相关的体育纪律条例、简章和技术法规。每年，国家体育局院长会议都会综合考虑西班牙体育方案以及资助大学生的规范条件，在此基础上举办西班牙大学锦标赛。以格林纳达大学为例，可以看到西班牙大学如何借助当地的体育条件发展大学体育的。

　　格林纳达大学地处安达卢西亚区（西班牙西部自治区），该地区非常重视体育工作，有近20年组织国际比赛的经验，其体育基础设施和地理条件允许其举办各种活动，曾经举办了世界空手道锦标赛、欧洲篮球锦标赛、欧洲体操锦标赛等，滑雪是当地的一个传统体育项目，举办了高山滑雪世界锦标赛，此外还主办了欧洲和世界高山滑雪、单板滑雪和自由式的预选赛等。

　　在这种良好的体育氛围影响下，格林纳达大学的体育活动开展得非常好，通过康体活动中心提供多种体育活动，目标是为通过良好的体育活动增进青少年健康。西班牙政府藉此在国家和大学范围内推广体育运动。

日本

　　日本体育管理体制主要是日本文部科学省设有中央教育审议会、青少年体育分会、体育和青少年局，在此之下设有计划体育科、终身体育科和竞技体育科。学校体育工作主要由计划体育科主管。另外，各都道府县的教育委员会也负责所管辖的体育振兴。社会教育法中有关于体育振兴的明确规定，人们受教育的权利也包括体育教育的权利。学校体育除了体育教学之外还有运动部活动、体育节活动等特殊体育活动。体育教学的内容在学期指导要领当中有明确规定。

　　为了全面掌握日本青少年的体育活动状况，日本笹川体育财团（SSF）对10～19岁青少年参与体育活动的情况进行了调查。调查发现，2005年日本青少年每周参加5次以上体育活动的人数比例为28.5%，较

2001 年明显增加（20.3%），从这个数据比较来看，10～19 岁青少年的体育参与率在不断上升。然而，2005 年仍有 11.7% 的青少年完全没有参加体育活动。

日本青少年参加体育俱乐部活动也很踊跃，有 46% 的青少年加入了体育俱乐部，小学期间加入俱乐部的人数占 26.1%，中学时期加入俱乐部的占 58.7%，高中时期加入俱乐部的占 36.2%，大学期间加入体育俱乐部的占 24.7%。

由于文部科学省自 1964 年来推行"身体健康状态和运动能力"计划，日本青少年的身高和体重较其父母有明显增长，但他们的体质呈下降趋势，运动协调能力下降。其主要原因可能与下列因素有关。1）日本公民，特别是监护人，忽视体育活动的重要性，不再鼓励青少年外出活动或参加体育运动；2）青少年的生活环境发生了变化，生活更加安逸，青少年久坐不动；3）缺乏体育指导，学校里没有经验丰富的体育教师对青少年进行体育指导，学校缺乏青少年体育指导员；4）不良的生活习惯，饮食不科学、缺乏足够的睡眠。

针对日本青少年体质下降的情况，日本政府专门进行了研究与调查，如文部省进行"体能和运动能力调查"，研究制定"提高青少年体质的综合措施"等，这些措施包括：在全国范围内，制作提高青少年身体素质的海报和宣传口号，让青少年充分认识健康体质的重要性；让青少年与优秀运动员面对面交流、接受指导，以使青少年在一流运动员的指导下，感受到体育运动带来的快乐；编写、推广体育运动和健康手册，推动青少年参加体育活动，养成好的运动习惯；利用校外的体育指导员，开展课外体育俱乐部活动；在全国范围内调查青少年体质状况和生活方式，采取切实可行的措施来提高青少年体质等。

澳大利亚

澳大利亚的竞技运动水平在世界名列前茅，这与他们良好的青少年体育活动基础分不开。澳大利亚精英体育的成功发展是建立在一个惠及所有国民尤其是青少年的理想的体育制度之上的。

2008—2009 年，澳大利亚体育委员会继续支持国家体育组织发展基于国家青少年体育框架的体育政策，这些体育组织主要包括澳大利亚滑冰协会、澳大利亚冲浪协会和澳大利亚保龄球协会。

国家青少年周（2009 年 3 月 28 日—4 月 5 日）是澳大利亚 12～15 岁青少年的最大盛典。国家青少年周鼓励青少年参与社区活动，展示自己的才艺。澳大利亚体育委员会是国家青少年周的主要经费提供者。

"地方体育冠军"计划发起于 2008 年。该计划为 12～18 岁少年，在国家体育组织注册州参加比赛、参加国家比赛或国家中学生比赛，并且行程在 250 公里以上者可提供 500 澳元 / 每人或 3000 澳元 / 每队的拨款。拨款主要用于住宿，服装和装备。该计划为社区提供机会以资助地方冠军和有潜质的青少年。

澳大利亚的青少年参加体育活动的途径主要有两个，一个是学校体育，另一个是俱乐部的体育健身活动。

学校体育在 20 世纪五六十年代在世界范围内获得了飞速的发展，这主要归功于一些新兴媒体的出现和发展，尤其是电视的出现使得体育赛事能为全世界人民共享。近些年来，澳大利亚学校体育的发展表现出两种趋势：一是在私立学校，体育仍然保持着已有的重要地位；二是在公立学校，体育活动的重要性已经被大大削弱了。目前，在政府的公办学校，为了维护体育的地位，政府出台了一系列硬性措施和政策加强体育工作，例如，新南威尔士州的公办学校就规定，学校必须每周为学生提供每节 30 分钟的体育课，而且每周都要安排长约 1 小时的体育活动。再如，维多利亚州的公立学校规定，每周都必须有 100 分钟的体育教育和 100 分钟的体育活动时间。但是数据显示，很多学校都没有达到这些标准。

澳大利亚的俱乐部体育体制与美国以及日本的俱乐部体育有着很大的差别，这是因为澳大利亚的俱乐部体育侧重于社区形式的发展。早在学校体育工作普及之前，俱乐部体育就被大众所认同。澳大利亚各地的英式橄榄球、联盟式橄榄球、美式橄榄球等多种俱乐部在当地社区成为了体育活动的中心。尽管近几年来，体育教育和运动比赛在公立学校中的重要地位有所下滑，但令人欣慰的是，社区周边的各体育俱乐部在过去的 20 年里继续为青少年们提供着参与体育活动的机会。

在澳大利亚，以俱乐部为基础的体育活动对所有人都开放，青少年只需缴纳较低的费用就能成为会员。这些俱乐部往往是通向精英体育的良好阶梯，因为这些俱乐部都在一定程度上能够正确地引导青少年进入正规水平的竞赛。对于公立学校的学生来说，参加学校规定的体育活动之后，在周末还可以去自己所在的俱乐部进行体育活动；而私立学校的学生却只能参加学校里的体育活动，不得同时拥有俱乐部的会员身份，这也是公立学校和私立学校在体育教育方面的一个重要区别。

澳大利亚政府非常重视儿童少年的体育活动。2004年，澳大利亚总理约翰·霍华德宣布启动"构建一个健康、活跃的澳大利亚"计划。该计划重点面向儿童，通过增加体力活动帮助他们成为健康而积极的成年人。该计划主要由澳大利亚体育委员会负责，活动名为"活跃的课余社团计划"，主要目标是鼓励学生参与课余体力活动。澳大利亚"国家少年运动计划"负责人认为已到了决定孩子们是养成健康锻炼习惯还是沉迷于"屏幕活动"的关键时刻。在公园与朋友玩耍、在庭院活动、骑单车上下学都是孩子们最为平常的活动，然而，孩子们现在却少有机会从事这些活动。

通过18个月的调查研究，澳大利亚体委会认为课余时间是促进孩子们参加体育活动的理想时间，这样既可为孩子们提供参加体育活动的机会，同时也可为双薪家庭的父母们提供一定的帮助。澳大利亚政府有关儿童健康的项目措施还包括：1) 在小学与初中阶段，每周体育课的时间不能少于2小时；2) 一个健康的饮食计划；3) 一个国家广告宣传计划，主要致力于提供有关如何获得健康积极的生活方式的信息。

为了全面了解澳大利亚儿童少年的体育状况，2007年澳大利亚对儿童少年营养与体力活动状况进行了全面调查。调查发现，澳大利亚69%的9～16岁少年儿童每天能够进行至少1小时、从低强度到高强度不等的体育活动；男孩儿平均每天进行142分钟各种强度的体育活动，女孩儿平均为每天112分钟；在5～8岁的儿童中，平均有55%的男孩儿与66%的女孩儿达到了建议步行数（男孩儿每日13000步，女孩儿11000步）的要求。澳大利亚儿童少年每天用于体育活动的平均时间随着年龄的增长而减少。达到建议步行数要求的比例也随着年龄的增长而降低。

澳大利亚重视学校学习以外的课余活动，澳大利亚体育委员会的"活跃的课外社团"是一项政府计划,是澳大利亚政府"构建健康,活跃的澳大利亚"项目的一部分。该计划的主要目的是通过安全、有趣、高质量的课余体力活动提高小学生的体育运动水准。2005年的一项有关儿童体力活动水平的研究显示，在5～14岁的儿童中,有超过一半的人将更多的时间花费在了看电视上。该研究还发现，孩子不愿更多地参加体力活动是由多种原因造成的。小学生们越来越肥胖，越来越不喜爱活动，并且像投掷、游泳这样的基本生存技能也越来越差。

2005 年的研究结果显示，在转变让那些不爱积极活动的孩子们参加体育活动的态度上，达到了预期的效果。在过去的 4 年中，有超过 11 万的儿童参与了安全、有趣的体力活动，同时也培养了 1.5 万多名教练员。参与者认为不爱积极活动的孩子们对于活动的态度有了改观，同时，孩子们的社交能力和行为也有了积极的变化，孩子们变得更加自尊、自爱、自信、注意力集中，更好的睡眠习惯；团队合作意识更强等。该计划为孩子们带来了激情与热情，孩子们与教练之间也建立了良好的人际关系。孩子们学到了更多的社会技能、体育精神等。通过该计划加强社区与地方机构的联系，以便使孩子们能够有更多的机会提高体力活动水平，这也同时为政府构建健康、活跃的澳大利亚的目标做出一份贡献。

为了加强青少年体育工作，澳大利亚昆士兰州政府对学校体育工作提出了以下建设性意见。

组织领导方面：学校负责人必须每年汇报学校体育与体力活动方面的资金分配情况；所有的学校必须保证与青少年体育组织保持紧密联系以求最大化地利用学校和社区的设施；所有的学校都必须在社区的协助下制定"体力活动策略"。

教师职业技能方面：教师们要树立自信心；小学体育教师在提高学生能力的工作中应发挥领导者的作用；所有的小学教师都应提高指导体力活动方面的专业技能。

课程设置：所有的小学必须设置每日 30 分钟的体力活动时间作为学校课程的一部分；在校生超过 300 人的学校必须组织校内的团体体育活动，所有的公立小学必须要保证学生每周参加一次校内的体育活动。

社区方面：学校通常是学校和社区活动的理想场所，因此将一些学校设施提供给社区团体使用，社区的一些有关体育活动的计划也可以面向学生及其家人，实现资源的共享。

合作伙伴关系：各级政府的规划、拨款应涉及学校体育与体力活动。

（三）体育场馆设施

体育场馆设施是开展大众体育活动的重要条件，直接关系到民众参与体育活动的规模和效果。无论是专业训练和比赛场馆，还是学校体育设施和公共休闲体育场所都可以用于大众的体育健身活动。从某种意义上讲，体育场馆设施建设将对一个国家大众体育活动的开展产生至关重要的影响。

美国

对于美国人来说，参与休闲体育活动会使生活更加美好。诸如游泳、划船、远足、打高尔夫球，甚至打牌等活动都有助于减少工作和生活中的压力，增强人际交往。因此，美国政府很注重体育和休闲设施的修建。美国联邦政府认为，在影响大众体育活动的诸多因素中，最核心的问题是向大众提供充足的休闲体育和健身场地设施。联邦政府通过立法向美国大众提供高质量的、足够的体育场地设施。

（1）社区体育设施

美国的公共休闲场所和体育设施主要是指联邦、州、地方及社区政府利用税收拨款修建的休闲场所和体育设施，这些设施是不盈利或很少盈利的，它们对城市和社区的发展起着非常重要的作用。许多城市投入数以百万计美元为职业球队和居民建造体育设施。在全国范围内用来划船和钓鱼的自然水域、体育场地、公园和私人体育设施的总数也可以反映出一个国家大众体育的参与程度。

公共体育休闲设施通常会收取使用费以帮助支付经营成本。随着国民经济的发展，人们有更多的钱可以花在休闲娱乐上，因此必须修建或维修设施以满足人们的需要。每个社区都使用年预算的一部分来维修公共休闲区域，这部分钱常常是由居民承担的。无论公共的还是私营的高尔夫球场都收取场地费和球车租用费，并出售高尔夫球商品以支持场地运营。许多公园成功地实现了收支平衡，包括把设施租给私人使用，保证回报率。社区体育设施，如休闲与健身中心、社区活动中心等都是社区基础设施的重要组成部分。

社区的公园也是美国大众健身的场所。80%的美国人去当地的公园或者是公共体育馆进行健身与休闲活动，而70%的公园或休闲体育设施都离家只有几步之遥。这些设施通常位于社区的中心地带，人们可以在那里放松，进行体育活动。修建这些设施的大部分资金来自政府拨款和支持健康生活方式倡议的捐款。

(2) 国家公园

美国国家休闲服务和公园协会（National Recreation and Park Association）认为，通过为人们提供优良的体育设施、公园和休闲资源，可以帮助挖掘个人的潜力。

国家公园拥有最漂亮的自然景观，是人们进行户外运动以及其他公园休闲活动的绝佳场所。

每年有数百万的美国人会光顾国家公园。据美国之音（VOA）（2009.9.28）报道，在2008年，约有2.75亿人到国家公园进行休闲和健身活动。人们可以进行徒步旅行、游泳、爬山、漂流、骑马或者只单纯享受户外大自然之美。

美国大约有400个"保护区"，因此民众的选择多种多样，包括公园、纪念碑、历史古迹、河流、小径、海边和湖边等。它们均由国家公园局（National Park Service）管理，总面积达3400万公顷。国会在过去三年中加大对国家公园体系的资金投入。国家公园局的发言人杰弗里·奥尔森（Jeffery Olson）说："今年美国联邦政府的经济刺激资金部分资金用于开发和维护国家公园。"

到目前为止，美国共有58个国家公园。位于怀俄明州的黄石国家公园建于1872年，是美国第一个国家公园，也是世界上第一个国家公园。联邦政府承诺，黄石国家公园供所有美国人享用，当时如此，现在如此，将来也如此。据报道，美国国家公园的维护费用高达50亿美元。锡安国家公园（Zion）每年的光顾人数名列第八位。去年一年，有300万人来到锡安国家公园进行休闲活动。

(3) 学校体育设施

学校是社区体育场地设施的重要补充，早在1927年，美国就有32个州通过法律规定"社区可使用学校的建筑作为社区中心"。现在，美国中小学拥有约 3 万个体育馆、近 2 万个综合体育设施，根据政府与校方联合制定的计划，学校设施可尽可能多地向社区居民开放。学校体育设施一般从下午 5 点至晚上 10 点、周六和周日全天向社区居民开放。

青少年体育是地方休闲活动的重要内容，与之相联系的是青少年足球、游泳、网球、橄榄球、篮球等运动所需的设施。几乎每个城市都有社区休闲设施，收取很少的费用供孩子进行体育活动。人们有时候会争论到底是优先建立供孩子们活动的场地，还是应该把为大自然爱好者的需求放在首位，保护未经开发的土地，不过这两种方式的费用都是由公众承担。当孩子们参加初中或高中体育活动的时候，一些城市的体育设施就变成了小型的职业体育场馆。在为橄榄球而疯狂的城市里，铺着人工草皮、有着宽敞看台的灯光橄榄球场是很常见的。整洁的体育场地为很多位于郊区的社区增色，而学校的体育设施在暑期也可以支持社区体育活动。

另外，体育俱乐部和其他商业体育设施向休闲娱乐活动的参与者收取使用费。修建高尔夫球场、网球俱乐部或中心、保龄球馆、健身俱乐部、射击场、游泳池、马术设施、溜冰场和乡村俱乐部耗资数百万。这些设施也为美国民众健身和休闲提供了好去处。

俄罗斯

80 年代末苏联解体后，大量体育场馆私有化，挪为他用，体育场馆数量减少，2000 年俄罗斯体育场馆数量比 1990 年减少 15%。俄罗斯政府意识到了体育场馆对增进民众健康的重要作用，加大了在体育场馆建设方面的投入。俄罗斯联邦现约有体育场馆 238300 个，其中包括 123200 个运动场、68600 个体育馆、3800 个游泳池、2700 个体育场、3100 个滑雪场、8100 个射箭和射击场地，供 1700 万人从事体育运动。这些场馆中，10.4%属联邦所有，7.6%属于地区，82%归地方所有。

2006 年，俄罗斯政府出台了"俄罗斯联邦 2006—2015 年体育发展规划"，明确规定在 2015 年前用政府财政资金在全国兴建大约 4500 个体育场馆，其中包括 1467 多功能馆、733 个带有游泳池的体育馆、1000 个体育中心、520 个人工草皮运动场和 7 个有顶盖的足球场。负责此规划实施的俄罗斯联邦体育署已经与俄罗斯 83 个行政区签订了合作建设场馆协议。如此规模的体育场馆建设在俄罗斯历史上是前所未有的，即使在 1980 年莫斯科奥运会前苏联修建的体育场馆也主要是集中在奥运会举办城市——莫斯科、列宁格勒和塔林。而现在建设的体育场馆主要用于大众体育，其主要目的是吸引更多的人参加体育锻炼，从而达到提高国民身体素质，降低犯罪率，减少吸毒、酗酒现象的目的。与 2001 年相比，2007 年体育馆数量增加了 1200 个，增幅为 22%，游泳馆数量增加了 905 个，增幅为 34.4%。

除"俄罗斯联邦 2006—2015 年体育发展规划"外，统一俄罗斯党的体育和休闲中心的建设规划也正在进行。该规划包括 260 个体育场馆，其中 144 个场馆包括 88 个体育馆，47 个冰上休闲场所，7 个游泳池，2 个多用途中心（体育场馆和溜冰场的结合）已建成，并已经向公众开放。目前，116 个场馆正在建设中，截至 2009 年底，又有约 60 个场馆竣工。

已建成的体育场馆设施可以用来举办各级别的体育赛事，包括国际比赛。别尔哥罗德州 Razumnoe 村的体育馆举办了俄罗斯塔吉克国际艺术体操大赛，列宁格勒州的加特契纳举行了欧洲国际羽毛球赛。2013 年，世界大学生运动会将在喀山举行。特维尔地区特维尔和立窝溜冰场将连续举办俄罗斯杯花样滑冰比赛总决赛。

同时，俄罗斯联邦政府表示，他们会继续采取措施，使俄罗斯各社会阶层的人员都能进入体育场馆从事体育活动，通过吸引更多的民众参加身体锻炼，提高国民身体素质。

英国

英格兰的体育经费投入呈现多元化，用于发展体育事业的各个方面。对体育事业的重视程度甚至成为各政党在大选中对公众的承诺。2005 年英国劳动党在大选中承诺："逐年提高英国的体育参与程度，重点在居住区建设现代化、高质量的设施，到 2008 年前，投资 15 亿英镑，在每个社区建设体育设施，让人们在 20 分钟内就能到达综合性体育设施"。2005—2006 年度，英格兰体育局通过了未来 10 年从体育彩票基金中投资 20 亿英镑的决定，通过资助全国性体育组织实施社区俱乐部发展计划。1400 多万英镑提供给社区教练，2006—2007 年度预算中，第一部分 2100 万英镑，2006 年 4 月通过全国体育基金开始实施。

为了保证英国体育事业的发展，建设更多一流的体育设施是必不可少的。截至 2006 年底，除发行国家彩票外，英国文化、传媒和体育部为体育设施的发展提供了 10 多亿英镑的资金，新建或翻修了 4000 多个公共体育设施，并鼓励地方政府为 60 岁以上的老年人和 16 岁以下的儿童提供免费游泳的机会。具体包括"积极英格兰计划"：投资 10850 万英镑用于新的、现代化体育设施的建设；投资 7.5 亿英镑建设和翻修学校的社区体育设施，为体育课和体育活动带来的新契机；投资 2700 万英镑用于改善运动场地和社区绿地；投资 1 亿资金帮助业余体育俱乐部发展他们的设施，以扩大体育活动的参与面，提高体育活动参与率；投资 450 多万英镑用于建设体育锻炼地点数据库———个能够提供全国所有地方性体育设施记录的搜索网站。

2007—2008 财政年度，英格兰体育局投入 2.1 亿英镑体育经费，主要来源于彩票收入和政府财政支出，投资项目超过 1500 个，同时，为 37 个单项体育协会提供了经费支持。在大众体育方面又追加了 2820 万英镑的体育投资。

英格兰体育局的体育资金分配分为三部分，25%的资金用于体育人才的发掘与培养；60%的资金用于保证现有参与体育活动的人口数量，保证国民高质量体育活动，同时致力于鼓励 16～18 岁的青少年参与体育活动；另外 15%的资金用于提高参加体育活动的人数数量，保证参加体育活动的人数每年增加 20 万，到 2012—2013 年度实现 100 万人参与多项体育活动的目标。根据英格兰体育局年报（2008—2009 年），英格兰体育局的资金投入主要集中在以下几个方面。

对各体育单项协会等合作伙伴的投资：英格兰体育局将在 2009—2013 年实施一项总值高达 4.8 亿英镑的四年投资计划。该计划旨在增加大众参与体育活动的机会。在 2005—2009 年间，英格兰体育局对各国家体育单项协会的直接投资有所增加，在增加参与体育活动的人数数量、改善体育活动条件和培养优秀运动员后备力量方面发挥了重要作用。46 个运动项目（包括 2012 年伦敦奥运会和残奥会的所有项目）均获得了政府的资助。有 14 个运动项目，包括击剑、手球、轮椅篮球和跆拳道等，首次获得了经费支持。这些经费主要用于发展群众体育，使更多的民众、特别是使更多的儿童少年参与到体育活动中来。

对社区体育的投资：英格兰体育局向所有民众开放，无论他们住在哪里，身份如何。英格兰体育局紧密联系本地、郡和区域合作伙伴，旨在让人们随时随地都能接触到体育，加速公共体育设施建设，构建世界领先的社区体育系统。社区俱乐部发展计划（CCDP）为全国各体育组织提供1亿英镑的资金，帮助社区体育俱乐部建设，以提高全国体育活动参与率，扩大参与面。2007年4月以来，1200个项目获得了资金，900多个项目已完成。

社区业余体育俱乐部计划（CASC）始于2002年，通过减免地方业余体育俱乐部80%强制性税收等一系列免税措施，确保每个人都能够接触到社区体育场所与设施。截至2007年3月31日，有4267个俱乐部通过减免税收，获得资金1850万英镑。节省的经费用于体育活动，全方位改善了体育俱乐部的设备设施。德勒会计事务所数据显示，从2002年至今，有5424个俱乐部注册了社区业余体育俱乐部。这些俱乐部通过部分减免强制性税收以及对志愿捐款的退税，节约资金估计达到6009万英镑。

对青少年体育的投资：英格兰体育局对"国家青少年体育课和体育战略"的投资达到每年2300万英镑（增幅超过1400万英镑），旨在使青少年每周至少参加5小时体育课及课外体育活动。英格兰体育局和青年体育信托基金（YST）通力合作，分工明确、职责到位。青少年体育信托基金负责学校体育，英格兰体育局负责社区和俱乐部活动。2008—2009年，儿童和青少年参与俱乐部体育活动的人数百分比上涨了3个百分点，达到32%，而2003—2004年该数值仅为19%。14～19岁年龄段青少年参与体育志愿服务的人数百分比也上升了3个百分点，达到20%，而2003—2004年该数值仅为9%。在2009—2013年，英格兰体育局还将通过各单项体育协会投资1600多万英镑，至少再吸纳50万青少年成为俱乐部会员和志愿者。"体育无极限计划"（Sport Unlimited）是对青少年体育的最大一笔单项投资，在2008—2011年间投资总额将达3600万英镑。该计划2008年4月启动并已初见成效。

对奥运遗产的投资：伦敦奥运会赛场建设在设计之初就考虑到奥运会后的使用问题。英格兰体育局希望2012年所有的奥运会和残奥会专用场馆不仅仅为奥运赛事服务，还要成为赛后当地社区居民参与体育活动的场所。为此，已投入国家彩票公益金以推动三大主要设施的建设，其中 90 万英镑投到布罗克斯本的皮划艇激流水道，3900 万英镑投给奥运水上运动中心，1050 万英镑投向奥运会自行车场。

自 1995 年以来，英格兰体育局已向 4700 多个项目投入超过 20 亿英镑的资金，为人们参与体育活动提供了大量的机会，利用国家彩票公益金共建成 100 多个游泳池，其中包括 8 个全新的 50 米泳池；超过 100 个体育馆，新建了 100 条田径跑道，150 多个人造草地球场以及近 200 个运动场；实施了 3000 多个专项体育和多功能体育俱乐部项目；提供了 150 多个健身项目以改善残疾人体育设施。英国体育设施研究院在全国范围内建立了 38 个联网的性能先进的体育设施，包括位于巴斯大学、拉夫堡大学、曼彻斯特、谢菲尔德和 Bisham Abbey 训练基地的设施。2002 年曼彻斯特英联邦运动会是英国举办过的最大规模多项目体育赛事，修建了大量的体育设施，并为人们参与体育活动创造了机会。世界上最好的体育场——温布利体育场于 2006 年开始对外开放。全国范围内的主要板球、橄榄球联合会及橄榄球联盟的场地也得到了改善。

在拉夫堡大学投资 250 万英镑建设国家板球学院，提高游泳、田径、无挡板篮球、羽毛球、曲棍球等的竞技水平，支持体育科研；在巴斯大学投资 230 万英镑建设和改建游泳、田径、羽毛球、无挡板篮球和网球的设施；500 万英镑投资曼彻斯特的田径、壁球、游泳、跳水和曲棍球的设施，建设曼彻斯特水上中心，把曼城建成体育城市；在谢菲尔德投资 260 万英镑资助田径、无挡板篮球、羽毛球、柔道、拳击和体育科学；共花费 450 万英镑建设皇家公园体育中心，其中包括国家彩票通过英格兰体育局资助的 300 万英镑。该项目于 2005 年 5 月完成，皇家公园现在新增了足球、板球、垒球和橄榄球的球场；什罗普郡的塞汶中心共耗资 450 万英镑，英格兰体育局资助 130 万英镑；温布利体育馆是英国和世界最好的体育建筑之一，它将成为英国足球的精神家园，该场馆的建筑、经营运作等都是英国体育和国际赛事的榜样。

各种投资战略不只是为精英体育建设豪华体育场馆，自行车赛场、水上中心和其他新的体育建筑也都考虑了地方社区因素，使它们能在社区体育中发挥重要作用。

社区基金项目对各体育部门产生了重大影响，新建并改善了大量体育设施，并为体育器材的购买提供了资金。3650 多个项目获得了超过 14 亿英镑的资助。通过这些项目的实施，体育设施及场地利用率增长了 150%，同时也增加了在场地进行指导的教练数量，这是鼓励参与者持续参与体育活动的关键因素，此外教练也帮助参与者提高了自己的运动成绩。

德国

德国拥有各类体育场馆大约 9 万多个，这些场馆主要集中在体育俱乐部。由于俱乐部体育场馆主要来自于市政，因此大众使用体育场馆多数是免费的，这为体育俱乐部的生存和发展提供了良好的条件。如果按照国家人口数计算体育场馆的相对数，可以算出德国每 10 万人拥有约 154 个体育场馆。

德国的体育俱乐部和德国体育的发展有着密切的联系，从竞技体育、大众体育到学校体育，都离不开体育俱乐部。体育俱乐部会员数量众多、项目开展普及保证了德国竞技体育的高水平。

2005 年有大约 2500 万的德国人参加俱乐部，比 2000 年增加了 50000 人。根据 2003 年的数据统计，德国境内共有 90305 个体育俱乐部，其中包括 750 多万名个人会员。此外，德意志体育联盟也在德国体育参与方面起到了很大的作用。据统计，在德意志体育联盟注册的会员已有 2691 万人。也就是说，32.6%的德国人都是这个组织的成员。而在兰德斯体育联盟注册的会员则为 2352 万人，他们在大约 90000 多家体育俱乐部中锻炼。29%的德国人通过参加体育俱乐部进行体育锻炼。

德国的体育俱乐部都有自己的健身房、网球场和其他的体育设施。有些好的俱乐部甚至会有自己的博物馆。在德国针对青少年、老年、妇女以及业余爱好者的足球队并不多，但是可以通过俱乐部的形式为各个年龄段的人提供比如足球、射击等项目的运动。像体操、田径、场地曲棍球、拳击、网球、手球、橄榄球、乒乓球、篮球、冰壶、排球和冰上曲棍球等运动项目，德国体育俱乐部还非常注重儿童与青少年的参与。

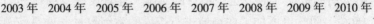

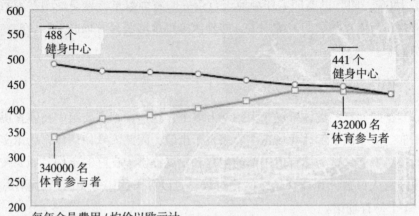

每年会员费用／均价以欧元计

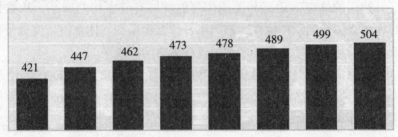

2004—2010 年德国健身房的发展趋势（发展变化比率以百分比计）

图 4

如图 4 所示，2003—2009 年，德国健身房的数量已经由 488 个缩减为 441 个，并预计还会继续呈现下降的趋势。由于健身房数量的减少，可用健身资源不足，导致会员每年的会员费用出现大幅上升趋势，从 2003 年的 412 欧元逐年增加到目前的 504 欧元。

2004—2010 年德国健身房的发展趋势（发展变化比率以百分比计）

现在，俱乐部面临的挑战包括：免费使用的市政体育设施开始减少；由于引入新的运动项目则必然要求建设相应的运动设施；俱乐部的需求与市政机构的财力间的差距开始加剧，俱乐部、市政机构与私人商业组织间的配合变得越来越重要。

法国

2004 年 8 月—2005 年 12 月，法国政府对全国体育场馆、设施进行调查，建立了"国家体育场馆设施目录"，主要目的是为运动健身及体育锻炼提供服务。法国的体育场馆设施丰富，目前法国共有各种体育设施及场馆数量达 326193 个，其中体育设施 251080 个，户外体育设施及场馆 75113 个：海上运动 9828 个，地面运动 63324 个，空中运动 1943 个。按分类统计目录，法国大约有 167 项不同种类的体育设施及体育活动。

在法国，凡人口超过 1000 人的城镇至少要修建一个体育场馆设施。目前在法国的 36802 个城镇中，有 78.1%的城镇至少拥有一个体育设施或场馆，76.5%的设施归当地政府所有。

在过去的 20 年中，法国建设最多的体育设施是网球场（14%）、足球场（11%）、小金属地掷球场（9%）、体育教育平台（6%）以及多功能运动大厅（5%）。

西班牙

关于体育设施建设，西班牙主要参照两个标准：一是"体育和休闲设施条例"（NIDE），其主要目的是确定建设体育设施时的管理和设计条件。二是欧盟关于体育设施的一些标准和条例。当然西班牙也拥有一些国家性或地区性的高水平体育中心和专业体育中心。这些高水平体育中心的目的是提高运动技能，提供高水平运动员最好的训练条件，优先考虑西班牙体育联合会的培训需求。目前西班牙的高水平中心有三个，分别设在马德里、格林纳达和巴塞罗那。

西班牙全国体育委员会在 2005 年展开了迄今规模最大的体育设施普查（CNID-05），本次普查全面调查了西班牙的体育基础设施状况。

CNID-05 的主要目的是要促进在西班牙自治区内"总体规划"中体育设施方面的规则制定。根据获得的数据和实际及潜在参与活动的基本需求，各自治区能够根据特定需求制定体育设施计划。

表 32　2005 年全国体育设施普查（CNID-05）与 1997 年体育设施普查比对[①]

自治区	体育设施	体育站点			额外站点	体育设施增长（%）	体育站点增长（%）
		传统型	独特性	活动区域			
（阿拉贡）Aragón	3313	6905	494	218	6596	35.54	24.35
（阿斯图里亚斯） Asturias	1896	2986	475	466	2762	11.53	20.86
（巴利阿里）Baleares	3829	8184	694	281	3809	12.62	13.00
（加纳利）Canarias	4313	8637	872	261	6682	10.28	12.03
（坎塔布里亚） Cantabria	1666	2485	541	35	1205	22.50	22.73
（卡斯蒂利亚 - 拉曼恰 Castilla La Mancha	4582	7692	334	456	6608	19.98	16.30
（卡斯蒂利亚莱昂） Castilla León	7933	12842	1030	230	5513	20.14	23.69
（西屋达）Ceuta	87	135	12	6	64	11.54	-10.00
（埃斯特雷马杜拉） Extremadura	2399	4167	221	236	4552	22.27	20.01
（加利西亚）Galicia	5185	9091	471	226	9459	9.34	11.93
（拉里奥哈）La Rioja	738	1521	74	36	1048	7.11	6.18
（马德里）Madrid	6825	15596	577	153	4377	31.07	6.51
（梅利利亚）Melilla	82	144	13	3	90	3.80	-30.13
（穆尔西亚）Murcia	1615	3.459	174	36	2380	9.34	1.66
（巴斯克地区） País Vasco	3218	7.072	810	128	3838	5.23	0.86
（巴伦西亚）Valencia	5474	14.388	341	129	8532	24.24	19.49
小计	53155	105305	7133	2900			
（安达卢西亚） Andalucía	12839	26398			16500	32.78	21.37
（加泰罗尼亚） Cataluña	12620	32104			18792	14.99	10.00
（纳瓦拉）Navarra	1346	3057			1166	7.16	4.12
CNID-05	79960	166864	7133	2900	103973	19.64	14.05

[①]Information from website of CSD, translated from Spanish.

根据 CNID-05，1997—2005 年，除休达和梅利利亚两个位于非洲的自治城外，西班牙 17 个自治区的体育站点数量都有较大幅度的上涨，其中 6 个自治区的体育站点上涨幅度超过了 20%，涨幅最大的 3 个自治区分别为阿拉贡（24.35%）、卡斯地利亚·莱昂（23.69%）和坎塔布里亚（22.73%）。同时也有 4 个自治区的体育站点增长较慢，未超过 10%，其中穆尔西亚和巴斯克两个自治州的体育站点发展速度明显落后于其他区域，分别为 1.66% 和 0.86%。

日本

日本国土较少且山地较多，体育场馆设施是体育活动的重要场所，日本体育设施分为公共体育设施和民间体育设施两大类，其体育设施种类包括运动场、体育馆、游泳池、道馆、球类馆、雪场、公园、健身中心、海岸与河岸等 50 种。日本的体育设施比较完备，发展相对较快。1956 年日本的社会体育设施仅有 1634 个，2002 年增加到 64135 个，其中公共体育设施有 47321 个，民间体育设施有 16814 个。当前日本体育设施数量大约为 240000 个，其中约有 158000 个为学校体育教育设施，56000 个为公共体育设施，25000 个为私人体育设施。

按照国家人口计算体育场馆的相对数可以更确定地反映国民拥有体育场馆的程度，日本每 10 万人拥有约 167 个体育场馆，意大利约为 260 个，德国约为 154 个。

日本学校体育设施向社会开放是日本推动体育发展的一个重要环节，学校体育教育约占日本全国体育设施的 60%。目前学校中约有 80% 的户外操场、87% 的体育馆和 26% 的游泳池向居民开放。

除学校体育设施外，私人体育设施也为人们日常从事体育运动提供了非常重要的场所，保证居民每年至少 800 小时或 240 天免费使用这些体育设施。根据日本笹川体育财团 2004 年的调查数据，有 80.7% 的人利用公共体育设施、有 64% 的人利用民间体育设施进行体育锻炼。

表 33 和表 34 是 2002 年 10 月所做的日本公共体育设施的统计。

表 33　日本公共体育设施

类型	总数(个)	设立机构				
		都道府县	自治市	协会	《民法典》第34条中的法人团体	其他机构
总数	47321	677	33159	269	9915	3301
田径	952	23	570	6	313	40
棒球场	6180	108	4359	22	1385	306
其他球类场地	1113	29	653	1	378	52
操场	6700	55	5309	41	866	429
室内游泳池	1471	12	854	13	483	109
室外游泳池	2711	40	1977	5	588	101
嬉水池	388	12	171	6	125	74
潜水池（轻装和戴装置）	21	3	3	—	13	2
体操馆	6391	42	4598	26	1322	403
柔道馆	764	8	523	—	206	27
剑道健身房	699	8	479	—	183	29
柔道剑道馆	986	12	808	3	132	31
空手道合气道馆	21	1	10	—	9	1
室外排球场	15	—	9	—	5	1
室外网球场	5235	46	3763	37	1075	314
室内网球场	140	2	83	1	32	22
室外篮球场	31	—	25	—	4	2
室外相扑场	396	7	291	—	86	12
室内相扑场	107	4	58	1	38	6
乒乓球场	295	1	200	2	77	15
弓道场	999	11	695	2	249	42
射箭场	112	3	57	—	46	6
骑马场	44	1	18	1	16	8
室内溜冰场	51	—	15	—	35	1
室外溜冰场	104	—	74	—	21	9

表34 日本公共体育设施（续）

类型	总数（个）	设立机构				
		都道府县	城区	城镇	乡村	市属企业
室外旱冰场	77	1	40	1	25	10
室内旱冰场	14	—	10	—	3	1
攀岩馆	179	18	116	—	11	34
体能训练馆	1475	21	795	6	571	82
摔跤场	8	—	3		5	—
拳击场	14	2	2	—	8	2
舞厅	41	—	20	1	17	3
靶场	153	1	43	2	92	15
高尔夫球场	69	4	23		28	14
高尔夫训练场	26	—	10	—	10	6
保龄球场	—					
赛艇航道	60	1	44	—	15	—
门球场	2755	7	2203	16	227	302
壁球场	5	—	3	—	2	—
帆船赛道	70	2	48		15	5
滑雪坡	420	1	305	3	46	65
露营区	1843	15	1112	51	332	333
徒步旅行地	626	63	383	1	150	29
自行车赛场	183	51	88	—	34	10
定向运动路线	175	13	118	1	21	22
跑道	401	14	313	1	68	5
田赛运动场	303	3	198	2	74	26
海水浴场	411	2	290	5	20	94
其他游泳场地	36	2	28	—	1	5
空中体育场	48	2	34	—	4	8
其余运动设施	2003	26	1328	12	449	188

澳大利亚

澳大利亚联邦政府2008—2009年的预算中为94个社区体育与休闲体育设施计划提供总额达2090万澳元的资金。

至 2009 年，澳大利亚拥有可容纳 1000 人以上的体育馆 212 个，其中，新南威尔士州 63 个，维多利亚州 60 个，昆士兰州 27 个，南澳大利亚州 20 个，西澳大利亚州 18 个，塔斯马尼亚州 15 个，首都领地 5 个，北领地 4 个。可容纳 1 万人以上的体育馆 142 个，10 万人以上的 2 个。另有澳大利亚冰上运动中心及西澳大利亚体育馆在拟建中及 3 个正在建设中的体育馆。

(1) 主要赛事举办场所

墨尔本板球场依然是澳大利亚标志性的体育场馆。该馆始建于 1853 年，曾举办过板球、足球、橄榄球联盟，1956 年奥运会及 2006 年英联邦运动会等许多体育赛事。板球馆可容纳 10 万人，配备有世界一流的设施，也是澳大利亚体育历史上许多辉煌时刻的见证者。

新西兰银行体育场是为 2000 年悉尼奥运会所建，该馆位于悉尼市中心，能容纳 8 万多人，每年大约有 40 个体育赛事在此举办。

悉尼板球场及悉尼足球场是澳大利亚最好的体育与娱乐活动举办地之一。除体育比赛外，还可举行音乐会等文化娱乐活动。它们一方面可容纳庞大的观众群，另一方面还能保证观众时刻通晓赛场动态。

在出席人数方面，悉尼奥林匹克公园水上中心是新南威尔士州最大的水上运动场所。它拥有嬉水池、竞赛池、训练池等多个不同功能的水池。在 2000 年奥运会及残奥会期间，共有 39 个水上项目在此举行。

(2) 新南威尔士州

新南威尔士州拥有包括澳大利亚体育场（现冠名为新西兰银行体育场）在内的众多优秀体育场馆设施。

2008 年 9 月，体育与休闲体育部部长宣布本州将有数以千计的体育与休闲体育设施得以更新，2008 年的资金支持计划将为地方政府及非营利性团体提供每笔 3 万澳元的资金支持。许多地方设施依靠该项计划的资金支持得到较好的维持。

2009 年 5 月，体育与休闲体育部部长宣布政府将为全州 317 个体育俱乐部及地方政务委员会提供总额达 400 万澳元的资金。政府将同地方俱乐部及政务委员会一起努力更新现有的体育设施并建设新设施。这些资金支持促进了州政府与社区及地方政务委员间的伙伴关系的建立。自 2003 年，政府已经注资 2280 万澳元用以改善本州的 1990 多个地方场地。通过提供高质量的地方体育与休闲体育设施，政府可确保社区的所有人都有机会走出家门，在场地上进行锻炼或健康比赛。

(3) 维多利亚州

维多利亚州的体育设施可分为州管体育设施和社区体育设施。州府墨尔本市拥有一批澳其他城市无法比拟的世界级体育运动与训练设施，这些设施的位置集中、交通便利。杰出的设施以及庞大的体育人口，使得墨尔本市成为了当之无愧的"体育之都"。

维多利亚州的"体育设施资助计划"致力于在全州范围内提供高质量的、可供全民使用的社区与休闲体育设施。该计划的目标是：促进有计划地发展体育与休闲体育设施；促进体育与休闲体育设施的更新；营造社区级的高质量的体育与休闲体育环境；支持环境可持续发展的设计和企划；提高社区休闲活动的参与等。

(4) 昆士兰州

昆士兰州拥有 100 多个州级体育机构组织，是澳大利亚享誉盛名的精英体育训练地，本州特别注重发展为奥运会、残奥会及英联邦运动会特别打造的体育设施。此外,政府管理着一系列休闲中心、"运动之家"，提供休闲体育服务。昆士兰政府还特设了"昆士兰体育馆"来管理、经营及促进本州主要体育与休闲体育设施。

(5) 首都领地

体育与休闲体育服务 (SRS) 管理着遍布堪培拉全市的近 300 公顷的体育场。它为堪培拉社区提供了使用高质体育场的便利条件，同时也是首都领地体育参与率全国最高的一个重要促成因素。体育场可用来进行广泛的体育活动，也可满足从国际赛事到休闲娱乐的不同标准等级的需要。需要使用者可通过网络进行预定，按小时和门类收取使用费。

五、体育产业

体育产业规模大，发展潜力大。在西方发达国家，体育产业已成为国民经济的重要支柱产业之一。根据发达国家体育产业统计，目前西方主要发达国家体育产业产值一般都占本国 GDP 的 1%~3%，最高的瑞士占 3.37%。北美、西欧、日本的体育产业年产值均位于国内十大产业之列，且每年以 20% 的速度增长。美国体育产业年增加值占 GDP 总量的 2%，澳大利亚的体育产业增加值占 GDP 的 2%。在美国和澳大利亚，体育产业提供的就业机会超过了农业、铁路、保险、电力等主要行业，既是朝阳产业，也是绿色产业。

美国

美国的体育产业在世界是非常有名的，由于体育活动可以分为参与型体育和观赏型体育，因此，体育产业也可以分为参与型体育产业和观赏型体育产业。在美国，职业体育产业产值比休闲体育产业大得多。

美国职业体育加盟球队的老板通常是大富翁，他们要么在另一个产业中取得了成功，通过购买一支球队来使他们的纳税责任最小化，要么是为了和运动员联系在一起，享受拥有球队所带来的兴奋感和高曝光率。一些体育队伍（如绿湾包装工队）是由团体、企业集团或公众拥有的。

为了保证比赛设施的质量，加盟队老板常常对设备进行升级或更新，从而拥有最先进的体育场馆。公共资金常常是修建体育场馆的一个主要资金来源，虽然公众可能从中获得很少的利益。如果有了新的场馆，加盟球队的价值就会显著上升，使球队成为非常好的一项投资。一些组织，诸如美国网球协会，拥有并经营职业体育赛事。

跻身第一集团的大学体育的经营方式就像是另一种职业体育，可是他们不付给运动员工资，而是为他们提供运动员奖学金。2500 所高校中仅有大约 100 所把体育项目当做大型产业来经营，然而这些学校在得到媒体关注的同时也得到了坏名声。

随着越来越多的人参加体育活动，休闲体育的支出近年来上升很快。在过去几年中，每年购买体育产品的支出超过了 500 亿美元。更多的钱则花在了为参加休闲体育的普通居民提供设施和服务上。

1. 职业体育产业

职业体育加盟队的所有权人大多是极其富有的美国人（绝大多数是

男性），所有权使他们从个人和经济上两方面获益。他们可能使用自己的队伍增加个人财富，或作为一种手段规避其他业务收益所要缴纳的税款。

起初的时候，职业体育队伍的所有权人是热爱体育的人士。他们投入大量的个人时间和金钱推动项目的发展，并作为盈利实体使队伍和联盟得以加强。后来，棒球联盟所有权人包括波士顿红袜队（Boston Red Sox）的老板汤姆·尤奇（Tom Yawkey，所有权 1933—1976 年）、芝加哥小熊队（Chicago Cubs）的老板菲尔·莱格利（Phil Wrigley，所有权 1932—1977 年）、圣路易斯红雀队（St. Louis Cardinals）的老板小奥吉·布施（Augie Busch Jr.，所有权 1952—1989 年）。他们对棒球的热爱是由衷的，也并没有利用球队来帮助发展自己的其他业务。随着这一代所有权人退出历史舞台，新一代的所有权人出现了。

越来越多的所有权人是购买运动队以推广自己其他产品的集团公司。俱乐部老板逐渐演变为公司经理，他们可能、也可能不考虑球队或主场城市的利益，而是按自己认为重要的事情做决定。有的俱乐部个人老板购买职业体育加盟队是出于寻找乐趣和刺激、提高自我或获得权力感等原因，而另一些则醉心于与体育名人在一起。一些老板积极参与日常事务，和运动员一起出现在球场上并就决定咨询教练的意见，而另一些则把体育事务完全交给教练和经理处理，自己仅仅关注队伍的商业方面。

(1) 投资

投资职业体育运动队是升值的，其价值每年都会提高。以几十万美元购买的俱乐部卖出时其价值可达上亿美元，几乎没有职业运动队老板最初的资本是亏本的，从长远看，投资职业运动队必定盈利。例如，在 1993—1997 年，美国职业橄榄球大联盟球队的出售价格为 1.58 亿～2.12 亿美元，而后，球队的出售平均价格飙升到 5.78 亿美元，最高价格为丹尼尔·斯奈德（Daniel Snyder）购买华盛顿红皮队（Washington Redskins），达到 8 亿美元。

(2) 税收

职业球队的老板不仅经营球队，而且还有其他众多业务，他们可以通过各种业务的综合平衡，以节省税款的方式达到盈利的目的。虽然看上去一些球队的老板在年终结算时是亏损的，这未必是不好的结果，因为他们可以通过在其他业务上的利润来平衡亏损，通过减少总体应缴税款的方式经营球队，以最终盈利。例如，一个球队老板在某一项业务（如制造公司）中赚取 100 万美元的利润，他便可以从这 100 万美元中减去他经营球队的损失，从而只为剩余利润付税，这样，可以节省一大笔税款。虽然看上去球队这种税款减免微不足道，但是球队价值则是每年持续上升的，当出售球队时，老板便会赚取可观的利润。因此，球队老板是非常聪明的，他们经常宣称自己的球队赔钱，但实际上，只要一旦出售球队，他们便会获取巨额利润。

(3) 门票销售

门票销售大约相当于美国橄榄球大联盟各球队总收入的 23%，俱乐部的销售利润是可以保留的（Bell，2004）。门票销售受体育场容量、每类球票票价和每场比赛的上座率等多因素影响。其中比赛上座率是影响门票收入的重要因素，而上座率又与球队的比赛成绩密切相关，胜率高的强队上座率高，甚至一票难求。同时比赛密度也是影响上座率的重要因素，因而直接影响门票收入。如美国棒球大联盟（MLB）来说，很难有一场比赛能够卖出全部门票，这是因为 MLB 的球队每年要打 162 场比赛，因此，很难保证观众上座率，而美国职业橄榄球队一个赛季只打 16 场比赛。

(4) 体育场馆收入

体育场馆收入包括豪华包厢、特许摊位和停车场收入等。以美国职业橄榄球大联盟为例，联盟体育场的年收入大约是 10 亿美元，占联盟总收入的 21%。近年来新建的体育场馆都设有服务周全的豪华包厢，包括送餐服务、独立卫生间和专门的电视显示等，其价格昂贵。最豪华的包厢都是由公司购买，一般都用来招待客户，其费用作为业务开销。

在体育场馆设置的特许纪念品和食物也可为球队带来可观的收入。大多数体育场馆禁止观众带入食物或饮料，这就迫使球迷在比赛过程中购买这些摊位的物品。大多数球迷开车前往球场并在附近停车，而停车场则是需要付费的。

(5) 电视转播收入

电视转播收入包括来自电视台、电台、有线电视和按次付费电视节目的收入。这是美国职业橄榄球大联盟最大的单项收入来源，据估计2004年媒体收入占联盟总收入的52%。这些收入在32个橄榄球大联盟队伍中平均分配，这样的举措受到了大多数联盟球队的欢迎。与之形成鲜明对比的是，美国冰球联盟（NHL）球队老板的收入只有不到20%来自电视转播，这是因为他们的"产品"不能得到职业橄榄球所能得到的回报。

虽然电视转播带来的收益几乎占到了美国橄榄球大联盟总收入的60%，但是对于其他项目来说，就没有这么幸运了，其他体育项目的电视转播仅占这些项目总收入的15%。

(6) 球队商品的授权费

职业运动队出售队服、球帽、T恤衫和一切纪念品都可获得利润。全美橄榄球大联盟在出售这些商品方面占据了领先地位，专门成立了"橄榄球大联盟资产部"负责营销联盟商品和授权商品，销售收入在各球队平均分配，但这种做法并未得到所有球队老板的首肯，特别是商品销售状况好、创造效益多的球队老板认为这项举措是不公平的。

球队商品的收入在不同球队之间、不同城市之间、不同项目之间的状况是不同的。例如，全美橄榄球大联盟，要求这些收入必须由所有球队分享；而其他一些联盟则允许每支球队保留其创造的收益，或设置收益上限并有相应的处罚条款。全美橄榄球大联盟及其所属球队每年创造大约50亿美元的收益，其中大约2/3的收益在各队平均分配。与之形成鲜明对比的是全美职业棒球联盟，只有大约1/3的收益在各队平均分配。因此在棒球方面，位于纽约、洛杉矶、亚特兰大、休斯敦和芝加哥等大城市球队，因为其销售市场广阔，就要比一些诸如格林湾、印第安纳波利斯、迈阿密、堪萨斯城等小城市的球队经营状况好得多。

(7) 冠名权

城市或球队的另一个重要收入是出售体育场馆冠名权。过去体育场馆通常是纪念知名老板、名人或城市的名称命名的。如位于迈阿密的乔·罗比（Joe Robbie）体育馆就是为了纪念前老板而命名的；康尼·马克（Connie Mack）体育场也以费城运动家队（Philadelphia Athletics）前经理的名字命名的。而现在，许多体育馆都以冠名权的方式出售，如上面提到的这两座体育场已经分别被更名为职业球员运动场（Pro Player Stadium）和林肯金融体育场（Lincoln Financial Stadium）。现在我们已经习惯听到诸如雷蒙德·詹姆斯体育场（Raymond James Stadium）、美航球馆（American Airlines Arena）、百事中心球馆（Pepsi Centre）、纯品康纳球场（Tropicana Field）、塞菲科球场（Safeco Field）和爱立信体育场（Ericsson Stadium）这样的名称。表35分别列举了目前美国最昂贵体育场馆名称和冠名权价格。

新建或重新修建的体育场馆会增加职业体育运动队的价值，如果使用公共资金或其他私人资金修建一座新体育场馆，球队老板就会不掏分文，坐享球队增值3000万～4000万美元。当球队老板决定出售球队的时候，增加的价值就落入了球队老板的腰包。

表35 美国主要冠名体育场馆的名称和冠名价格

设施	所在地	协议价格 （单位：亿美元）	协议期限 （单位：年）
美国电力煤气公司体育场（Reliant Park）	休斯敦	3.00	32
联邦快递球场（FedEx Field）	马里兰	2.05	27
美航中心（American Airline Center）	达拉斯	1.95	30
美汁源体育场（Minute Maid Park）	休斯敦	1.7	28
飞利浦斯球馆（Philips Arena）	亚特兰大	1.68	20
景顺哩高球场（INVESCO Field at Mile High）	丹佛	1.2	20
PSINet体育馆（PSINet Stadium）	巴尔的摩	1.055	20
史泰博中心（Staples Center）	洛杉矶	1.00	20
盖洛德娱乐中心（Gaylord Entertainment Center）	纳什维尔	0.80	20
埃克西尔能源球馆（Xcel Energy Arena）	圣保罗	0.75	20
康柏中心（Compaq Center at San Jose）	圣何塞	0.72	25
塞维斯中心（Savvis Center）	圣路易斯	0.70	18
百事中心（Pepsi Center）	丹佛	0.68	20
第一银行球场（Bank One Ballpark）	凤凰城	0.66	20
康姆瑞卡银行体育场（Comerica Park）	底特律	0.66	30

（续表）

设施	所在地	协议价格 （单位：亿美元）	协议期限 （单位：年）
埃迪森国际球场（Edison International Field）	阿纳海姆	0.50	30
太平洋贝尔体育场（Pacific Bell Park）	旧金山	0.50	20
纯品康纳球场（Tropicana Field）	圣彼得堡	0.46	24
加拿大航空中心球场（Air Canada Centre）	多伦多	0.45（加拿大元）	30
MCI 中心球场（MCI Center）	华盛顿特区	0.44	15
美航球馆（American Airlines Arena）	迈阿密	0.42	13
米勒体育场（Miller park）	密尔沃基	0.412	20
康塞科球馆（Conseco Fieldhouse）	印第安纳波利斯	0.40	20
核心财务中心球场（CoreStates Center）	费城	0.40	29
第一联合银行中心球场（First Union Center）	费城	0.40	31
福特球场（Ford Field）	底特律	0.40	40
塞菲科球场（Safeco Field）	西雅图	0.40	20

(8) 修建体育场馆资金来源

多年来，建立体育馆或球场的资金来源一直是有争议的话题。一般来讲，新建的体育场馆在设计、设施等方面要比旧馆好得多，而建造新场馆的开支巨大，往往会突破几亿美元，这些资金的来源如何，人们争论不休。

美国在场馆建设中，一般既使用公共资金，也使用私人资金，但比例有所不同。公共资金来源包括销售税、受益税、收益债券，以及税收增量融资。而私人资金包括球队老板投资、联盟投资、银行贷款、当地企业贷款和个人座位执照。例如，1991 年以来美国共修建了 15 个棒球大联盟体育场，其资金平均 75%来自公共资金。而在几乎同一时期，职业美式橄榄球球场建设资金则平均 65%来自公共资金。

美国大多数体育场馆是公有的，属于当地政府，或属于特别场馆或体育机构。这些组织监督设施的运营，与使用场馆的球队洽谈租赁期限，并可能管理临近地区诸如商店、餐馆和其他辅助设施建设。而另外一些体育场，如美国银行体育场（Bank of America Stadium）和吉列体育场（Gillette Stadium）则是由私人出资建立的，属于私人所有。美国银行体育馆是卡罗来纳黑豹（Carolina Panthers）橄榄球队的主场，耗资2.48亿美元，于1996年完工。位于马萨诸塞州福克斯波罗市的吉列体育场自2002年以来一直是新英格兰爱国者队（New England Patriots）的主场，该体育场完全由球队老板罗伯特·卡雷夫特（Robert Kraft）个人出资，总资金达到3.25亿美元。促使球队老板出资兴建设施的原因是可以进行资产折旧。几年间，通过折旧所规避的税款数量是相当可观的。

多年来，弗罗里达州向来自外州的客人收取每晚每个房间1美元的宾馆床铺税，用以建立特别基金，以帮助在全州范围内建立公共体育场馆。这项政策的好处在于本地居民对于使用这项公共资金并不反对，因为资金本身来自于州外的游客和商人。

个人座位许可证也是一种金融期权，实际上就是球迷付钱购买体育场内特定的座位。如果个人座位的所有权人决定不购买某场比赛的座位，该比赛上次的座位票便可以卖给公众。这种个人座位许可证计划非常受公众欢迎，而且已经在多个城市，如旧金山（5500万美元）、芝加哥（7000万美元）、格林贝（9200万美元）、夏洛特市（1.22亿美元）等筹集到了数量可观的资金。

2. 集体所有权组织

在美国，许多体育赛事，甚至是一些职业运动队，是归团体或组织所有，这种形式为集体所用权组织。美国最成功的集体所有权组织主办的职业体育赛事是美国网球公开赛。一年一度的美国网球公开赛由美国网球协会（United Stated Tennis Association，USTA）主办，而美国网球协会是指定的管理美国网球运动的机构（NGB），得到了美国奥委会（USOC）授权。美国网球协会拥有会员约70万人，每人每年交纳35美元会费。美国网球协会最大的收入来源是美国网球公开赛，这两个星期的赛事占到该协会年收入的85%。近几年，美国网球协会的年经费预算达到1.6亿美元，这就意味着美国网球公开赛每年的收入达到1.35亿~1.40亿美元。

美国网球公开赛的收入主要分为三部分：一是门票、食物饮料和商品销售；二是公司赞助；三是世界范围内的电视转播权。其他一些个人或地方团体组织的网球赛事，虽然规模不同，但运作模式类似的，其经费来源也主要是上述三部分。

根据美国宪法和法规，美国网球协会是一个非营利组织，因此，每年的收益必须要投入到发展网球运动中去。协会发展网球运动的方式多种多样，包括经营成人和少年儿童网球联盟、推动社区网球运动开展、支持职业网球年轻运动员的培养、组织各种形式的网球比赛等。

例如，几年前，美国网球公开赛举办场地——国家网球中心（National Tennis Center）的翻修耗资 2.5 亿美元，美国网球协会承担了所有费用，没有使用任何公共资金。与其他职业球队老板修建场馆方式不同，美国网球协会因完全自己出资翻修国家网球中心而显得独树一帜。

3. 大学体育产业

与美国职业体育产业相比，美国的大学体育也已开始演化成为许多大学校园内的大产业。特别是各大型院校在主要体育项目和营利性体育项目上的收入和支出，足以使经营体育运动成为一个产业，如橄榄球和篮球。虽然学校开展体育项目的直接目的并不是赚钱，但是各学校肯定也不会赔钱。大学里许多业余体育项目也由于各种原因已经开始具有了产业意义。

——大学生出于娱乐休闲的目的，希望学校能拥有高水平的竞技体育队伍。

——大学管理层意识到媒体会对高竞技运动水平的学校给予报道，这在某种意义上是为学校做免费宣传。

——媒体在体育方面给予学校的宣传有助于学校招生。可以提高学校在招生方面的竞争力，并提高学生的总体水平。

——学校毕业生通过体育比赛建立对母校的认同感，特别是当他们为母校的体育成就感到自豪时，他们就很有可能回母校观看体育比赛。

——学校毕业生可能因为体育而向母校捐赠。有的毕业生直接向体育项目捐款，有的则通过基金的形式向学校捐款，由校方决定使用渠道，其中有的捐款指明只能用于某些特定的体育项目。

——大学知名度高的体育项目的收入，如橄榄球，可以支持一个完整的体育项目。

以康涅狄格大学为例，这是一所小型的地区性大学，甚至在新英格兰地区也算不上是最好的大学。但是康涅狄格大学却因篮球而闻名全国，为此，康涅狄格州在 5 年内投资 10 亿美元用于校园建设，修建新设施，改善学校环境。2004 年，康涅狄格大学男女篮球队囊括了全国篮球冠军，这是美国第一个获此荣誉的大学，从那以后学生入学申请数量飙升，学生质量不断提升，越来越多的毕业生和在校生们以学校为荣。

美国大学体育的年度预算从几十万美元到超过 6000 万美元不等。学校拥有体育项目的竞争力分为三类，将拥有高竞争力体育项目的学校归为第一集团，逊色一些的项目则归为第二或第三集团。NCAA I 级比赛被细分为三个级别：IA 级，它包括 117 所院校，要求所属院校参加一流的橄榄球比赛；IAA 级，它包括 123 所院校，要求所属院校参加小型的橄榄球比赛，但观众只限于体育场内观众，上座率要达到平均水平；IAAA 级，它包括 88 所没有橄榄球队的院校。只要达到级别要求，各个院校可以决定参加哪个级别的比赛。

美国大学体育的收入来源就像一个金字塔。美国大学体育的经费来源与职业体育来源有相似之处，主要来自举行大型比赛的电视转播、门票出售、赞助商、停车费、摊位、纪念品以及把费用昂贵的豪华包厢向毕业生或招待客户的商人出租等方式。

只要球队水平够高，电视转播权就成为大学体育重要的经费来源。圣母大学（Notre Dame）长期以来以橄榄球而闻名，因此可以单独与电视台谈判橄榄球转播合同，并拒绝加入联盟，从而避免与其他橄榄球队分享利润。大多数学校都加入联盟，并获得电视转播的所有联盟比赛的收入。季后赛对有资格参加这类比赛的学院来说，又是另一项收入来源。

大多数大学向学生收取体育费用以帮助发展学校体育项目。学校体育运动系的开支也来自学校的其他项目支出，因此很难计算大学体育的成本。例如，新举重训练设施可能是作为学校健身设施的一部分而建立起来的，并不直接由体育项目出资；大型州立大学修建橄榄球场和篮球馆的经费通常是依靠公共基金或公众购买的免税债券等。

赞助商可通过捐款或捐赠服装、设备和服务等方式为取得成就的大学体育提供资助。地方医药机构也常常捐赠医药服务，以回报大学运动队的队医对这些医药机构的宣传。

商品的执照费也有可能成为主要收入来源，特别是当运动队取得成功的时候。如大学书店可能摆满了学校球队的套头衫、帽子、衬衫、跑步设备、纪念品和任何印有大学名称和吉祥物的物品，通过出售这些商品增加收人。

大量的金钱投入到大学体育中。大型项目提供运动员奖学金以吸引最好的运动员，希望建立起经常取胜的队伍以取悦学生、球迷、毕业生和管理层。然而，并不是所有的大学体育项目都适合高水平模式，应当分清不同层次的运动项目及其职责，而不要把所有的大学体育混为一谈。

4. 休闲体育产业

美国的休闲体育产业包括休闲体育设备、休闲体育服装、休闲体育场所等。休闲体育对美国经济的影响是通过高尔夫球杆、网球拍、网球、船和钓鱼竿等体育设备的销售额来实现的。同时还包括运动鞋和运动服装的销售，这两类用品的销售通常是满足参加体育运动和休闲穿着的双重目的。美国体育用品制造商协会（SGMA）估计美国每年在体育服装和设备方面的开销高达 500 亿美元。

衡量休闲体育消费的另一个方式是计算在全国范围内用于划船和钓鱼的自然水域、体育场地、公园和私人体育设施的总数。随着经济的发展，人们有更多的财力可以用在休闲活动上，因此必须修建或维修足够的休闲设施以满足人们的需要。每个社区都将维修公共休闲设施作为年预算的一部分，这部分经费通常是由居民承担。

个体体育消费者通过购买用于体育活动的运动装备为休闲体育产业做贡献，这些装备包括棒球手套、棒球棒、橄榄球、篮球、足球、运动制服、运动鞋、自行车、滚轴溜冰鞋、威浮球和球棒、潜水脚蹼和面罩等游泳装备、足球和棒球用的钉鞋、网球拍，以及高尔夫球杆等。一个家庭在一生中花在体育和休闲用品方面的费用可超过数千美元。

体育俱乐部和其他商业体育设施向休闲娱乐活动的参与者收取使用费。这些费用包括高尔夫球场、网球俱乐部或中心、保龄球馆、健身俱乐部、射击场、游泳池、马术设施、溜冰场和乡村俱乐部等方面，它们体现的不仅是金钱，而且为人们提供了就业机会。

俄罗斯

俄罗斯体育经费的重要来源是俄罗斯联邦政府，2006—2008 年俄罗斯用于建设体育场馆的经费约为 233 亿卢布，其中 125 亿卢布来自联邦预算，97 亿卢布来自俄罗斯联邦地区，只有少部分来自预算外资金。

2009 年，俄罗斯投资 162 亿卢布用于体育场馆设施建设，建设项目包括 100 个体育馆和 70 个人造草皮足球场。在这些经费中，有 108 亿卢布来自联邦政府财政，50 亿卢布来自地方财政，其他则来自预算外资金等。

在过去的 5~7 年时间里，俄罗斯体育用品市场总体发展迅速，呈增长态势，销售额逐年增长。俄罗斯市场研究公司对本国体育用品市场进行调查，结果表明，2005 年体育用品市场的销售额增长了 25%；2008 年，增长了 16.5%，达到了 38 亿美元。

俄罗斯体育用品的消费者主要是社会的"中产阶级"。俄罗斯 Stepby Step 市场营销代理公司调查数据显示，俄罗斯购买体育用品最多的群体是 16~19 岁女孩，在受访者中有 96% 的人称每年都购买体育用品。俄罗斯运动健身中心收费并不高，平均收费为每人 40~50 卢布，如溜冰场的费用为 25~50 卢布，游泳池费用为 60~100 卢布。体育用品市场的繁荣从另一侧面说明政府对大众体育的高度重视以及国民对健康生活方式的追求，说明大众参与体育的热情越来越高。

虽然近年来俄罗斯体育用品的增长率达 20%~30%，但俄罗斯的体育用品主要来自进口。以运动服装为例，约有 70% 来自于中国和东南亚国家，欧洲国家的制造商占 15%，也就是说 85% 的运动服装靠进口，俄罗斯本国生产的仅占 15%。俄罗斯体育用品制造商的国家分布，及俄罗斯体育服装的品牌分布，分别见图 5，表 36。

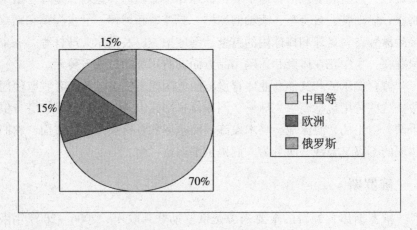

图 5　俄罗斯体育用品制造商分布图

表36 俄罗斯体育服装品牌分布表

水平	商家	制造商国家
高端产品	阿玛尼、普拉达运动装、拉尔夫劳伦、约翰嘉利安诺岛、斯宝麦斯、杜嘉班纳、山本耀司,以及昂贵的专业运动服装公司品牌	芬兰、意大利、法国、德国和日本
中端产品	阿迪达斯、耐克、锐步、彪马	美国和德国
低端产品	维加、领航员、派浪及其他运动品牌	俄罗斯,东南亚国家(中国,韩国),以及土耳其

英国

休闲体育产业

体育、休闲、酒店和旅游部门是英国一个重要的产业,对国家的经济有巨大的贡献。目前该产业雇佣超过10%的英国劳动力,大约250万人。对国家经济贡献了500亿英镑,创造超过5%的新兴工作。体育领域就业人员占整个就业市场的2%(40多万人),规模占GDP的2%。政府每年在体育领域的税收为55亿英镑。

由于英国备战2012年奥运会,其体育产业预计将成为世界上增长速度最快的国家之一。根据普华永道会计师事务所的调查,由于享有对英超足球比赛的独家转播权,英国体育产业在2006—2007年度增长了23%,超过了所有其他欧洲、中东和非洲市场。2008年,英国体育产业在门票销售、电视转播收入、商品销售和赞助方面又增长了10个百分点。据普华永道全球娱乐和媒体前景调查,类似的年增长率预计会一直保持到2010年。奥运会本身对英国体育产业的贡献预计将到达32亿美元。"英国体育产业不仅会在增长率上超越美国,而且在未来4年其增长率都将高于世界主要国家"。朱莉·克拉克,普华体育部负责人这样解释,"美国是一个高度成熟的市场,并正遭受信贷紧缩的影响"。到2012年,全球体育市场预计将从去年的1026亿美元增长到1406亿美元。

然而,英国体育器材市场2004年后就一直陷于停顿,基本上每年仅收入 10 亿英镑，以前消费经济下表现出来的强劲增长势头一去不复返。市场面临的问题在于很多最富裕的消费者已从竞技体育器材消费转向一些更简易的健身方式，如去健身房、游泳、慢跑或骑自行车。此外，他们也很少有时间参加有组织的体育活动，如壁球和板球。加入私人健身俱乐部能够吸纳大部分消费者体育与健身活动的开支。

在严峻的市场环境下，高尔夫球运动在体育器材市场表现不俗，销售额占到消费者整个体育器材消费总支出的 1/3。鉴于体育装备市场的萎缩，跟随健身潮流，购买家用健身器材已成为一个主要消费市场。其他一些小型的运动如垂钓、户外活动、球类运动显示出体育市场的多样性。

英国与体育有关的彩票包括国家彩票和由博彩公司发行的彩票。国家彩票由英国议会批准发行，它不是仅仅为体育事业筹集资金，而是为了包括艺术、体育、慈善、国家遗产、千年庆典和新健康、教育、环境等多种公益事业筹集资金。用于体育事业的资金占国家彩票公益金的 16.66%。1994 年，英国开始设立国家彩票，目前对体育的资助已超过 20 亿英镑。彩票公益金可用于基本建设项目和支付从事公益事业项目人员的工资。2003 年博彩业为英国提供了大约 1.8 万个就业岗位，产值约为 80 亿英镑。《英国体育与休闲产业》（BISL）的调查显示，2003 年多数英国人至少参加过一次博彩，虽然电话、网络和电视博彩增长速度最快，但国家彩票依然是最受欢迎的。

欣赏高水平竞技体育比赛是英国一种重要的休闲方式，也是民众的一项体育消费。观看体育比赛的消费包括购票到运动现场观看比赛和通过付费电视观看比赛。英国的竞技体育比赛非常受民众欢迎，特别是像足球比赛观众火爆，2002—2003 赛季英超联赛观众上座率在 90% 以上，场均观众达到 34324 人，总观众超过 1300 万人次。英国有 BBC（英国广播公司）、ITC（独立电视委员会）、广播局三家公共电视机构，负责重要体育赛事的转播。此外，英国还有 Eurosport、Sky 等商业广播公司以及约 200 家地方性独立广播电台，播送地方体育娱乐节目。足球、高尔夫球、板球、赛马、F1、摩托车等体育项目是最受欢迎的体育电视节目。

有专家推算，政府对休闲体育产业的投入与产出比为 1:5，即每投入 1 英镑，可回报纳税人 5 英镑。1995 年英国体育消费额为 104 亿英镑，其中英格兰为 85 亿。体育相关的经济活动产值近 100 亿英镑。体育消费支出包括观看比赛、购买运动服装与体育器材、参加体育活动、体育博彩、购买体育出版物、购买体育影像产品、与健身及体育相关的旅行、购买或租用运动船等支出。2000 年英国的体育消费主要有收费体育电视、体育杂志、体育书刊（约 27 亿英镑）、体育服装和运动鞋（约 25 亿英镑）、体育博彩（约 23 亿英镑）、其他体育商品（约 8 亿英镑）、参与体育费用（约 6 亿英镑）。

　　英格兰体育委员会的体育合作与经济中心、谢菲尔德哈勒姆大学及其体育产业研究中心于 2007 年对英国体育经济的重要性进行了调研，旨在通过研究发现体育的经济价值。研究评估了整个英格兰及其下属各区的体育经济价值，重点讨论了 2005 年英格兰体育经济的重要性，同时与 1985 年的数据进行了对比研究。其研究结果概括如下。

　　体育相关经济活动

　　对体育相关产出的预测是以体育部门总增加值（GVA）为基础进行的。总增加值以工资和部门产生的利润总和来计算。图 6 显示了体育相关经济活动总增加值由 1985 年的 33.58 亿英镑增加到 2000 年的 103.73 亿英镑，而 2005 年更是达到了 154.71 亿英镑（以现行价格计算）。这意味着在 1985—2005 年间体育相关经济活动总增加值实际增长了 124%（以不变价格计算）。

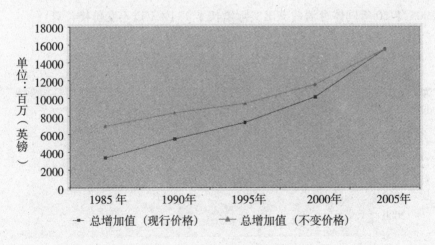

图 6　英格兰体育相关的经济活动总增加值（1985—2005 年）

　　同一时期（1985—2005 年）的英国经济总增加值实际增长了 67%，这表明体育经济的增长已明显超过英国经济的整体增长趋势，参见图 7。

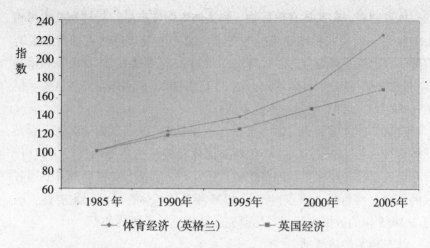

图 7　体育相关总增加值与英国经济增加值总量对比（不变价格）

调查显示，在 2000—2005 年间，英格兰体育总增加值增长了60%。其中博彩业及电影、视频活动也相应增长，其增量均达 45%。

体育相关消费支出

图 8 显示，英格兰体育消费支出在 1985 年仅为 35.36 亿英镑，而到 2005 年已达 165.80 亿英镑（以目前价格计算），这意味着在1985—2005 年 20 年间体育消费支出实际增长了 134%（以不变价格计算）。

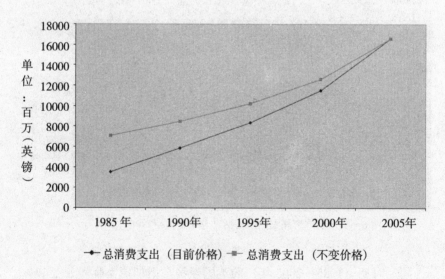

图 8　英格兰体育相关消费支出（1985—2005 年）

在总体育消费中，不同类别的体育消费所占比例不同，变化幅度也不相同。在 2000—2005 年间，体育器材消费增长了 67%（不变价格）。2005 年体育博彩支出达到 30.71 亿英镑，占总体育消费的 19%。不同类别体育消费比例见图 9。

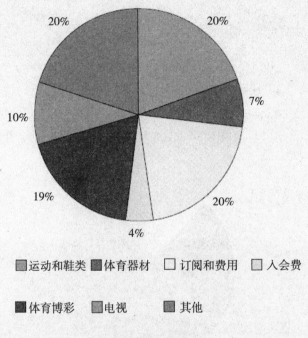

图 9 英格兰不同类别体育消费情况（2005 年）

体育相关就业

2005 年英国体育相关就业数估计为 43.3 万，占全国就业总人数的 1.8%，比电视、广播、出版业联合就业人数还多。体育相关就业人数从 1985 年的 30.4 万增长到 2005 年的 43.4 万，增长了 43%，2000—2005 年的 5 年中，体育就业率增长了 19%（图 10）。

大多数体育相关工作岗位来自于商业部门，工作岗位达 33.1 万个，占英国体育相关工作岗位总数的 76%，参见图 11。

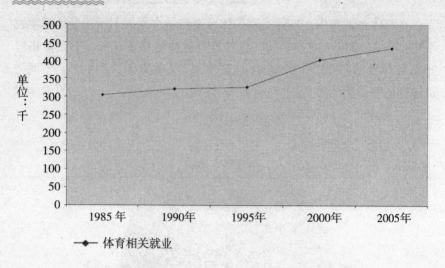

体育相关就业

图 10 英国体育产业就业人数变化情况(1985—2005 年)

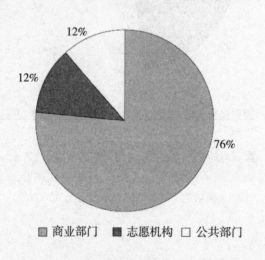

图 11 2005 年英国体育相关就业

德国

德国体育产业包括职业体育产业和休闲体育产业,体育产业的种类与其他欧洲国家一样包括体育器材、体育彩票、体育电视转播等各个方面。

德国人口约为 8200 万,是欧洲最大的体育商品器材市场,2005 年德国体育器材市场额达 82.5 亿美元,近几年,体育器材市场销售稳步增加，进口总量达 36.5 亿美元。德国有超过 86000 个与德国体育联合会有联系的体育俱乐部，会员超过 2600 万。德国精英运动员都是经由这些俱乐部培养后脱颖而出，而不是学校体制培养。

德国专业体育器材与休闲体育器材包含高尔夫、钓鱼、网球、体能、体操、射箭、保龄球、冬季与夏季运动、趣味运动、沙滩运动、壁网球和室内运动、户外与团队运动的相应器材。这里不包含运动服装与鞋类、狩猎装备以及休闲运动类交通工具，如船、自行车、摩托车以及雪橇等。

专家们认为，在德国体育器材中，轮滑、户外运动、足球、健身、高尔夫、自行车、网球、滑雪板、趣味运动、滑板、滑雪、慢跑、篮球、沙滩运动、羽毛球和手球等相关运动器材在近期内将成为发展最快的体育器材。

网球作为一种非季节性运动在德国已经越来越流行。德国有超过 3200 万人参加网球运动，网球设施的销售额达到 2.6 亿美元。每一名德国网球爱好者在购买运动鞋与球拍的费用平均每年约 800 美元，在运动服装上花费 300 美元。

德国的家庭自行车拥有大约 6000 万辆，而且数量不断增加。德国自行车不仅从国外进口，国内自行车生产商每年生产约 350 万辆自行车。随着环保意识与休闲时间的增加，包括日常旅行和平时上班工作都会更多地使用自行车。

德国的户外运动发展迅速，根据德国体育产品专家统计，有大约 1000 万人参与户外运动。在这方面的花费达到几十亿美元。

体育服装是德国体育产业的重要组成部分，根据一项对 20000 名德国消费者的调查显示，2005 年德国消费者在体育服装上的消费超过 29 亿美元，其中德国体育服装销售商占了大约 80%的市场份额。

德国既是欧洲领先的体育用品生产国（2005 年体育产品价值达 63 亿美元），也是重要的体育器材进口国。25%的体育产品对外出口，同时，德国也大量进口国外体育器材产品。2005 年，德国进口体育产品器材价值 36.5 亿美元，其中 90%来自美国、中国内地、中国台湾地区、奥地利、意大利、法国和其他国家。即使德国现在处于经济衰退期，2008 年的体育器材进口量也增长了 1～2 个百分点。

欧盟各国体育组织机构大都由各阶层的分支机构组成，数百万的志愿者构成其主体，有上千万的体育参与者。运作经费由各国国家特许体育彩票提供。以 2004 年为例，欧盟各国对休闲体育资金投入有 50%来自体育彩票收益。各国体育组织利用体育彩票收益，主要开展不同项目的体育活动、体育基础设施建设、提供各种体育就业岗位、反兴奋剂工作、组织青少年参加体育活动、免费提供志愿者培训等。

彩票资金是德国联邦、国家和地方各级体育机构主要收入来源。德国彩票市场会影响体育俱乐部等非营利性组织的存在，而这些体育俱乐部在公共福利领域中起着重要的交流作用。2003 年，国家特许体彩直接为非职业体育注资 2.5 亿欧元。

法国

2000 年，法国体育总开支 240 亿欧元，占国内生产总值的 1.7%。其中体育产品及体育服务消费达 125 亿欧元，占总额的近一半。体育开支占地方政府财政支出的 31%、中央政府支出的 11%。各大企业在体育赞助上的投入合计约为 11 亿欧元，体育赛事转播费达 6 亿欧元。

2007 年，法国青体部获得总额为 10.016 亿欧元的财政预算，其中 2.36 亿欧元划拨给国家体育发展中心（CNDS），2007 年度预算较 2005 年增长了 28%，较 2006 年又增长了 4.87%。

2004 年，法国的体育支出高达 289 亿欧元，与 2003 年相比增长了 5.5%，这一比率比 GDP 的增长率还高。这些开支一半以上是由普通家庭投资的。在公共资金投资里，市政当局仍然是主要的投资者。由于 2004 年有许多重要体育赛事，我们能够看到来自企业的投资在增加。说到就业，据估计 2004 年略多于 350000 人以全职或兼职形式在体育领域工作。

2003 年，据估计法国所有体育协会的总预算超过 60 亿欧元，接近国家体育总支出的 1/4。各协会的平均预算约为 31000 欧元。根据各协会成员数量（是否有带薪雇员）以及他们参加比赛或训练的水平，不同协会之间预算相差很大。85%的体育协会通过公共基金获得将近 1/3 的收入，其中市政当局是主要的投资者。剩余部分来自私人，主要是会费和活动收入。至于带雇员的体育协会，43%的开支是雇主税收，他们的平均预算比没雇员的体育协会高 4~5 倍。志愿工作仍然是协会工作的重要支柱，每个体育协会平均有 13 名志愿者。

法国用于出口体育产品（装备和设施）的总额达 18 亿欧元，进口体育产品则达到 22 亿欧元。法国出口体育用品的优势主要是冬季运动设备和帆船，而进口体育产品则主要集中在运动鞋和自行车。

团队运动产品所占体育用品进口份额最大。来自发展中国家供应商的货物价值占进口总值1/3以上，该数值比2003年同期有所增长；体育健身用品所占市场份额排第二。就产品种类而言，带有可调节阻力功能的运动器具占到体育用品总量的67%，其他则属一般体育锻炼器械；野营用品进口额度排第三。发展中国家的供应占进口总值的2/3。在发展中国家对野营用品的供应中，中国所占市场份额最大。

法国在运动和野营用品市场方面处于领先地位。2007年，法国体育产品消费达30.24亿，是欧盟最大的体育用品消费市场，德国紧随其后，体育消费指数与法国相当。法国体育消费指数比排在欧盟第三位的英国高20%左右。

球类用品仅占所有运动及野营用品进口份额的6%。发展中国家供应商占到1/3。网球价值约为1600万欧元，其他球类价值800万欧元，其中有价值50万欧元的板球和马球。

马上项目占体育用品进口值的4%（6000吨）。中国是该项目的最大供应商，供应量超过了印度。

其他体育产品的进口额排列如下：雪地运动用品（1.57亿欧元）、滑雪靴/雪地靴（1.16亿）、水上运动用品（1.02亿欧元）、钓鱼（7200万欧元）、高尔夫球用具（4800万欧元）、滑冰产品（3900万欧元）、球拍（3400万欧元）、乒乓球（1500万欧元）和运动手套（700万欧元）。

尽管由于气候变暖，主要滑雪区降雪量减少导致雪地体育用品市场部分萎缩，但是雪地体育用品仍然占法国体育市场的最大份额，但从长期来看，雪地运动的人数还将持续下降。然而法国的体育消费依然会体现在山地运动及相关户外体育运动，比如爬山、徒步行走就已显出强劲的增长势头。其他户外运动如皮划艇、自行车、帆船、滑翔伞等体育用品市场也表现不俗。

在法国，体育设施管理和体育活动推广为社会提供了大约10万就业岗位。同样，在公共部门，体育教育、组织和培训也可提供10万个工作岗位，包括3万个体育教育专业人员和体育教师岗位，以及近1.6万个青年体育就业项目提供的职位。

从法国体育产业的发展趋势看，由于北非、西非及世界各地的人口涌入，与其他欧盟国家相比，法国近年来人口有所增加。尽管法国本土人口呈老龄化趋势，但法国移民人口年轻，这对体育及野营产品市场将产生积极影响，特别是在足球和其他团队体育运动方面，这种影响更加明显。

在法国，越来越多的女性参与体育活动，女性体育活动参与率从1968年的9%增长到现在的48%。这对体育用品市场也会产生积极影响，因为与男性相比，女性的体育兴趣更广泛。新建的健身中心可以吸引更多的女性客户参加。

大约有1/4的法国人在体育俱乐部注册。其中2000—2002年间，注册人数呈上升趋势。2000年法国体育俱乐部注册人数大约为1460万，其中残疾人注册人数约为45100人；2002年注册人数约为1480万，其中残疾人注册人数约47500人；而2003年有所回落，下降到1420万。

2000—2002年，女性体育活动参与率变化幅度不大，平均值为33.40%；2003年该数值为33.9%。从2000年开始，中学和大学的注册人数逐年递减，2000年学校注册人数为265万，而2003年该数值降为253万。2004年，法国体育预算为64700万欧元，其中大约1/3分配给了国家体育发展基金。

西班牙

西班牙体育产业就业人口占西班牙人口总数的0.96%。西班牙体育比赛的门票收入是竞技体育产业的重要组成部分，其中以足球（53%）和篮球（21%）为主，而其他一些观赏性体育比赛，如手球、田径、汽车运动以及自行车也有一定的吸引力，门票销售额约占总量的9%。

西班牙足球甲级俱乐部的经费来源主要是门票收入、电视转播费和赞助商等，西班牙足球甲级俱乐部的经费收入情况和比例见表37。

西班牙足球甲级俱乐部的经费支出分三项：1）签约费、体育工资和薪金；2）包括物资折旧（体育场、训练场、器械、电脑）和非物资折旧（主要指的是球员）的费用，估计球员折旧费用占总数的90%；3）其他费用，包括收购球员，以及旅费、食宿和社会保障费用。西班牙足球甲级俱乐部经费支出详细情况见表38。

足球在西班牙是最受欢迎的体育比赛，观看足球比赛的人可以分为三种：1）购买季票（半个赛季或整个赛季）的会员；2）购买特定比赛门票的付费观众；3）受益于各俱乐部政策的免费观众。

表 37　西班牙足球甲级俱乐部经费收入情况（百万欧元）

	1995/1996 赛季	%
季票	107.7	29.20
门票	62.8	17.03
电视	72.7	19.71
赞助	31.6	8.57
其他	94.0	25.49
总计	368.8	100.00

表 38　西班牙足球甲级俱乐部经费支出情况（百万欧元）

	1995/1996 赛季	%
签约费、体育工资和薪金	154.2	41.44
非体育工资和薪金	21.6	5.80
折旧	63.7	17.12
其他	132.6	35.64
总计	372.1	100.00

　　在过去的 10 年中，平均观看每个甲级联赛赛季的观众数约为8700人次，这其中主要是购买季票的会员和付费观众。季票价格约为单场价格的 50%。季票持有者的人数也占整个观众人数的 77%，付费观众占16%，免费观众占 7%。西班牙足球甲级联赛近 11 个赛季观众购票情况见表 39。

表 39　西班牙足球甲级联赛观众购票情况（%）

赛季	92/93	93/94	94/95	95/96	96/97	97/98	98/99	99/00	00/01	01/02	02/03	平均值
季票持有者	76	72	73	76	76	77	79	78	81	79	81	77
付费观众	20	22	21	18	17	14	14	14	12	14	12	16
免费观众	4	6	6	6	7	9	7	8	7	7	7	7

　　西班牙体育比赛的电视转播也是竞技体育产业的组成部分，但电视转播收入比例并不高，还不到 20%。西班牙政府拥有每周免费转播比赛的权利，电视转播权不能单独出售。西班牙有两类电视频道免费转播

体育赛事：国家频道转播星期六的体育赛事，"天线3台"星期一转播两个不完整赛季的比赛。此外"+频道"转播星期日赛事，但只供付费用户收看。

尽管受出售电视转播权的限制，1996/97赛季以来，电视转播收入仍超过了20亿欧元。在这一阶段早期，电视转播收入成了各球队的主要收入来源。西班牙足球电视转播的收入见表40。

表40　西班牙足球电视转播收入（1996/1997—2000/2001赛季）（百万欧元）

赛季	1996/97	1997/98	1998/99	1999/00	2000/01
收入	222.2	248.0	245.8	294.4	263.9

体育俱乐部的一大特点就是其独立于第三方，可以让会员根据自己的标准和需要行事。因为体育俱乐部的财政来源是会费和志愿者工作，巴塞罗那地区的调查显示，体育俱乐部平均44.1%的资金来源于会费，其他来源于赞助商、公共补贴或商业活动，这些资金达到了48%。俱乐部规模不同，其资金来源比例也不同。对塞维利亚中等足球俱乐部（会员人数约为200人）的调查显示，会员经费仅占总预算的32.8%，这类俱乐部的资金来源还有体育彩票、奖券（32.8%）以及捐赠（11.3%）。而大型俱乐部（会员人数超过1000人），会员经费大约占总预算的59%，商业收益占31%，因此赞助商所占比例要小得多。在20世纪80年代后期体育赞助（宣传T恤等）明显增加。包括运动员转会费在内的其他收入也有所增加，达到了25%。

日本

在体育产业发达的日本，体育产业的年产值已经位于国内十大支柱产业之列，成为第三产业的主力军。日本体育产业的总收入达到4.2万亿日元，居日本支柱产业的第六位。

据日本《体育用品》杂志报道，由于受日本经济的影响，日本体育用品市场的发展缓慢，且在一定程度上呈下降趋势。2004年的数据显示，著名体育用品产业美津浓的销售额仅增长了0.4%，爱世克斯的销售额增长3.5%，但这些企业的利润额却明显增加，分别增加了16.4%和37.5%。

日本体育彩票

日本发行体育竞猜（toto）彩票，旨在为提高体育场馆设施等提供资金，从而为国民参加体育活动提供便利条件，同时也为培训精英运动员提供资助。1998 年制定《体育彩票法》，2001 年开始在全国范围内发行体育彩票，2003 年起，发行"totoGOAL"体育彩票。

体育彩票收益金的 1 / 3 分配到各地政府部门；1 / 3 分配给体育团体，主要用于支持综合社区体育俱乐部、体育组织的成立和各种体育活动；其余 1 / 3 上交国库，广泛应用于发展教育事业、促进文化发展、保护环境及青少年健康成长等各种公益事业。2004 年，日本体育彩票收益金的主要用途见表 41。

表 41　2004 年日本体育彩票收益金的主要用途与金额

资助项目内容	资助活动数量	资助金额(单位:万日元)
综合体育社区俱乐部活动	191	396912
竞技体育组织选拔、训练有潜力的运动员	33	98500
体育组织的各种体育活动	66	63917
举办国内体育比赛	1	23000
总计	291	582329

日本体育彩票收益金主要用来资助体育及其他组织，在振兴发展体育运动中起到非常重要的作用。但是 2001 年以来，全国体育彩票销售额呈下降趋势，从 2001 年的 643 亿日元下降到 2003 年的 199 亿日元，下降幅度明显。为此，体育彩票组织出台推动体育彩票发展的措施，文部科学省也制定相关措施以促进体育彩票的发展。

澳大利亚

澳大利亚各级政府在澳大利亚体育与休闲体育的发展中扮演重要角色，澳大利亚国家体育委员会对各单项体育协会给予经费投入，各单项体育协会负责各运动项目的规划与发展。澳大利亚统计局 2004—2005 年度的统计结果显示，联邦政府、州与地方政府对于单项体育协会的资金总投入达到 156.36 亿澳元。具体的资金分配见表 42。

澳大利亚体育用品协会（ASGA）是体育用品批发商与零售商的主要管理机构。澳大利亚体育用品协会估计澳大利亚整个体育用品市场的批发销售额接近 20 亿澳元。以前澳大利亚体育用品经销商比较零散，近年来，澳大利亚体育用品市场也在步美国和英国的联合统一趋势，有四、五个大公司占据了澳大利亚 500 个体育用品零售店中的近50%。澳大利亚 2004 年批发销售情况见表 43。

表 42　政府对提供体育与休闲体育服务的组织给与的资金投入（2004—2005 年）

体育与休闲体育服务机构组织的类型		投入资金（百万澳元）	
体育与休闲体育场地		157.2	
体育与休闲体育管理机构		188.1	
体育与休闲体育俱乐部、运动队与职业队		25.2	
体育与休闲体育支持服务		17.1	
政府机构	联邦、州或区政府组织	735.8	小计　1175.9
	地方政府组织	440.1	
总计			1563.6

表 43　澳大利亚 2004 年体育用品批发销售额

体育用品种类	金额（万澳元）
运动鞋类	36400
运动服装类	37600
高尔夫鞋类	1500
高尔夫器材	14400
高尔夫服装	50

在体育用品市场上，进口体育商品的销售情况好于澳大利亚本土商品。据 2004 年的调查，大部分进口商品来自东南亚，这种趋势将持续十年。批发商之间的竞争不断增强，澳大利亚体育用品零售市场主要表现为"双雄"垄断局面，即 Rebel Sport 和 AMart sport 双雄，他们占据了澳大利亚 65%的体育用品市场份额。

Rebel Sport 是体育用品零售市场的领导者，占据了 35%的市场份额。Rebel 主要经销主流体育与健身项目的服装、鞋类及器材，主要面向体育俱乐部与学校。

AMart sport 则一直在挑战 Rebel 的主导地位，它主要面向家庭与低层体育消费者，以低廉的价格参与市场竞争。

2003—2004 年度，澳大利亚体育与休闲体育用品总消费为6.325 亿

万澳元，平均每个澳大利亚家庭每周的体育与休闲体育用品消费约为
15.7 澳元，占澳大利亚家庭所有消费（888.63 澳元）的 1.8%。在体育
与休闲体育消费中，有 48%（或 7.57 澳元每周）用于休闲体育与户外
装备，另有 45%（7.02 澳元 / 每周）用于休闲体育服务，剩余的 7.1%
（1.11 澳元 / 每周）用于运动与休闲车辆。在体育与休闲体育用品中，
单项周平均开支最高的为游泳池（3.41 澳元），其次为体育场馆设施
（2.3 澳元），其他设备消费为 2.03 澳元（表 44）。

表 44　澳大利亚家庭所选体育与休闲体育用品开支（2003—2004 年）

	澳元 / 周	百万澳元 / 年	万个
体育与休闲车辆			
自行车	0.13	52.4	6.11
船（包括配件）	0.98	395.3	5.18
总计	1.11	447.7	11.29
体育与休闲体育及户外装备			
户外装备	0.33	133.1	7.26
钓鱼装备	0.46	185.5	17.83
高尔夫装备	0.20	80.7	8.22
鞋类	1.14	459.8	22.8
游泳池	3.41	1375.4	8.67
其他装备	2.03	818.8	44.11
总计	7.57	3053.3	97.84
体育与休闲体育服务			
体育装备租赁	*0.06	*24.2	3.38
健康健身工作室	1.44	580.8	33.22
体育俱乐部会员	1.04	419.5	23.61
入场费	0.73	294.4	27.86
体育设施租赁	2.30	927.7	122.51
体育课程	1.05	423.5	29.43
休闲体育	0.40	161.3	44.49
总计	7.02	2831.5	216.92
所选体育与休闲体育用品总开支	15.70	6332.5	271.77
所有用品的总开支	886.63	357 617.4	773.58

参 考 文 献

[1] 刘旻航. 从体育大国到体育强国的嬗变 [J]. 中国体育科技, 2006 (3): 33-36.

[2] 田麦久. "竞技体育强国"论析 [J]. 北京体育大学学报, 2008, (31) (11).

[3] 田雨普. 努力实现由体育大国向体育强国的迈进 [J]. 体育科学, 2009 (3): 3-8.

[4] 肖焕禹. 体育强国内涵的阐释 [J]. 体育科研, 2009, 30 (4).

[5] 徐本力. 体育强国、竞技体育强国、大众体育强国内涵的诠释与评析 [J]. 天津体育学院学报, 2009, 24 (2): 93-98.

[6] 陈佳贵. 中国工业化进程报告 [M]. 北京: 社科文献出版社, 2005.

[7] 国家统计局. 2005 年全国 1%人口抽样调查主要数据公报 [Z]. 2006.

[8] 胡鞍钢. 大国战略——国家利益与使命 [M]. 沈阳: 辽宁人民出版社, 2000.

[9] 教育部. 教育部关于 2005 年全国学生体质与健康调研结果公告 [Z]. 教体艺〔2006〕3 号

[10] 马凯. 关于当前经济形势的几个问题 [J]. 新华文摘, 2007, (13): 43-45.

[11] 美国健康与人类服务部. 疾病预防与健康计划 2010 [Z]. http://www.hhs.gov/news/press/2008pres/10/20081007a.html

[12] 石忠诚. 老龄化时代的人力资源开发 [J]. 国际人才交流, 2007 (7): 52-54.

[13] 特约观察员. "十二五"中国经济社会发展的基本走向 [J]. 领导决策信息, 2009 (48): 4-6.

[14] 卫兴华. 中国经济增长方式的选择与转换途径 [J]. 经济研究, 2007 (7): 15-22.

[15] 郗文兵. 我国服务业发展的特征与战略途径 [J]. 管理现代化, 2009 (6): 52-54.

[16] 杨伟国. 人口老龄化挑战欧洲就业 [J]. 求是, 2005 (13): 59-61.

[17] 杨越. 2008 年奥运会对北京的经济影响-基于投入产出的分析 [J]. 体育科学, 2005, 24 (5): 3-10.

[18] 杨越. 中国体育产业发展规模、现状与存在问题研究 [R]. 国家统计局研究参考资料, 2007, 71 (5).

[19] 国家体育总局. 改革开放 30 年的中国体育. 北京: 人民体育出版社, 2008.

[20] 国家体育总局群众体育司. 全民健身计划文集 (七).

[21] 陈宁. 全民健身概论. 第 2 版. 成都: 四川出版集团 四川教育出版社, 2006.

[22] 国家体育总局群众体育司. 全民健身计划文集 (十二)

[23] 石武, 丛湖平. 芬兰与中国体育体制比较研究. 浙江体育科学, 2008, 30 (1).

[24] Riitta Hjerppe, An Economic History of Finland, http://eh. net/encyclopedia/article/hjerppe.finland

[25] 国家体育总局体育信息中心. 中外群众体育信息, 2006 (19).

[26] 国家体育总局体育信息中心. 群众体育信息, 2007 (4).

[27] 松岛茂善, 江岛慎四郎. 改訂社会体育. 东京: 第一法规出版株式会社, 1981.

[28] 関春南. 戦後日本のスポーツ政策——その構造と展開. 大修館書店, 1997.

[29] 国家体育总局政策法规司. 体育社会科学研究成果汇编 (2006 年). 北京: 人民体育出版社, 2008.

[30] 諏訪伸夫, 井上洋一など. スポーツ政策の现代的课题 東京 日本評論社 2008.

[31] 国家体育总局政策法规司. 群众体育战略研究. 北京: 北京体育大学出版社, 2003.

[32] 张发强. 全民健身综论. 北京: 人民体育出版社, 2007.

[33] 任海. 国外大众体育. 北京: 北京体育大学出版社, 2003.

[34] 卢元镇. 社会体育学. 北京: 高等教育出版社, 2002.

[35] 秦椿林. 当代中国群众体育管理. 北京: 人民体育出版社,

2006.

[36] 林显鹏. 国际大众体育现状及发展趋势. 国家体育总局体育信息研究所, 2001.

[37] 鲍恩荣. 大众体育指南. 北京: 中国工人出版社, 2000.

[38] NHK 世論調査部. 日本人の生活時間. 1985. 日本放送出版社, 1986.

[39] 三和良一, 原朗. 近现代日本经济史要览. 东京: 東京大学出版会, 2007.

[40] 菅原禮. 現代社会体育论. 不昧堂出版, 1977.

[41] NHK 放送文化研究所. 現代日本人の意識構造. 日本放送出版協会, 2000.

[42] 粂野豊. 現代社会とスポーツ. 不昧堂出版, 1984.

[43] 森川貞夫, 佐伯聡夫. スポーツ社会学講義. 大修館書店, 1988.

[44] 小林 恵.「学習指導要領」の現在. 学文社, 2007.

[45] 内海和雄. 戦後スポーツ体制の確立. 不昧堂出版, 1993.

[46] 中村敏夫, 出原泰明, 等々力賢治. 現代スポーツ論. 大修館書店. 1988.

[47] Chong Kim.The market trend and employment circumstance in sport industry [A]. SPOEX international sport industry seminar [C]. Asian Society for physical education, sport and dance: 56–71, 2006

[48] JACK W. PLUNKETT. Plunkett's Sports Industry Almanac 2010 Edition [M]. Plunkett Research LTD, 2009

[49] The World Fact book [R]. The Central Intelligence Agency (CIA), 2008

[50] WENER W.K.HOEGER. Lifetime Physical Fitness and Wellness: A Personalized Program, Tenth Edition [M]. Brooks Cole. 2009

[51] デービッド・ジェリー ジョン・ホーン 清野正義など. スポーツ・レジャー社会学 オールターナティヴの現在. 東京: 道和書院. 1995.

[52] Ilkka Vuori, MD, PhD, FACSMa Physical Activity Policy and Program Development: The Experience in Finland Public Health Reports / May‐June 2004 / Volume 119_331

[53] 罗桂芬. 欧盟一体化框架下北欧社会政策及福利模式的重新定向. 国外社会科学, 2001 (6).

[54] Volunteer Commitments Getting Shorter

[55] Mick Green and Shane Collins. Sport Development in Australia and Finland Policy, Politics and Path Dependency

[56] KALEVI HEINIL&Auml Social Research on Sports in Finland. International Review for the Sociology of Sport 1987

[57] Kalevi Olin Structure of Sport Policy in Finland, International Review for the Sociology of Sport 1981; 16; 87

[58] Ilkka Vuori*, Olavi Paronen, Pekka Oja. How to develop local physical activity promotion programmes with national support: the Finnish experience Patient Education and Counseling 33 (1998) S111‐S120